ローカル・ガバナンスとデモクラシー

地方自治の新たなかたち

石田　徹
伊藤恭彦
上田道明
編

法律文化社

まえがき

　グローバリゼーション，財政危機などによって「国家の空洞化」，「国家の退却」が進行する中で，政府アクターのみによって公共的課題の解決をはかることができなくなり，政府アクターと多様な民間アクターとの連携，協働を通じて公共的課題を解決するという仕組みが広がりをみせてきている。そうした政府アクターと民間アクターとの間の連携，協働による統治の仕組みはガバナンスという言葉で表される。他方，ガバナンスは，欧州において典型的にみられるように，スープラ・ナショナル（超国家）―ナショナル（国家）―ローカル（地域・地方）といった多層的（multi-level）な政府間における連携，協働のことを指す場合がある。あるいは，従来あまり注目されてこなかったが，政府内の諸組織，諸部門の間の多機関連携についても，ガバナンスに関わる問題として捉える必要がある。

　以上のようにガバナンスという言葉は多様な意味合いで使われる場合があるが，ガバナンス現象が注目を浴び，ガバナンス論が活発になっていったのは，今日における統治の変貌が背景にあることは間違いない。欧米，アジアを問わず世界的に地方分権が進んできた状況に鑑みれば，統治の変貌が如実に表れているのはローカル・レベルであり，その意味でローカル・レベルのガバナンス，すなわちローカル・ガバナンスに注目することは，ガバナンスの実態を把握するうえでひとつの鍵となることは明らかであろう。

　本書は，1990年代以降の約20年にわたる日本の地方分権の動向を前提に，主として日本におけるローカル・レベルのガバナンスに焦点を当て，地方自治の新たなかたちを探ることを目的としている。地方分権改革は，国と地方の関係をめぐる制度的変化だけでなく，公共政策過程，とりわけ公共サービス生産への多様な自律的主体の関与を引き起こしている。だが，非政府アクターの関与の拡大は，政府アクターの責任，役割を曖昧にし，民間アクターを行政の下請け化する事態も生み出している。ガバナンスという現象は，「ガバメントなきガバナンス」や「ガバナントからガバナンスへ」といった単線的な政府の縮小

イメージで描くのは適切でなく，政府と民間の間の役割分担，協力関係がどのように線引きし直されているのか，そこにはどのような力が相互に働いているのかといった複眼的な視点からの照射が欠かせない。また，政府と民間の関係だけでなく，政府内における中央政府と地方自治体のタテの関係，あるいは関連する政府諸組織，諸部門のヨコの関係がどうつながれ，どう連携しているのかも，解明すべき重要な課題となる。

　日本においてローカル・ガバナンスが問われるべきものとして浮上してきたこの20年は，同時に「失われた20年」とも重なり，日本経済の低迷と政党政治の流動化が生じた時代でもある。その影響は地方政治のあり方にも表れている。中央地方を通じて利益配分に大きく寄与していた保守政党のネットワークが弱体化するなか，首長の存在感が増し，選挙を通じて直接民意を問うというポピュリズム的手法が地方において広がる気配がある。また，住民投票のような直接請求による民意の表出への関心も高まっている。住民，市民はいまや負の財を含めた利益配分の問題に直面しており，だからこそこうした「積極的な参加」が広がっているといえるのだが，それにともなう弊害もある。ローカル・ガバナンスの実態を検討する際には，民主主義のあり方にも注目する必要がある。さらに，多様な主体が関与してサービスが生産されることによって，誰がどのように評価して統制するのか，政府アクターの責任・役割をどう担保するか，民間セクターの関与に対してどのようなコントロールが可能か，といった民主主義的な正統性にかかわる諸問題も検討すべき課題となるであろう。書物のタイトルにおいてローカル・ガバナンスの後にデモクラシーを付けた意図はそこにある。

編者　石田　　徹

伊藤　恭彦

上田　道明

目　次

まえがき

第1章　積極的包摂と分権型ワークフェア・ガバナンス
　　　　──ポスト福祉国家とガバナンス改革──
〔石田　徹〕 1
1　ローカル・ガバナンスへの視角 ………………………………………… 1
2　ポスト福祉国家とローカル・ガバナンス …………………………… 4
3　欧州における積極的包摂戦略とローカル・ガバナンス ………… 9
4　日本における地域雇用・就労支援政策とガバナンス ………………18

第2章　分権の先の自治
　　　　──ポリセントリシティという評価軸──
〔大西弘子〕 25
1　ガバナンスとデモクラシー ………………………………………………25
2　ポリセントリシティという評価軸 ……………………………………31
3　ポリセントリシティから考える日本のローカル・ガバナンス ……42

第3章　大都市圏ガバナンスの政治学
　　　　──制度論を越えた比較研究のために──
〔柏原　誠〕 49
1　大都市圏ガバナンスの課題 ………………………………………………49
2　大都市圏統治の古典的議論とその到達点 ……………………………56
3　大都市圏ガバナンスと民主主義 …………………………………………61
　　──ハイネルトとキューブラーの議論をもとに──
4　OECDの大都市圏ガバナンス調査にみる現状とその効果 …………68
5　本章の意義と比較大都市圏ガバナンス研究の展望 …………………69

第4章　地域経済振興における大都市圏ガバナンスを考える
──大阪大都市圏を事例にして──
〔桑原武志〕75

1　分析枠組の検討──大都市圏ガバナンス・アプローチ──……… 75
2　中心都市ガバナンスの分析──大阪市の場合──……………… 82
3　周辺都市ガバナンスの分析──大東市の場合──……………… 89
4　大都市圏ガバナンスを超えて…………………………………… 92

第5章　分権改革とローカル・ガバナンス
〔藤井禎介〕97

1　分権改革の20年………………………………………………… 97
2　分析枠組………………………………………………………… 99
3　分権改革の展開………………………………………………… 106
4　分権改革──いつまで未完か?──…………………………… 115

第6章　小規模自治体と圏域における自治体間連携
──地方・「田舎」のローカル・ガバナンスの検討──
〔水谷利亮〕119

1　自治体間連携とローカル・ガバナンス………………………… 119
2　長野県阿智村と下伊那地域の自治システム…………………… 122
3　小規模自治体を含む圏域のローカル・ガバナンス論………… 133
4　自治体間連携の類型化と地方・「田舎」のローカル・ガバナンス…… 140

第7章　コミュニティ・ガバナンスの困難
──ある地域自治区の挑戦から──
〔栗本裕見〕147

1　狭域での課題解決への関心…………………………………… 147
2　削減の時代におけるコミュニティ・ガバナンス……………… 150
3　コミュニティ・ガバナンス構築への模索──上越市浦川原区──… 157
4　2つの共同性の葛藤──事例からの示唆──………………… 162

目　次

第8章　住民投票が映しだすローカル・ガバナンスの現在
　　　　　　　　　　　　　　　　　　　　　　　　　　〔上田道明〕169
　1　本章の関心 …………………………………………………………… 169
　2　住民投票の歴史と現状 ……………………………………………… 170
　3　2つの事例からみる住民投票の意義と課題 ……………………… 175
　4　2案を問う住民投票 ………………………………………………… 179
　5　対案に求められる3つの要素 ……………………………………… 182
　6　「古い」ガバナンスと「新しい」ガバナンス …………………… 184

第9章　ローカル・ガバナンスという切り口
　　　　　──政治学の知的革新と民主主義の深化へ──
　　　　　　　　　　　　　　　　　　　　　　　　　　〔伊藤恭彦〕191
　1　ガバナンスとローカル・ガバナンス ……………………………… 191
　2　ローカル・ガバナンスと政治理論の革新 ………………………… 195
　3　ローカル・ガバナンスとデモクラシーの革新 …………………… 199
　4　市民社会の民主化と生活圏デモクラシー ………………………… 204

あとがき
索　　引
執筆者紹介

第1章

積極的包摂と分権型ワークフェア・ガバナンス
——ポスト福祉国家とガバナンス改革——

石田　徹

1　ローカル・ガバナンスへの視角

　本章の課題は，ポスト福祉国家といわれる福祉・雇用の政策および制度をめぐる今日的問題状況を主としてローカル・ガバナンスの視角から解明することである。まず，本書を貫くキーワードとしてのガバナンス，ローカルそしてデモクラシーに関する本章におけるとらえ方について，述べておきたい。

　最初に，ガバナンスについて。ガバナンスをどう定義するかは多様な理解があるが，国家ないし政府アクターのみならず，それ以外の民間の営利および非営利の多元的アクターがガバニング（統治活動）において重要な役割を演じるようになっていることを指すという点では認識は共有されている[1]。本章のポスト福祉国家の問題状況をとらえる際にも，以上の意味でのガバナンスというとらえ方は有効である。ポスト福祉国家における福祉のあり方を特徴づける言葉としてよく使われるのは，福祉多元主義，福祉ミックス，福祉ガバナンスなどといった用語である。これらは，ポスト福祉国家段階では，政府アクターのみならず，民間営利，非営利さらには家族といった多元的アクターが福祉・社会サービスの供給に関与するようになっていることを表している。すなわち上記のガバナンスという言葉が指し示す状況を，である。

　ところで，ガバナンスはガバメントとの関係で，「ガバメントなきガバナンス」や「ガバナントからガバナンスへ」といったとらえ方がされる場合がある

(Rhodes 1996)。そうしたとらえ方は，時に政府アクターが一方的に縮小していくイメージを与えるが，本章では政府アクターがなお依然として鍵となる役割を果たしているととらえている（Pierre and Peters 2000）。ポスト福祉国家の段階においては，確かに福祉・社会サービスの供給面においては政府以外のアクターの比重が高まっているが，政府アクターは福祉の面では財源，規制の面でも関与しており，それらの面では政府アクターはなお大きな役割を果たしているからである（石田 2004）。

　次にローカルであるが，福祉・雇用政策との関連では，ポスト福祉国家段階においてはナショナル・レベルよりもローカル・レベルが政策決定・実施において主要な舞台となるという点が重要である。というのは，ポスト福祉国家段階においては，福祉国家段階における所得保障重視から福祉・社会サービス重視への政策をめぐる重点の移行を前提にして，福祉・社会サービスの受給と就労を連携させるワークフェア（workfare）政策，あるいは就労と連関させながら社会から排除された人々に社会参加の場をつくっていくという政策である社会的包摂（social inclusion），さらにそれを発展させた積極的包摂（active inclusion）という考え方が社会政策の基本にすえられるようになってきており，それらの政策においては，サービス受給者のニーズの個別性，具体性に考慮する必要があることから，サービス受給者により近いローカル・レベルが重要となるからである。

　ただ，ポスト福祉国家においてローカル・レベルが重要となるとはいえ，本章で日本の事例との比較において重視している欧州の動向を考えるときには，ローカル・レベルとともにスープラ・ナショナル（超国家）・レベルつまりEU（欧州連合）のレベルも重要になっていることにも留意しなければならない。つまり，スープラ・ナショナル―ナショナル―ローカルといった垂直的な多層的（multi-level）関係の中でポスト福祉国家段階における福利・雇用政策をめぐるローカル・ガバナンスの問題をとらえる必要があるのである。

　さらにローカル・ガバナンスとの関連で付け加えるべき重要な視点としては，政府組織におけるポリセントリシティ（polycentricity，多核性）と政府組織間の多機関連携（interagency collaboration, multidimensional integration）というもの

がある (Ostrom 1972; 伊藤 2015)。前者は，V. オストロムらが提起したもので，政府組織を一元系統化するのではなく，多層的，多元的に併存する多核的な組織編成にすることによって，かえって公共サービスの供給において効率性や応答性が高まるというとらえ方であり，後者は関連する分野の政府組織の間で連携をはかることによって公共サービスの質や利便性を向上させるという考え方である。こうした視点は，ポスト福祉国家段階において重要な政策として浮上したワークフェア政策，社会的包摂政策そして積極的包摂政策を考えるときにも有効である。それらの成功の鍵の1つは，関連する複数の政策の統合とそれらを担当する政府組織間の連携にあるからである。

最後にデモクラシーである。多様な民間アクターがガバニングに関与するとしたら，それは民主主義にとってどういう意味をもつのかという問題である。民間アクターがガバニングに関与するといっても，代表制民主主義に代替できるわけではない。とはいえ，現代の複雑で多様化した社会においては，治者が被治者である市民，有権者の利益，選好を選挙等の代表制のチャネルを通じて反映していることを根拠に，治者による決定を被治者に受容させるという入力レベルの正統性は相当程度ゆらいできている。だとすれば，決定の執行過程において治者と被治者の間の相互作用を通じて被治者の利益，選好を反映させるという出力レベルの正統性によって補完しなければならない（外川 2009）。本章で見るようにポスト福祉国家段階における福祉・雇用政策においてローカル・レベルが重要であるのは，サービス受給者により近い場における出力レベルの正統性が決定的な意味をもっていることからきていると考えられるのである。

ガバナンス，ローカル，デモクラシーについての以上のようなとらえ方を前提にして，次節以降では，ポスト福祉国家段階においてなぜガバナンスが問題になるのか，次いで，福祉ガバナンスにおいてなぜローカルが重要になっているのかについて，まず一般的に考察したうえで，より具体的に欧州における積極的包摂戦略の事例を取り上げて，ポスト福祉国家段階におけるローカル・ガバナンスの1つの特徴を浮き彫りにする。それらの検討を通じて，福祉国家段階からポスト福祉国家段階への移行は，集権型ウェルフェア・ステートから分権型ワークフェア・ガバナンスとしてとらえることができることを示す。欧州

の積極的包摂戦略を取り上げるのは，日本における福祉・雇用政策をめぐるローカル・ガバナンスの今日的問題状況を理解するうえで格好の比較対象となりうるからである。そこで最後に，欧州のその事例と比較しながら，2000年代以降の日本における地域雇用・就労支援政策の内容とガバナンスの特徴をあきらかにする。

2　ポスト福祉国家とローカル・ガバナンス

1　ポスト福祉国家とガバナンス

(1) **ケインズ・ベヴァリッジ型福祉国家の行き詰まり**　ガバナンスの問題が浮上してくるポスト福祉国家段階への移行は福祉国家の行き詰まりから起こったものである。ポスト福祉国家段階に先行する時代における福祉国家は，一般にケインズ主義的福祉国家あるいはケインズ・ベヴァリッジ型福祉国家と呼ばれた。それは，福祉国家が，経済政策としてケインズ主義，つまり完全雇用の実現のために総需要管理政策をとったこと，そして社会政策としてベヴァリッジ主義，つまり国民に最低限の生活を保障するために所得再分配政策をとったことから来ている。それらの政策によって，第二次世界大戦後において先進諸国は完全雇用と所得平等化をおおむね実現しえたのである。

　その福祉国家も，1970年代の二度にわたるオイルショックがもたらした経済的な困難に見舞われて危機に陥る。それでも1990年代中頃までは，福祉への攻撃があったとしてもなお福祉国家の持続性，耐久力は維持されているとする研究が有力であった (Pierson 1994)。ところが，1990年代初頭の世界的な不況以後の実態をふまえた90年代後半以降の研究では，福祉国家は再編を余儀なくされてきているとする研究，つまりポスト福祉国家の時代に入ったとする研究が一挙に増えていったのである (宮本 2006)。

(2) **福祉国家の危機の背景と多様性**　福祉国家に危機をもたらした要因，背景をめぐる研究において重視されているのは，グローバリゼーションと脱工業化といった要因である。ヒト，モノ，カネ，情報などの国境をまたがる形での自由な移動としてのグローバリゼーションが，福祉国家における総需要管理政

策の鍵をなす財政・金融政策の自律性を奪ってしまい，完全雇用の実現を困難にする．また海外への資本逃避の選択肢が与えられることにより資本の側の交渉力が高められるために，賃金・労働条件の悪化，社会保障支出の低下が生じて所得格差の拡大をもたらす，すなわち「底辺への競争」(a race to the bottom) が激化するととらえられるのである（下平 2009）．グローバリゼーションを重視する説に対しては，そのインパクトは一義的ではなく国内の歴史的な制度要因によって左右される，すなわち経路依存的であるとの反論がなされた．政権の政治的党派性のあり方，利益集団システムのあり方あるいは労使関係の集権度などによって，失業等の雇用パフォーマンスや福祉削減の程度も異なってくるとされたのである (Garrett 1998; Swank 2002)．

グローバリゼーションをめぐる論争を経て，その後福祉国家の変容をもたらす要因として注目されるようになったのは脱工業化の要因である．脱工業化が労働市場，雇用構造にインパクトを与え，それが福祉国家の変容をもたらしているという見方である．産業構造が重化学工業等の製造業中心からサービス業中心に変化することによって，雇用を確保することと所得の平等化をはかることとのトレードオフがいっそう強まるとか (Esping-Andersen 1999)，あるいは雇用拡大と所得平等化に財政規律も加えて，それら3つの課題を同時的に実現することの困難，すなわちトリレンマが生じるといったとらえ方がされた (Iversen and Wren 1998)．それは，製造業においては生産性向上によって価格の低下と賃金の上昇さらには税収の増加を同時的に達成することができたが，労働集約的で生産性の向上が十分には見込めないサービス経済では，それは困難になるからである．脱工業化を重視する説においても，福祉国家は変容を余儀なくされているとはいえ，ポスト福祉国家の軌道は経路依存的であり，各国がおしなべて新自由主義的再編に向かって収斂していくわけではないことがあきらかにされた．

(3) **福祉国家から福祉ガバナンスへ**　ポスト福祉国家の軌道は多様であるが，いずれの国においても福祉・社会サービス供給における国家・政府アクターの役割が後退し，民間の営利，非営利アクターの役割が上昇してきていることは確かである．そうしたポスト福祉国家の状況を表すものとして福祉多元

主義，福祉ミックス，福祉社会といった用語が使われる。福祉ガバナンスという言葉も同様の状況を念頭においている。そうしたとらえ方には，福祉「国家」の限界についての認識が背後にある。1つは国家財政の量的限界の認識であり，2つは国家によるサービス供給の質的限界の認識である（武川 2007）。

戦後の高度経済成長期において先進諸国は潤沢な財源を背景に福祉の充実をはかってきたが，1970年代以降の低成長期に入ると，歳出に見合う歳入が確保できないため財政赤字に陥り，その赤字解消のため社会支出を削減対象にしていった。国家財政の量的限界が問題となったわけである。また国家による福祉の供給は，福祉を拡充していく時期においては地域間の公平性の確保において優れているところもあったが，それが今日では官僚主義，画一主義に陥ることにより，利用者の多様な要求や選択の自由に応えられなくなっているとの批判が生じるようになった。すなわち国家によるサービス供給の質的限界が問題になったのである。

福祉「国家」についての2つの限界のうちどちらを重視するかは，ポスト福祉国家のガバナンスをどう描くか，つまりどの民間アクターを重視するかという問題と密接に関係している。国家財政の限界を問題にする場合には，ガバナンス改革の方向は，国家の責任の縮小と市場メカニズムの導入によって資源の効率的利用，消費者主権の実現をめざす場合が多い。これは，民間アクターの中でも営利アクターを中心におくという意味で「市場志向型」の構想であるといえる。これに対して国家によるサービス供給の限界を問題にする場合には，ガバナンス改革の方向は，サービス利用者や一般市民の参加と権利の拡大を通じて国家によるサービス供給が陥りがちな硬直性，画一性，非即応性を克服することに重きがおかれる。これは，民間アクターの中では非営利アクターを中心におき，それらを通じての市民の参加を重視することから「参加志向型」の構想とみなすことができる（平岡 2000）。

福祉・社会サービスの供給主体の多元化に注目する議論は，福祉「国家」の限界を指摘しているわけだが，だからといって，政府アクターに取って代わって民間の営利，非営利アクターが中心となるといったとらえ方をしているわけではない。たとえば，民間非営利セクター＝NPOの国際比較研究をリードし

てきた L. M. サラモンは，政府アクターと非営利アクターとの関係を対立的，ゼロサム的にとらえる主張を批判しながら，従来の福祉国家が果たしてきた機能を供給（provision）と財源（finance）に分離することにより，両アクター間に機能的に多様な組み合わせがあることをあきらかにするとともに，今日では政府アクターが財源を担い，非営利アクターが供給を担う「協同」モデルの比重が高まっていることを指摘した。供給を非政府アクターが担ったとしても，福祉・社会サービスは労働集約性と低生産性を特色としているため，福祉・社会サービス市場は政府の財政補助ぬきには自立できない，つまり準市場（quasi-market）にとどまらざるをえないからである。さらに，福祉・社会サービスにかかわる機能には，供給，財源に加えて規制（regulation）といったものもある。規制面でいえば，非政府アクターとりわけ営利アクターが福祉・社会サービスの供給主体に参入すればするほど，社会的弱者を含むサービス受給者の保護のために政府アクターの規制をかえって強化しなければならないことも起こりうるのである（石田 2004）。

2　ポスト福祉国家とローカル・ガバナンス

(1)　**福祉・雇用政策の内容の変化**　次いで，福祉ガバナンスにおいてなぜローカル・レベルが重要になっていったかという問題を扱おう。ローカル・レベルの焦点化は，福祉国家段階からポスト福祉国家段階への移行における福祉・雇用政策の内容にかかわる次のような変化が背景にある。1つは，福祉，社会保障政策における重点が所得保障から福祉・社会サービスへと移ったことであり，2つは，福祉・社会サービスの受給において就労と連携づける政策すなわちワークフェア政策が重視されるようになったことであり，そして3つとしては，社会問題をとらえる言説として社会的排除（social exclusion）という考え方が登場し，それへの対策として社会的包摂やそれを発展させた積極的包摂の考え方が社会政策の柱となっていったことである。

1つ目の問題についていえば，福祉国家段階においては，実際に社会保障の主たる対象となっていたのは男女性別役割分業の下における一家の稼ぎ主であった男性であり，その男性の安定した雇用と家族の存在を前提として，彼が

人生の過程において経験する失業，退職，貧困といった所得喪失のリスクに対して失業手当，年金，公的扶助などの現金給付を行うという事後的な所得保障が社会保障の中心にすえられていた。しかし，グローバル化，脱工業化が進行するにつれて，雇用と家族の安定がゆらぎ，少子高齢化や女性の社会参加にともなう育児や介護の問題の浮上，若年長期失業や非正規雇用の増加といった「新しい社会的リスク（new social risk）」が普遍化するが（Taylor-Gooby 2004），それらリスクに対しては，保育や介護あるいは若者の職業訓練といった現物給付つまり福祉・社会サービスで対応することが必要となる。

次いで2つ目の問題とかかわっていえば，先進諸国では，福祉・社会サービス重視への変化に加えて，そのサービス給付と雇用，就労とを連携させる政策が1980年代以降において重視されるようになっていった。そうした就労と福祉を連携させる政策は，一般にワークフェアと呼ばれる。そのワークフェアをさらに2つに区別して，就労しなければ福祉の受給を打ち切るような仕組みをとる就労義務型の政策を狭義のワークフェアと呼び，就労すれば福祉の受給条件が有利になるような仕組みをとる就労支援型の政策をアクティベーション（activation）と呼んで区別する場合がある（宮本 2013）。前者は，アメリカを中心とするアングロサクソン系諸国においてとられたものであり，後者は主としてデンマークなど北欧諸国においてとられたものである。

3つの目の問題についていえば，経済的貧困に加えて住宅や教育などの多様な要因が背景となって社会関係から排除されている人々を，ワークフェア政策と連関させながら，社会へ参加させ，自立させるという社会的包摂が社会政策のキーワードになってきている。さらに最近では，特にEUにおいては，社会への参加に困難を抱える人々を念頭におきながら，質のよい福祉・社会サービスや十分な所得保障によって支えられた，就労を含む社会的包摂の政策を積極的包摂と呼んで，社会政策の中心的な戦略にすえるようになっているのである。

(2) **分権型ワークフェア・ガバナンスへ**　以上のような福祉・雇用政策の内容上の変化が，それら政策の決定・実施においてローカル・レベルの重要性を高めていったといえる。福祉，社会保障政策における重点が所得保障から福祉・社会サービスへと移ったこととの関連では，前者の所得保障政策はナショナ

ル・レベルにおいて統一的で普遍的な基準に基づいて給付することが基本であるのに対して、福祉・社会サービスの供給においては受給者のニーズの個別的で具体的なあり方を考慮する必要があることから、サービス受給者により近いローカル・レベルが重要となるからである。

　ワークフェア政策および社会的包摂、積極的包摂政策との関連では、前者の場合は何よりも福祉・社会サービス供給の政策と職業紹介や職業訓練などといった労働市場にかかるサービスの政策の間において、そして後者の場合はそれらの政策に加えて住宅、教育、保健さらには所得保障などの政策の間において、政策的な統合あるいはそれら政策を管轄する政府、行政組織間の連携が重要となる。そうした統合、連携は、ローカル・レベル、ナショナル・レベル、さらにはスープラ・ナショナル・レベルといった垂直的な多層的政府間関係を前提にしつつ、何よりもローカル・レベルにおいて実施してこそ有効である。そして、そうした政策統合や政府間連携を実効性あるものにしていくためには、ローカル・レベルにおいて政府アクターと非政府アクターとの間で水平的な多元的連携ないし協働の関係をつくり上げることが重要なのである。

　以上のような福祉・雇用政策をめぐる制度的枠組みの変化は、政策決定・実施のレベルにおけるナショナル中心＝集権型からローカル中心＝分権型への変化、政策内容におけるウェルフェアからワークフェアへの変化、そして政策主体における政府アクター中心すなわち国家（ステイト）主導のあり方から政府アクターに加えて非政府アクターの役割が増大するガバナンスというあり方への変化、つまり集権型ウェルフェア・ステイトから分権型ワークフェア・ガバナンスへの変化と呼ぶことができるであろう。

3　欧州における積極的包摂戦略とローカル・ガバナンス

　分権型ワークフェア・ガバナンス、つまり福祉・雇用政策のローカル・レベルでの展開との関連における欧州の最近の事例において注目されるのは積極的包摂戦略である。積極的包摂とは、すべての人々、とりわけ最も不利な条件にある人が、職を得ることを含めて、社会に完全に参加することを支援すること

である。欧州委員会は，2008年にこの戦略を加盟国が遂行するよう勧告を行った (European Commission 2008)。この戦略の実施においてはローカル・レベルが決定的に重要だとされている点が注目される (Künzel 2012)。この戦略は，これに先行するところの，EU の社会政策における 2 大戦略とされる雇用戦略と社会的包摂戦略を前提にして構築されたものであるといえる（濱口 2003）。

1 欧州における雇用戦略と社会的包摂戦略

(1) **欧州の高失業と雇用戦略**　EU が雇用戦略を立てて深刻な雇用問題に対処するようになったのは，1997年のルクセンブルグ欧州理事会以降においてである。欧州雇用戦略 (European Employment Strategy) と呼ばれるその戦略は，1990年初頭のバブル経済崩壊がもたらした世界的な経済危機，中でも欧州における未曾有の高失業に対処すべく打ち立てられたものである。この戦略の新しさは，経済成長と社会的公正を同時的に実現するという1980年代における「ソーシャル・ヨーロッパ」の基本理念を継承しつつ，雇用問題における解決すべき課題とそれを実現する方策に関して，従来の考え方を大きく転換したことである。

解決課題に関しては，高失業に対して失業率を低めることよりも就業率を高めることを重視するようになったことである。失業率の低下は，従来大陸系ヨーロッパ諸国がとってきた「労働削減」(labor reduction) の方法 (Esping-Andersen ed. 1996: 18-20)，すなわち高齢者や女性などを退職や求職の断念を通じて非労働力化することによっても達成できる。これに対して新たな雇用戦略では，女性や高齢者など非労働力化しているものも含めて可能なかぎり労働市場に参入させて生産年齢人口における就業者数を増やそうとしているのである。実現の方策に関しては，従来は失業のリスクが生じた場合に失業手当や失業扶助などによって事後的に所得保障を行うという消極的労働市場政策が中心であったが，新たな雇用戦略では，職業訓練や職業指導などを通じて就業能力 (employability) を高めることによって再就職を支援するという積極的労働市場政策をより重視するようになったのである。

欧州雇用戦略におけるこうした立場は，2000年の欧州理事会で採択されたリ

スボン戦略にも引き継がれ，より具体化された。この戦略では，EUを10年後には世界で最も競争力があり，かつダイナミックな知識基盤経済にすることが唱われ，そのために「より多くの，より良い仕事」を確保することが重要だとされるとともに，EU全体の就業率を当時の61％を2010年に70％に，女性の就業率を同じく51％から60％にするという具体的な数値目標が定められたのである。

(2) **雇用戦略と社会的包摂戦略**　EUの社会政策におけるもう1つの柱である社会的包摂戦略についていえば，社会的排除との戦いの重要性がすでに1980年代後半以降のEC, EUの各種文書において言及されていたが，その戦略が現実に動き出したのは2000年のリスボン理事会からだとされている（濱口2006)。リスボン理事会の結論文書 (European Council 2000) に，初めて「社会的包摂の促進」の項目が立てられ，社会的排除に関する共通の合意された諸指標を確立することが決められたが，同年のニース理事会では社会的排除と戦うための国別行動計画を作成することも決められた。

この社会的包摂戦略と雇用戦略の関係については，リスボン理事会に向けて準備された政策文書である「包摂的なヨーロッパの建設」(European Commission 2000) の中で明確にされている。「失業が社会的排除の主な要因であるがゆえに，雇用こそが社会的包摂に向けての基本的な道筋である」とされているように，EUでは，雇用＝労働市場への包摂が社会的包摂にとって第一義的だと考えられている。と同時に，低賃金の雇用は質の高い雇用への移行によって社会的排除の悪循環を断ち切るには不十分であると述べて，やみくもに雇用の量の拡大を求めるのではなく雇用の質を高めることも重要だとしている。あるいは，社会的排除は，失業や労働市場へのアクセスの問題を超えており，教育，健康，環境，住宅等といった分野への十分な参加が妨げられていることから生じているとも述べ，社会的包摂においては雇用問題以外にも視野を広げた多次元的なアプローチが必要であることも強調しているのである。

リスボン戦略では知識基盤経済の実現にとって不可欠のものとして成長，雇用とともに社会的結束 (social cohesion) の強化が目標におかれている。それは，人々を社会からの孤立，社会関係からの排除から守るということであり，

社会的包摂とほぼ同等の意味を表している。さらに，2001年に開かれたイエテボリ理事会で持続可能な発展戦略（Sustainable Development Strategy）が打ち出され，環境の持続可能性もリスボン戦略の重要な柱に位置づけられた（European Council 2001）。

リスボン戦略における成長と雇用（経済的目標），社会的結束・社会的包摂（社会的目標），持続可能性（環境的目標）という3つの柱は，リスボン戦略の後継戦略として2010年に出された「欧州2020（Europe 2020）」（European Commission 2010）も含めてその後のEUの文書には常に出てくるし，しかもそれらは相互に支持的な関係にあるものとしてとらえられている。環境技術や資源効率性は経済，環境，雇用の面での相乗効果を生む可能性があるとか，効果的な社会保障は雇用契約を柔軟なものにしたり，求職活動をより効率的なものにするといったようにである（European Commission 2000; 2005）。

しかしながら，それらは幾分建前論であって，EUの中においても成長と雇用をより重視すべきとの議論は常にわき出てきた。たとえば，リスボン戦略が掲げた就業率などの目標達成が危ぶまれる状況を受けて，欧州委員会は2004年からリスボン戦略の見直しに着手したが，その作業を依頼されたグループからは「リスボン戦略の目標実現のために成長と雇用の問題に主眼を置くべきである」と主張する報告書が出された（Kok 2004）。とはいえ，そうした主張に対しては，EU内の社会的結束・社会的包摂にかかわる問題を担当する社会的保護委員会や外部のNGOなどから懸念の声があがり，結局2005年のブリュッセル理事会で採択されたリスボン戦略の再出発にかかる結論文書の中では，3つの柱がバランスよくおさめられることになったとされている（European Council 2005; 濱口 2006）。

リスボン戦略の再出発の1年後の2006年になると，欧州委員会は「労働市場からもっとも離れた人々の積極的包摂を推進するためのEUレベルの行動に関する協議についてのコミュニケーション」という文書を発し，その中で改めて社会的結束をより強めることはリスボン戦略の成功の鍵をなすとしたうえで，貧困と社会的排除をなくしていくためには包括的な政策ミックスが求められるとして，その政策ミックスを初めてactive inclusion（積極的包摂）という言葉

で定義づけたのである (European Commission 2006; Cleg 2013)。

2 積極的包摂戦略とガバナンス改革

(1) EUにおける積極的包摂戦略の提起　欧州委員会は2007年にも積極的包摂をめぐる協議に向けてコミュニケーションを提起したが，自治体や社会的パートナー，市民団体などとの協議を経て，2008年10月「労働市場から排除された人々の積極的包摂にかかる勧告」(European Commission 2008) を正式に採択した。そこでは，積極的包摂の政策は労働可能な人々には持続可能な良質の雇用への統合を促進し，労働が不可能な人々には社会参加を支援するとともに尊厳をもって生きていくのに十分な資源を提供するものととらえられ，その積極的包摂を実現していくためには，①十分な所得補助，②包摂的な労働市場，③質のよい社会サービスへの権利，といった3つの政策からなる統合的な包括的戦略を構築することが必要だとされたのである。

　この戦略においては，労働市場への包摂を基軸におきつつも，所得補助や職業紹介，職業訓練などの雇用関連サービスのみならず，カウンセリング，健康管理，保育など福祉・社会サービスの供給も重視していることが従来のアクティベーション政策や社会的包摂政策との関係では注目される。しかし同時に，それら3つの政策を連結させること，すなわち統合的，包括的に実施する必要があるとしている点が重要である。労働市場への包摂の政策と連結されないと所得補助は人々を貧困の罠，福祉への長期依存の罠に陥らせることになる。他方適切な所得補助がないと積極的労働市場政策は貧困の広がりを阻止できない。また福祉・社会サービスによる支援あるいは不利な境遇にある人への相応の配慮がないと労働市場への包摂への積極的支援も短絡的になり，それゆえに効果的でなくなる，と考えられているのである (European Commission 2006)。

　積極的包摂戦略の考え方は，リスボン戦略の後継戦略として2010年に採択された「欧州2020」にも引き継がれ，より具体化されている。欧州2020では，2008年秋に起こったリーマン・ショック以降の経済危機とグローバル化，高齢化，資源制約などといった長期的課題に対処するために，3つの優先事項として，①知的な (smart) 成長，②持続可能な (sustainable) 成長，③包摂的な (inclusive) 成長を掲げるとともに，2020年までに実現すべき5つの主要数値目標（①就業率〔69％から75％へ引き上げ〕，②研究開発投資のGDP比〔3％に引き上げ〕，③温室効果ガスの排出削減〔1990年比で20％削減〕，④教育水準〔早期離学者の15％から10％以下へ引き下げ〕，⑤貧困削減〔貧困ライン以下にある欧州市民の数を25％，2000万人削減〕）を設定した。

　包摂的な成長の課題達成に積極的包摂戦略が関係していることはいうまでもないが，さらに5つの数値目標と積極的包摂戦略の3つの政策分野との関連についていうと，就業率向上には包摂的労働市場の政策，教育水準上昇には職業訓練や教育といった質のよい社会サービスの政策，そして貧困削減には主として十分な所得補助の政策が対応していることはあきらかである。ことほどに，欧州2000において積極的包摂戦略が果たす役割は大きいといえる。

　欧州委員会は，積極的包摂にかかる勧告が採択されて4年経った2012年に加盟国における勧告の履行状況を評価すると発表し，それを受けて社会的保護委員会や専門家グループなどがレポートを出した。2013年になると，欧州委員会は，加盟国に対して改めて積極的包摂戦略をより効果的に遂行することを求めて，「成長と社会的結束のための社会的投資に関するコミュニケーション」(European Commission 2013a) を採択した。

　一連の履行状況の評価作業を通じて明らかになってきたことは，貧困と社会的排除の削減に向けて進展がみられる国もあるものの，全体としては「欧州2020」で定めた目標達成が困難な状況にあるということであった。ユーロスタットによれば，2013年の時点でEU28ヶ国において，相対的貧困者または社会的に排除された者が1億2290万人 (24.5％)，所得移転後の相対的貧困者が8340万人 (16.6％)，物質的に厳しく剥奪されている者が4830万人 (9.6％) にも及んでいるとのことであった (Eurostat 2015)。

　こうした困難な状況が生まれた最大の要因は，いうまでもなく2008年の秋に生じたリーマン・ショックに起因する経済的財政的危機である。欧州委員会による積極的包摂戦略に向けての勧告の直後に起こったことから，当初の削減計画が大きく狂うことになった。しかし，そうした客観状況に起因する問題に加えて，積極的包摂戦略における3つの政策を統合的，包括的に実施することに

ついて無理解があったことを指摘する向きもある。たとえば，政策関係者が積極的包摂を単なるアクティベーションと混同したり，またいくつかの国では積極的包摂戦略において，すべての人々への十分な所得補助が重要であることについての確信がなかったりしたことも，目標達成に向けて進展が十分みられなかった要因だとされている（Frazer and Marlier 2013）。

　進捗状況が思わしくない中，先の2013年に採択したコミュニケーションを含めて，欧州委員会の積極的包摂戦略にかかわるその後の各種文書では，社会的投資（social investment）の重要性が強調されるようになっている。社会的投資とは，人々の知識や能力を強化する政策であり，教育，訓練，求職支援，保育，健康管理などが主な政策領域である（European Commission 2013b）。社会的投資が重要であるのは，経済的財政的危機に加えて人口構成の高齢化と労働力人口の縮小という人口統計学上の変化も考慮すれば，長期的視点から人々の生涯を視野に入れて，人的資本への投資，特に子どもや若者への投資に重点をおくことが，社会的予算をより効率的，かつ有効に使って，適切で持続可能な社会的保護を保証することにつながるからであるというのである（European commission 2013b; 2013c）。

(2) **積極的包摂戦略とローカル・ガバナンス**　積極的包摂戦略は，従来の福祉国家との関連でいえば，政策内容において違いがあるだけでなくガバナンスにおいても違いがある。というよりも政策内容が変わることによってガバナンスの改革も必至となったといえる（van Berkel et al. 2011）。

　積極的包摂戦略は，政策内容としては，十分な所得補助，包摂的な労働市場，質のよい社会サービスへの権利を政策の3つの柱としているが，その基軸は包摂的な労働市場におかれている。しかし，この柱だけでは，従来のアクティベーション政策と変わりはない。積極的包摂戦略の特徴は，貧困と社会的排除と戦うためには十分な所得補助が必要だとしているところにもあるが，何よりも質のよい社会サービスの提供を重視しているところにある。質のよい社会サービスの提供が重要であるのは，積極的包摂戦略が主として対象としているのは，「労働市場から最も離れた人々」，具体的には長期失業者や若者などであり，彼らは不十分な職業能力，悪い住居条件，疾病，借金などに起因すると

ころの就労にとって不利な状況におかれていることが多いからである。彼らには，職業斡旋や職業訓練などの労働市場サービスに加えて，教育，保健，住宅，リハビリなどといった社会サービスのきめ細かな提供が必要なのである。

このような社会サービス重視への政策内容の変化は福祉供給の組織化のあり方に変化をもたらす。福祉供給の方式でいえば，積極的包摂戦略では，従来の福祉国家における所得保障中心で均一的，普遍的な供給を特色とするものから社会サービス重視で個別的で対象を定めた供給を特色としたものへと変化している。福祉供給の主たる場としては，従来の福祉国家ではナショナル・レベルが中心であったが，積極的包摂戦略においてはローカル・レベルに中心が移っている。なぜなら，積極的包摂戦略において重視される社会サービスを就労困難な対象者の多様な個別的ニーズに合わせて供給していくためには，ローカル・レベルにおいて柔軟性と一定の裁量権が与えられる必要があるからである（Künzel 2012）。

以上からいえば，積極的包摂戦略におけるガバナンスは，分権型ワークフェア・ガバナンスと特色づけることができる。ワークフェアについては，広義の意味でそうであり，積極的労働市場政策すなわち就労支援の労働市場サービス中心であるところから，より正確にはアクティベーションというべきである。また政策決定・実施の場の中心がローカル・レベルとなっているという意味で分権型であるが，その分権型の性格は労働市場サービスに加えて社会サービスを重視していることによってより強められているといえる。

ただ，ガバナンスに関しては，政府アクターに加えて非政府アクターの比重が増すというとらえ方だけで積極的包摂戦略におけるガバナンスにかかわる問題を把握すると，その特色は十分把握できないといえる。というのは，積極的包摂戦略が扱う政策分野は，社会サービス重視であるといっても，他の2つの政策分野も当然入っているとともに，それら政策を管轄する諸機関は水平的にも垂直的にも多岐にわたっているところから，積極的包摂戦略におけるガバナンスとかかわっては，次のような3つのタイプの調整が課題となっているとされているからである（Heidenreich and Aurich-Beerheide 2014）。

1つは，多様なサービスを個々人のニーズに合わせて供給するためには，以

前には互いに独立して仕事をしていた政府諸機関が連携する必要があるということである。これはサービス供給における多次元的（multidimensional）連携，いいかえれば政府諸機関における水平的な多機関連携の関係を構築する課題である。この課題では，権限の分断と重複をどう解決するかが問題となるが，それへの対策としては，異なる分野の協力を強化するとともに組織をまたがる形で資源や権限の統合をはかる任務を担うワンストップ・ショップを新たに創るという方策がとられたりしている。

2つは，政策を効果的に実施していくためには，不利な状況にある人々と彼らが抱える問題についての現場の知識がいかされるような方法で行政の異なったレベルの間で調整がはかられる必要があるということである。これは，多層的（multilevel）連携，すなわちスープラ・ナショナル，ナショナル，ローカルといった各種レベルの政府諸機関における垂直的な連携の関係を構築する課題である。この課題と関わっては，従来ナショナル・レベルで組織化されていた労働市場政策とローカル・レベルで組織化されていた社会政策の間のギャップを埋めて，それらの政策の間の緊密な調整をはかる必要がある。そのためにはローカル・レベルの関与がより重要となり，権限の分権化が求められることになる。だが，分権化は地域間の不均衡をもたらす場合があり，それを調整するためにナショナル・レベルは規制や財政的支援などにおいて，またEUレベルは構造基金などの金銭的支援などにおいて，なお重要な役割を果たすと考えられる。

3つ目としては，積極的包摂戦略にかかる政策の決定，実施においては民間営利企業，労働組合，NPOなど多様な非政府アクターとの連携が必要となる。これは，多元的な利害関係者（multi-stakeholder）の連携，すなわち政府アクターのみならず非政府アクターを含む多元的アクターの連携の仕組みを構築する課題である。この仕組みは，コストを減らしたり，多様な受給者の個別のニーズに政策を適合させたりすることに貢献しうる。多元的なアクターが関与する調整様式は，従来の政府アクター中心の官僚制的-階統制的調整様式とは異なる2つの様式，すなわち能力の補完と資源の共有に基礎をおく，民間非営利アクター中心の協同的なネットワーク様式と公的機関やそのクライアントが

民間営利アクターなどの私的な供給者からサービスを購入する形をとる市場関係様式として組み立てられうる。

　以上のように，積極的包摂戦略におけるガバナンスの課題は，非政府アクターを含む多元的アクターの連携だけでなく，政府諸機関の垂直的な多層的連携，そして政府諸機関の水平的な多次元的連携（多機関連携）も含むものとして理解すべきである。欧州各国は，積極的包摂戦略の提起にそって，政策内容的には 3 つの政策の統合的，包括的実施の課題，そしてガバナンスをめぐる 3 つの調整の課題とかかわって，多様な取り組みを行っており，それらの事例にかんする比較研究も進んでいる (van Berkel et al. 2011)。[2] 取り組み事例の分析からすると，一義的に明快な解決策があるというわけではないようである。しかし，それらの課題の解決なくしては，積極的包摂戦略の成功，つまり貧困と社会的排除とかかわって欧州2020で掲げた目標の達成は難しいことは確かなようである。

4　日本における地域雇用・就労支援政策とガバナンス

　欧州における積極的包摂戦略との関連で日本において注目される事例は，2000年代以降に始まった自治体における地域雇用政策，就労支援政策である。積極的包摂戦略との比較において，その政策内容とガバナンスの特徴をあきらかにしてみる。

1　雇用劣化と地域雇用・就労支援政策の登場

　日本では，2000年代にいたるまで地方自治体が主体となった地域雇用・就労支援政策，すなわちローカル・レベルを中心とする雇用・就労支援政策は不在であった。それ以前は，日本的雇用システムが安定的であり，また失業率も低かったがゆえに，雇用政策はせいぜい失業の未然防止のための企業助成や景気調整のための公共事業などにとどまっていた。それらの政策は，日本的雇用システムの地域における綻びの調整策にすぎず，しかも地方ではなく国が主体となって行われていたのである（佐口 2004）。

それが変化することになる背景の1つは，1990年代以降の雇用の劣化であり，もう1つは，地域雇用・就労支援政策にかかわる法制度の改変である。前者についていえば，1990年代初頭のバブル崩壊後のデフレ不況のもとで，若年失業率，長期失業率が上昇するとともに非正規雇用者が増加していき，それらが原因となって格差・貧困問題も深刻化していった。これに対して2001年に発足した小泉内閣およびそれ以降の内閣は，バブル崩壊後の税収落ち込みや景気対策のための公共事業費の増加によって悪化した財政の再建を優先して，福祉にかかる現金給付やサービスの水準を抑制しつつ，就労をつうじての自立支援を重視した政策を次々と打ち出していった。2002年の母子家庭等自立支援対策大綱，同年のホームレスの自立の支援等に関する特別措置法，2003年の若者自立・挑戦プラン，2005年の生活保護自立支援プログラム，2006年の障害者自立支援法，2013年の生活困窮者自立支援法などがそれである。これらの政策は，内容的には，欧州の積極的包摂戦略と同じく「労働市場から最も離れた人々」つまり就労困難層を主たる対象としたものであり，また就労への努力が給付金，サービスを受ける条件とされている場合が多いところから，アクティベーションというよりも狭義のワークフェアととらえることができるものである。これらの雇用・就労支援政策は，政府が法律をつくり補助金を用意するが，実施は自治体が担うことになっている。

 以上のように1990年代以降の雇用の劣化が雇用・就労支援政策における自治体の役割拡大をもたらしたのであるが，後者の，法制度の一連の改正という背景要因も見逃せない。2000年には雇用対策法が改正されて，地方自治体に雇用施策を実施する努力義務が課せられ，2001年には地域雇用開発促進法の改正によって，都道府県に地域ごとの雇用計画の策定が促がされるようになった。また，2003年の職業安定法の改正によって，自治体が届出のみで無料職業紹介ができるようになった。このように，日本においても自治体が主体的に雇用・就労支援政策に取り組むことができる法制度上の条件が一定整ったのである。以上の動きは，ローカル・レベル＝分権型のワークフェアの新たな展開ととらえることができる。

2 自治体の就労支援政策とガバナンス構造

(1) **多層的連携** 次いで積極的包摂戦略における3つのガバナンスにかかわる課題との関連である。その点で日本の事例でまず注目したいのは，多層的連携の問題である。先に2003年の職業安定法の改正について触れたが，戦後における職業安定行政の下における無料職業紹介事業は労働省（現・厚生労働省）の出先機関であるハローワーク（公共職業安定所）が担当してきた。ハローワーク職員は地方事務官であり，身分は国家公務員でありながら，都道府県知事の指揮監督を受けていた。それが，2000年の地方分権一括法の施行により，地方事務官制度が廃止されるとともに，労働省の出先機関として都道府県労働局が設置されて，無料職業紹介事業は国の直轄事業に変えられたのである。その結果として職業紹介事業に関与する手がかりを失った都道府県は，全国知事会を通じてハローワークの地方移管を強く求めことになる。これに対して国は，ILO第88条約の「職業安定組織は，国の機関の指揮監督の下にある職業安定機関の全国体系で構成される」との規定に抵触するという理由から反対の立場に立った。かくしてハローワークの地方移管は頓挫して，就労支援行政においては，国と都道府県，市町村の関係機関が多層的に併存する体制がとられることになったのである（伊藤 2015；町田 2015）。

こうした併存する体制を前提にして，国は希望する地方自治体において，国の無料職業紹介と自治体の相談業務等を，一体的に実施するという方針を打ち出した。その取り組みは2011年から始まり2015年の今日も続いている。具体的な取り組み事例としては，若年者向け・中高年齢者向けの支援を行う一体的実施，子育て中の方向けの支援を行う一体的実施などがあるとされている。これらの一体的実施の取り組みは，レベルの異なる政府諸機関における垂直的な連携つまり多層的連携の試みといえるであろう。

(2) **多次元的連携，多元的アクター連携** 積極的包摂戦略にかかわる，あと2つのガバナンス課題である多次元的連携（多機関連携）と多元的アクター連携の事例については，就労支援を担うとともに社会サービスの直接的供給者である基礎自治体における取り組みの中に発見できる。その点では，市町村レベルで就労に困難を抱える人々を対象として地域雇用・就労支援政策を展開した先駆

けとして高い評価を受けている，大阪府主導で府内市町村において取り組まれている地域就労支援事業が注目される（大谷2008；櫻井2009）。

2002年から本格的に開始された事業で，働く意欲や希望がありながら，就労を阻害する要因を抱えている者（＝「就職困難者等」）を対象として，市町村が地域就労センターを設置し，そこに配置された地域就労支援コーディネーターが窓口となって，広く雇用・福祉等の関連政策を総合的に活用しながら，相談から就職実現にいたるまでを支援するというスキームである。

この事業は，政策内容としては，対象が就職困難者であること，それゆえに職業紹介等の労働市場サービスのみならず，就労を阻害する諸要因に対処するために育児，介護，教育，住居などの社会サービスの供給を重視していることなどをみれば，欧州の積極的包摂戦略の政策内容と類似的である。ガバナンス構造としては，この事業の特徴が，自治体の庁内関係部署（雇用・就労担当，人権担当，生活保護担当，児童・高齢者・障害者福祉担当など）に加えて，大阪府，ハローワーク，地域関係諸機関・団体（NPO，社会福祉法人，社会的企業など）がネットワークを形成して，就労支援を進める仕組みにあるとされることからもわかるように，多層的連携に加えて政府アクター内の多次元的連携（多機関連携）と非政府アクターを含む多元的アクター連携の仕組みが組み入れられているのがみてとれるのである。

以上のような自治体が主体的に取り組む地域就労支援事業をみると，日本において，ナショナル・レベルでは，厳しい財政状況下にあって，狭義のワークフェアとして政策が展開されようとしているのに対して，それとは異なるもう1つのワークフェア，つまりアクティベーション，さらには欧州の積極的包摂戦略に類似する政策が，多層的連携，多次元的連携，多元的アクター連携というガバナンス構造の下において，ローカル・レベルで展開されていることがわかるのである（福原2007）。

【注】
1) ガバナンスをめぐる研究は枚挙にいとまがない。理論動向に関して，主として参考にしたのは，外川（2007；2009），堀（2011），山本（2014）である。

2) 欧州委員会からの資金補助を受けて，Combating poverty in Europe（COPE）（欧州における貧困との闘い）という名の3か年の研究プロジェクトが5か国の研究者によって2012年に立ち上げられ，積極的包摂にかかる理論的，実証的な比較研究を精力的に行った。その成果に関しては，http://cope-research.eu/（last visited, 2 September 2015）を参照。

【参考文献】

石田徹（2004）「福祉社会と非営利セクター―国際比較の中の日本」白石克孝編『分権社会の到来と新フレームワーク』日本評論社，87-116頁。

伊藤正次（2015）「多機関連携としてのローカル・ガバナンス―就労支援行政における可能性」宇野重規・五百旗頭薫編『ローカルからの再出発―日本と福井のガバナンス』有斐閣，81-101頁。

大谷強（2008）「大阪府における雇用・就労政策の取り組み」大谷強・澤井勝編『自治体雇用・就労施策の新展開』公人社，2-60頁。

佐口和郎（2004）「地域雇用政策とは何か」神野直彦責任編集『自立した地域経済のデザイン』有斐閣，209-235頁。

櫻井純理（2009）「市町村による地域雇用政策の実態と課題―大阪府『地域就労支援事業』の交付金化に関する考察」『現代社会研究』（京都女子大学現代社会学部）第12号，71-88頁。

下平好博（2009）「グローバリゼーション論争と福祉国家・福祉社会」下平好博・三重野卓編著『グローバル化のなかの福祉社会』ミネルヴァ書房，1-21頁。

武川正吾（2007）『連帯と承認―グローバル化と個人化のなかの福祉国家』東京大学出版会。

外川伸一（2007）「ガバナンスにおける政府の役割の考察―試論」『山梨学院大学法学論集』58号，93-149頁。

―――（2009）「ガバナンス分析のためのネットワーク・ガバナンス論―相互依存性，正統性，メタガバナンス，NPMとの相違の観点から」『山梨学院大学法学論集』63号，43-102頁。

濱口桂一郎（2003）「EUの雇用戦略・社会保障戦略が示唆するもの（下）社会的統合戦略と年金戦略」『週刊社会保障』2003年6月2日号，26-29頁。

―――（2006）「EUにおける貧困と社会的排除に対する政策」栃本一三郎・連合総合生活開発研究所編『積極的な最低生活保障の確立―国際比較と展望』第一法規，237-285頁。

平岡公一（2000）「社会サービスの多元化と市場化」大山博ほか編著『福祉国家への視座―揺らぎから再構築へ』ミネルヴァ書房，30-52頁。

福原宏幸（2007）「就職困難者問題と地域就労支援事業―地域から提案されたもう一つのワークフェア」埋橋孝文編『ワークフェア―排除から包摂へ？』法律文化社，217-244頁。

堀雅晴（2011）「公的ガバナンス論の到達点―ガバナンス研究の回顧と展望をめぐって」新

川達郎編『公的ガバナンスの動態研究─政府の作動様式の変容』ミネルヴァ書房, 50-78頁。
町田俊彦（2015）「分権改革と自治体の就労支援策─無料職業紹介事業と雇用創出基金事業」宮嵜晃臣・兵藤淳史編『ワークフェアの日本的展開─雇用の不安定化と就労・自立支援の課題』専修大学出版局, 137-181頁。
宮本太郎（2006）「福祉国家の再編と言説政治」宮本太郎編『比較福祉政治─制度転換のアクターと戦略』早稲田大学出版部, 68-88頁。
─────（2013）『社会的包摂の政治学─自立と承認をめぐる政治対抗』ミネルヴァ書房。
山本啓（2014）『パブリック・ガバナンスの政治学』勁草書房。
Clegg, Daniel（2013）*Dynamics and Varieties of Active Inclusion: A Five-Country Comparison─Work Package 5─the national arena for combating poverty*, University of Edinburgh, School of Social and Political Science.（http://coperesearch.eu/wp-content/uploads/2013/10/D5.6_Comparative_Report.pdf, last visited, 2 September 2015）.
Esping-Andersen, Gøsta（1999）*Social Foundations of Postindustrial Economies*, Oxford University Press（渡辺雅男・渡辺景子訳『ポスト工業経済の社会的基礎─市場・福祉国家・家族の政治経済学』桜井書房, 2000年）.
Esping-Andersen, Gøsta ed.（1996）*Welfare States in Transition: National Adaptation in Global Economy*, Sage Publication of London（埋橋孝文監訳『転換期の福祉国家─グローバル経済化の適応戦略』早稲田大学出版部, 2003年）.
European Commission（2000）*Building an Inclusive Europe*, COM（2000）79.
─────（2005）*Communication to the Spring European Council; Working together for growth and jobs-A new start for the Lisbon Strategy*, COM（2005）24.
─────（2006）*Communication concerning a consultation on action at EU level to promote the active inclusion of the people furthest from the labour market*, COM（2006）44.
─────（2008）*COMMISSION RECOMMENDATION of 3 October 2008 on the active inclusion of people excluded from the labour market*, notified under document number C（2008）5737.
─────（2010）*Europe 2020: A strategy for smart, sustainable and inclusive growth, Communication from the Commission*, COM（2010）2020final.
─────（2013a）*Communication from the Commission: Towards Social Investment for Growth and Cohesion─including implementing the European Social Fund 2014-2020*, COM（2013）83 final.
─────（2013b）*Commission Staff Working Document: Follow-up on the implementation by the Member States of the 2008 European Commission recommendation on active inclusion of people excluded from the labour market-Towards a social investment approach*, SWD（2013）39 final.

―――― (2013c) *Investing in Social Europe*.

European Council (2000) *Lisbon European Council, Presidency Conclusions*, 23 and 24 March.

―――― (2001) *Göteborg European Council, Presidency Conclusions*, 15 and 16 June.

―――― (2005) *Brussels European Council, Presidency Conclusions*, 22 and 23 March.

Eurostat (2015) *Smarter, greener, more inclusive ?: Indicators to support the Europe 2020 strategy*, 2015 edition.

Frazer, Hugh and Marlier, Eric (2013) *Assessment of the implementation of the European Commission recommendation on active inclusion: A Study of National Policies ―Synthesis report*, (08/03/2013) European Commission.

Garrett, Geoffrey (1998) *Partisan Politics in the Global Economy*, Cambridge University Press.

Heidenreich, Martin and Aurich-Beerheide, Patrizia (2014) "European worlds of inclusive activation: The organizational challeges of coordinated serve provision," *International Journal of Social Welfare*, 23, pp. 6-22.

Iversen, Torben and Anne, Wren (1998) "Equality Employment, and Budgetary Restraint: The Trilenma of the Service Economy," *World Politics*, 50(4), pp. 507-546.

Kok, Wim (2004) *Facing the Challenge, Report of the High-Level Group*.

Kunzel, Sebastian (2012) "The Local dimension of active inclusion policy," *Journal of European Social Policy*, 22(1), pp. 2-16.

Ostrom, Vincent (1972) "Polycentricity" Presented at 1972 Annual Meeting of the American Political Science Association, Washington, DC, September 1972 (http://hdl.handle.net/10535/3763, last visited, 2 September 2015).

Pierre, Jon and Peters, B. Guy (2000) *Governance, Politics and the State*, St. Martin's Press.

Pierson, Paul (1994) *Dismantling the Welfare State: Reagan, Thatcher and the Politics of Retrenchment*, Cambridge University Press.

Rhodes, Roderick A. W. (1997) *Understanding Governance: Policy Network, Governance, Reflexivity and Accountability*, Open University Press.

Swank, Duane (2002) *Global Capital, Political Institutions, and Policy Change in Developed Welfare States*, Cambridge University Press.

Taylor-Gooby, Peter ed. (2004) *New Risks, New Welfare: The Transformation of the European Welfare State*, Oxford University Press.

Van Berkel, R. et al. (2011) *The Governance of Active Welfare States in Europe*, Palgrave Macmillan.

第2章

分権の先の自治
——ポリセントリシティという評価軸——

大西　弘子

1　ガバナンスとデモクラシー

1　本章の課題

　政治学・行政学においてガバナンスという言葉が頻繁に用いられるようになったのは，1980年代の半ば頃からである。国際的な政治学雑誌『Governance』が創刊されたのが88年，ガバナンス研究を先導することになったローズ（Rhodes, R. A. W.）が「新しいガバナンス―ガバメントなきガバニング」という印象的なタイトルの論文を発表したのが96年，日本では2002年に，先駆的な著作である『パブリック・ガバナンス』や『「政策連携」の時代』が出版されている（Rhodes 1996; 宮川・山本 2002; 上山 2002）。20世紀終盤以降の政策形成・執行には，新しい用語を必要とするような，質的な変化が生じたと考えられてきたのである。

　この政治の変化は，政策形成と執行との距離が近いローカルにむしろ顕著に表れているともいえる。本書は，変容期にあるローカルにおいて，地域共有の課題によりよく対処するためにいかなる枠組みがありうるかという問いを共有するが，本章はそれを政治思想（デモクラシーという統合理念）の側面から考えてみたい。ガバナンスと呼ぶにふさわしい政治状況は，アップデートされたデモクラシーの理解を必要としており，新たな理解は日本のローカルにおける「分権の先の自治」への，いくばくかの見通しを可能にするのではないかと思われ

るのである。

　以下では，はじめに，どのような政治のありようがガバナンスとして語られてきたのか，また，その政治のありようと，理念としてのデモクラシーとの関係はどのように理解されてきたのかを整理し，そこに残る課題を明らかにする（第2節）。次に，その課題に対して示唆を与えると思われる，ポリセントリシティというアイデアを読みこみ，ガバナンスの時代に適合的なデモクラシー理解について考察する（第3節）。最後に，ポリセントリシティという評価軸をもつことによって，日本のローカル・ガバナンスのとらえ方がどのように変化するかを例示的に考えてみたい（第4節）。

2　ガバナンスという視角

(1) 「公共経営改革としてのガバナンス」論　　近年，政治学・行政学において「ガバナンス」が取り上げられる場合には，後述のネットワーク（統治の分有）型のガバナンスを指すことが多いが，80年代半ばから90年代初めの頃には，拡大する財政危機を背景として，政府そのものをどうガバナンスするのかという問いの立て方が優勢であった。『政府を再発明すること——企業家精神は公共セクターをいかに変えつつあるか』(Osborne, Gaebler 1992) は，この時期のガバナンス論の代表的な著作であるが，そのタイトルも示すように，政府部門に民間の経営手法を取り入れて，税負担に見合う行政サービスを提供することが一般に重視された。NPM（ニュー・パブリック・マネジメント）と総称される公共経営改革を支えたガバナンス論である。

　後との比較に必要な範囲で，この時期のガバナンス論の特徴をデモクラシーの観点から指摘すると，1つは，顧客としての市民という視角を一般に受容させたことである。従来，公共部門において，人々は顧客ではなく有権者および政策執行の対象者とみなされてきたが，NPMでは，人々が個人的見地から個別的サービスを評価することが必要になる。したがって「それは代議制民主主義が有権者の代表からなる議会で集合的意思決定を通じて資源配分をするという伝統的モデルの見直しを求める」といえる（山本 2002: 131）。

　もう1つの特徴は，政府が社会の課題を解決する責任者として位置づけられ

ていることである。NPMでは，船の「舵取り」と「漕ぐ」ことは別であるとの比喩がよく用いられたが，これは政策の立案と執行は切り離せるということを意味していた。漕ぐことすなわち執行業務は民間にも委託可能だが，政策の企画立案については，政府固有の機能だと考えられたのである。政府を統治の責任者とする位置づけについては，この時期には変化していないといえる。

(2) 「統治の社会的分有としてのガバナンス」論[1] 　90年代半ば以降になるとガバナンス論が目を向ける現象は，より入り組んだものになる。たとえば先に挙げた上山の『「政策連携」の時代』には，次のような事例が紹介されている。

アメリカ東部に「チェサピーク湾プログラム」と呼ばれるプロジェクトがある。NPO・基礎自治体政府・州政府・連邦政府やそれらのエイジェンシー・研究機関・企業（2015年現在91機関）が参加して，湾の環境保全活動が行われている。これは，政府機関が企画立案した事業に，民間のアクターの参加も求めているのとは異なる。政府機関やNPOや企業は対等のパートナーとして，湾の環境保護という目的のために，それぞれのもつ資金や情報や権威を提供し，事業体としての意思決定機関を制度化し，「政策」を企画立案・執行しているのである。政策手法においても，政府が用いてきた法令による規制とは異なるような，たとえば全体の環境保護計画におけるそれぞれの役割を数値目標などで示し，その達成度を公表することで，計画に事実上の拘束力をもたせるといった様式がみられる。さらに，このプログラムでは，政府の河川改修事業に対して「補助金」を出すなどの財政措置も行われるのだが，そこでは政府のほうが，政策執行の対象者になっているわけである。

こうした政治現象を指して，特に2000年代以降，「マルチレベル・ガバナンス」という用語を当てることが通例となった。代表的な研究者であるシュミッター（Schmitter, P.）によれば，「マルチレベル・ガバナンスとは，以下のように拘束的決定をおこなう形態として定義されうる。すなわち，政治的に独立しつつも相互依存している異なる地理的単位の，公的・私的なアクターを，一定の継続的な交渉／討議／執行に関与させる形態であって，いずれかに排他的な政治的権限を割り当てることなく，安定的な政治的権威のハイアラーキーを主張することのない，そのような決定の形態である」(Schmitter 2004: 49)。

この時期のガバナンス論のテーマ関心は、このシュミッターの定義に端的に表現されている。1つは、政府以外の「私的」な民間営利・非営利アクターが政策立案・執行に携わるその形態への関心である。80年代のガバナンス論においても、民間アクターの関与については取り上げられていたけれども、政策立案と執行は切り離し可能であり、民間アクターは、政府が設定したターゲットに向けての執行を担うとされてきた。90年代以降では、公・私のアクターが相互行為のプロセスの中で、政策の立案も執行も行うことが確認される。そこに作動しているのが、マーケットにおける競争の原理とも、行政における階統的命令の原理とも異なる、「ネットワーク」の原理、すなわち互いに自律的なアクターが共有の目的のために水平的調整を行うものであること、が重視されるのである（外川 2009: 79-91）。政策形成・執行における政府部門と民間部門の役割の区別が相対化されて、両者による「統治の分有」ともいうべき現象への関心が高まったのである。

　もう1つは、複数の地理的な層も含めた政府間のネットワークへの関心である。チェサピークの例にもみられたように、複数の地理的レベルの政府アクターが、環境や雇用創出といった特定の政策目的に従ってアドホックに調整と決定の仕組みをつくりだす事例が多く指摘されてきた。また、一国内における複数の層の政府間連携のみならず、超国家機関と基礎自治体レベルの政府との連携も、とりわけEU圏では注目されてきた（第1章を参照）。先に挙げたシュミッターのマルチレベル・ガバナンス定義も、EU圏の政策形成・執行の分析から導かれたものである。日本のローカルにおいても、一部事務組合や広域連合など、特定の政策分野における特別地方公共団体が法制化され、その中には市町村と府県や国など異なる地理的レベルの政府の組み合わせも見られる。さらに近年では、定住自立圏や連携中枢都市圏といった協定や協約による自治体間のネットワークが果たす機能の重要性が指摘されている（第6章を参照）。そのような、個々の単位政府における自己完結した政策形成・執行とは異なる、複数の政府レベルも含めた政策分野ごとの連携や調整を、いかに同定するかが政治学・行政学のトピックとなってきたのである。ローカルから超国家にいたる諸レベルの政府の管轄権の相対化、すなわち、諸層の政府における「統治の

分有」への関心といえる。

　マルチレベル・ガバナンスという用語は，この2つの軸，すなわち，政府・民間部門間（ヨコ）および諸層の政府間（タテ）における統治の分有がミックスされた状況を示したわけで，こうした政策形成・執行の複合性の増大が，政治の質的変化として認知されたのである。

3　ガバナンスとデモクラシー

　以上のような「ガバナンス」現象を，デモクラシーの理念に照らしてどう理解するのかというテーマが，2000年代半ばから取り上げられるようになる[2]。中心的に論じられてきたのは，代議制民主主義との関連についてである。

　一方では，ガバナンス・ネットワークと代議制民主主義との間には緊張関係があることが指摘されてきた。ソレンセンの整理（Sørensen 2006）によると，①ガバナンス・ネットワークは高い自律性の上に成り立つために，公選機関の主権を脅かす，②ガバナンス・ネットワークは領域的ではなく機能的な代表に基づいて構成されている，③行政職員は，ガバナンス・ネットワークの中で，またそれがあることによって，政策形成者になる傾向がある，④ガバナンス・ネットワークは，国家・市場・市民社会のステークホルダーをひとまとめにすることによって，公と私の領域の間の制度的分離を掘り崩す，というのが主要な論点である。

　他方で，ガバナンス・ネットワークが代議制民主主義を補完するという指摘も行われてきた。クリンとスケルチャーの整理（Klijin, Skelcher 2007）によれば，①ガバナンス・ネットワークは，市民のニーズや選好について政府が入手可能な情報の質を高める，②ガバナンス・ネットワークは部分利益を調整して，それを超えた合意に基づく決定を産出する，③ネットワークにおけるアジェンダ・セットから執行・評価にいたるまでの包括的な参加は，政策意図の実現をめざす同盟をつくりあげ，それによって政策が成功裏に供給される可能性が拡大する，④ネットワークでの相互行為のプロセスは，社会関係資本を生み出し，市民と政府の信頼関係をつくりだす，というのが主要な論点である。

　しかし，この対立・補完論者の間にはそれほどの距離があるわけではない。

補完論者において，ネットワークにおける意思決定が代議制民主主義の理念との摩擦を引き起こさないとみなされるのは，クリンらも指摘するように，ネットワークにおける決定の内容が政策決定の階層の末端にある（政治というよりマネジメントの領域にある）ものと解釈されていることによる。実際にはEUにおけるネットワークのように，各国政策の上位部分にかかわる決定を行っているものも存在するのだが，補完論においては言及されない。ガバナンス・ネットワークは代議制民主主義の周縁において，複雑化した政策課題に適応したアリーナをつくりだし，代議制民主主義の有用な助手になると考えられるのである。それゆえ，ネットワークは管理される必要があり（「メタ・ガバナンス」と呼ばれる），その主体として，公式の政府機関が呼び戻されることになる。政府によるネットワークの管理の仕方は，公選の議員がネットワークに参加することや，行政がネットワークに委ねる目的や範囲を設定することなどさまざまに論じられるのだが，結局のところいかにして代議制民主主義に係留する（anchorage）のか，という問いの立て方に終始する場合がほとんどである[3]。補完論者と対立論者は，政策決定の正統性は公選の議会が付与するとするとらえ方を共有しているのである。

　だが，ガバナンス・ネットワークをそのように代議制民主主義の枠内に回収するのであれば，公私を問わないアクターの，自律的で水平的なネットワークによって特徴づけられる「ガバナンス」という分析枠組みは，その有用性を保ちうるのかという疑問（木暮 2011: 182）は，もっともであるといえる。

　排他的な管轄権をもつ政府が単独では対応困難な政策課題が増大し，そのために公・私を含んだ諸層のガバナンス・ネットワークが出現したということは，全体としてのガバニングは，論理の異なる処理システム間での分業状態にいたっていることを示している。たとえばスケルチャー（Skelcher 2005）は，欧州の事例分析から4パターンの処理システムを指摘しており，従来からの政府機関にあわせて，ガバナンス・ネットワークのなかにも，クラブ，エイジェンシー，ポリティ編成の区別を行っている。それぞれは，政策決定における正統性の基準も異にすると考えられている。こうした指摘にみられるような，現代民主政の複合性を，デモクラシーの規範理論はいまだ十分に受け止めていると

はいえない。

　その要因はおそらく，ネットワークを代議制民主主義に回収する従来の議論が，次の2つの前提をそのままにしていることにあると考えられる。
　1つは，政策決定の正統性は，法的に構成された国家が承認するという前提である。近代国家の成立過程を通じて，職能や宗教，地域などを基礎とする団体における多元的な正統性承認のありようは，それ自身法化された国家による法的決定へと集約されたという理解を共有して，多くのデモクラシー論は構築されてきた。前提のもう1つは，そうした政府が自律的とみなされる条件に関するものであって，①同じ地理的スケールにおいては，政府の管轄権は互いに排他性をもち，②異なる地理的スケールの間では，合理的な階層が存在するときに，法的に構成された政策決定の単位は自律的でありうるとみなされてきた。
　この2つの前提が，統治のヨコの分有・タテの分有を特徴とするガバナンスにおいてゆるがされているのならば，デモクラシー論が時代に応答するにはここをアップデートする必要があると考えられるのである。

2　ポリセントリシティという評価軸

　代議制民主主義によるメタ・ガバナンスという論点を超えて，ガバナンス・ネットワークを含み込んだ複合的な現代民主政の，一貫した自己理解の像を模索すべきであるという認識は，わずかながらみられるようになっている。その1つの方向は，「多極共存型民主主義」にヒントを求めるもので（岩崎 2011），もう1つは，「フェデラリズム（連邦主義）」にヒントを求めるものである。いずれも，政治の全体ユニットの統合性と，個々のユニットの自律性とを両立させる必要を念頭におく点で，上にみた2つの前提を更新しようとするものといえるが，本章は，後者のフェデラリズムの方向で議論を前に進めたいと考える。「国家中心パラダイムから離れたフェデラリズム」（Weiler 2002）のような，散見されるキー・タームにみられるアイデアを，一貫性のあるコンセプトへとまとめる作業である。その手がかりとして，本節では「ポリセントリシティ（polycentricity）」を取り上げる。ポリセントリシティ（多中心性あるいは多核

性と訳される）は，ヴィンセント（Ostrom, V.）とエリノア（Ostrom, E.）の2人のオストロムを中心とするブルーミントン学派が彫琢してきたコンセプトである。これは，本書の第1章や第6章での使用法のように，行政機関の連携のありようを指すものとして用いられることもあれば，EUの地域開発政策において都市間連携を重視するコンセプトとして用いられることもあるが，本章では，ガバナンスの時代に応答した，「主権」という正統性の消尽点を必要としないデモクラシーのコンセプト，として再構成したい。

1　ポリセントリシティの起源

ポリセントリシティなるコンセプトは，1960年代にアメリカの大都市圏行政についての分析的なモデルとして登場している。当時，アメリカの大都市圏は，経済的・社会的諸関係によって結びついた1つの大きなコミュニティを形成していたが，行政的には統合された政府は無く，アド・ホックな統治のユニットによって分断されていた。連邦政府・州政府のエイジェンシー，カウンティ，市，特別区などがそれぞれの管轄権をもち，それらが重複することも，以前の管轄権を覆すこともあった（Aligica, Tarko 2011: 241）。そうした状況の中に，オストロムらは一般に批判されるバラバラな「多重行政」とは異なる，秩序づけられた関係性が形成されていることを見出して，「ポリセントリックな政治システム」と名づけたのである。「ポリセントリックであるとは，公式には互いに独立している多数の意思決定センターがあることを意味している。……それらの決定センターが互いを競争的関係にあると見なし，多様な契約関係や協力関係を取り結び，紛争を解決するための中心的メカニズムに訴えるようになるにつれて，大都市圏にある多様な政治的管轄区は，安定的で予測可能な相互行為の諸パターンを備えた一貫性のある様式で機能するようにある。そのような状態にある場合，多様な政治的管轄区は『システム』として機能していると言える」（Ostrom et al. 1961: 831）。

さらに，このような政治システムは，大都市圏全体を包摂する1つの統合的政府を設立するよりも，効率的かつ市民のニーズに応答的になる可能性をもつと考えられた。というのも，そこではサービスの生産にとりわけ関係する規模

や効率への問いを，市民はどのようなサービスを供給されるべきかの問いや，どのようにファイナンスするのか，どのようにサービスを評価するのかという問いと，切り離して考えることが可能になるためである（Aligica, McGinnis 2012: 87-88）。多様な単位政府の公職者は，課税と歳出の決定，供給するサービスの種類とレベルの決定，サービス生産のアレンジとモニタリングに責任をもつ，サービス・プロバイダーであるとみなされる。プロバイダーは，サービスを当該ローカルのレベルで生産するか，他から購入するか，ジョイントベンチャーを立ち上げるかといったオプションから選ぶことになる。パフォーマンスの最適レベルは，財やサービスの種類によって異なるため，多様な制度アレンジを可能にすることは効率の観点からいって適当であり，市民に近いローカル政府や学校運営や公共交通のような特定サービスだけを供給する政府が設立（incorporation）されてそこが決定権をもつことは，コストを負担するメンバーによってサービスの質や量がチェックされ，ニーズに応答的なサービス供給になる可能性をもつと考えられたのである。

　このように大都市圏の行政を分析して得られたモデルとしてのポリセントリシティは，オストロムによって次第に一般化されて，複数の社会制度を関係づける制度（2次制度）のありようを表すコンセプト，ととらえられるようになる。72年のアメリカ政治学会の報告ではかなり抽象度を上げて，次のような定義が示された。「ポリセントリックな秩序とは，秩序のそれぞれの構成要素が他の構成要素から独立して行動するとされた共有の全体ルールのシステム内部において，多くの要素が他の要素との諸関係を秩序づけるために，相互に調整することが可能な秩序である」（Ostrom 1972: Abstract）。

　オストロム自身によれば，大都市圏行政の分析をした61年の段階では，行政システムの中に階統的命令のみならず市場的競争の原理が作動していることを示すのに力点がおかれていて，「政治」を「政府」と同一視し，政府の仕事を公共財とサービスの生産・供給と同一視していた。そのため，「大都市圏の諸政府ユニットの経営に適用可能なルールの一般システムを形成すること，そうした諸ルールを強制することに適した制度ファシリティを維持すること，というタスクを扱い損ねていた」（Ostrom 1972: 7）という。すなわち，「正統とされ

る強制」の契機はポリセントリシティに不可欠の属性とみなされようになったのであるが，この点を含めて以下，「複数の社会制度を関係づける制度」の原理へと一般化されたポリセントリシティを，ガバナンスとデモクラシーの観点からさらに読み込んでいこう。

2 ポリセントリシティの特性

(1) **決定ユニット間の関係性**　ポリセントリック（多中心）はモノセントリック（単中心）の対概念であるが，ポリセントリックとは，単に意思決定ユニットが数多く存在しているということではない。先の定義にあるように，それぞれの意思決定ユニットは「他から独立して行動する」ので「中心」と呼ぶべきものが多数あるのだけれども，ここで重要なのは，そのように「共有の全体ルール」を定めて「相互に調整する」関係にある，ということである。「単中心の政治システムの決定的特徴は，法的諸関係を決定・強制・変更する政府の権能が，当該社会において強制力の正統な行使を究極的に独占する，単一の地位または決定構造に与えられているところにある。……多中心の政治システムの決定的特徴は，多くの公職者または決定構造に，法的諸関係を決定・強制・変更する権能が，制限的でかつ相対的に自律して行使できるよう与えられているところにある。多中心の政治システムにおいては，どの地位あるいは決定構造も，権力の正統な行使を究極的に独占することがない」(Ostrom 1972: 4)。この定義からするとたとえば，仮に意思決定ユニットが多数存在しているとしても，それぞれのユニットが決定できる範囲を，単一の中心ユニットが決定する（決定権限を委譲する）場合には，モノセントリックな秩序であると解される。分権的であることとポリセントリックであることは，意味が異なることがわかる。決定ユニットの数だけでなく，相互の関係性こそが，モノセントリックとポリセントリックを分けるのである。なお，この関係は，1つの決定構造の内部にも，異なる地理的諸層の決定構造の間にも適用されうる。アメリカの憲法体制を例に考えるなら，連邦政府における三権分立の構造は前者におけるもの，連邦と州との政府間関係は後者におけるものということになる[5]。

(2) **意思決定する権能の平等化**　では，そのように決定権限を独占させない

ことの効果は何か。1点目は，諸個人が意思決定する権能の平等化である。

このことを理解するには，まず，オストロムにおける方法論的個人主義と，それに従った新制度論的な法的諸関係の理解の仕方をふまえる必要がある。方法論的個人主義とは，個々の人間の主体的行為を，社会を構成する基礎的単位とみなすことである。オストロムは，方法論的個人主義という用語を，ラスウェル（Laswell, H.）にならって「人間社会の基本的な特徴は，それぞれの自我（ego）および文化的伝統に埋め込まれた自己（self）をもつ諸個人によってなされる行為にある」とみなすことだとしている（Ostrom 1994: 105）。次に，新制度論的な法的諸関係の理解とは，法をはじめとする諸制度が人々の行為を秩序づけると考える点では古くからの制度論と同じであるが，さらに，それら諸制度に諸個人の主観的な契機を読み込む点において，新しい制度の理解の仕方である。新制度論においては，「ルールや約束事は，最終的にはプレーヤーたちがそれをどのように捉えるかに依存するのであり，プレーヤーたちの行動の前提となるのは，そのような主観的な解釈である」（曽我 2004: 94-95）と考えられる。たとえば，ある行為を禁止する法が存在していてもその行為そのものは依然として可能であるように，法は「それ自身で強制的（self-enforcing）」なものとはなりえない（Ostrom 1997a: 95）。法を解釈し，適用し，制裁を課すといったさまざまな場面における，個々の人間が他者を考慮に入れつつ行う主観的な判断によって，法的諸関係は成立すると考えられるのである。[6]

このような見方に立てば，たとえば行政職員も，中立でもなければ執政部に従属する存在でもなく，個々に意思決定する人間として扱われる（Ostrom 1997a: 114）。彼らは，他者を考慮に入れつつ，法を解釈・適用・制裁する場面において，主体的な意思決定を行っているとみなされる。「公共財やサービスの供給は，意思決定者の多様なセットによっておこなわれる諸決定に依存しており，それら集合的事業の政治的な実現可能性は，時間の経過におけるすべての必須な決定構造において，望ましい決定の流れができることに依存している」「行政は政治の領域にある」（Ostrom 1997a: 98）と考えられる。同じように，行政職員以外の公選の議員や司法担当者もまた，ルールを前提に，しかし同時に，その解釈等において主体的な意思決定を行う政治的な存在であるとみな

される。

　であるならば，正統な権力を行使する権能を，たとえば三権のうちの立法権や，国・自治体関係における国のような1つのユニットに配分する制度は，そこにおいて法的諸制度を解釈し判断する人々により大きな意思決定能力を与えることになる。それに対して，自律的な多数の意思決定ユニットが互いに拒否権をもち，互いに調整し合わなければルールを決定・強制・変更することができないようにするならば，特定のユニットが決定したこと自体が，社会的ルールの究極の正統性の根拠となるような，「主権」的ポジションは発生しない。この関係は，市民と政府機関との間にも当てはめて考えられる。「民主的憲法は，人々がもつ権能および政府の諸機関がもつ権能を定義し，それによってそれぞれの権能が他者のそれによって制限されるようにする」(Ostrom 1997a: 98)のであって，人々が主権的地位をもつと解されているのでもない。もっとも，正統な権力を行使する地位は多数の人間を統合するために必要であり，その地位にあるか否かで諸個人の意思決定能力の不平等は依然として存在するものの，ポリセントリックな構造は，不平等を減少させると考えられるのである(Ostrom 1997a: 96-97)。

　オストロムにおいては，フェデラリズムにおける権力の分散という契機は，制度配置のレベルにとどまらず，制度に主観の要素を読み込む新制度論を通じることで，諸個人のレベルまでラディカル化されたといえる。ポリセントリックな秩序においては，「全ての者が公共の事柄の経営 (conduct) に参加する権限を付与 (qualify) される」(Ostrom 1997a: 68) と理解されるのである。[7]

(3) **自発性の拡大**　　関連して，決定権限を独占させないことの2点目の効果として，自発性の拡大が挙げられる。先にみた72年の学会報告の冒頭で，オストロムは，共有するルールを決定・強制・変更するにあたって，諸ユニットが意思決定の権能をもつことは，自らも含めて全体を拘束するルールのアレンジに率先してかかわるようにそれぞれを仕向けるという点に注意を促している(Ostrom 1972: Abstract)。ポリセントリックな秩序は「そこに含まれた人々にとって利用可能なジョイントの諸機会を互いに活かすために，判断し行動する自由の行使を可能にする」(Ostrom 1997a: 111) と考えられる。自発性の重視

は，著作の多くの箇所でオストロムが，トクヴィルのアメリカ評価に言及していることからも見て取れる。トクヴィルは，フランスでは学校や病院の建設や道路の補修は政府の仕事であるが，アメリカでは市民が自ら行うことを発見した。トクヴィルのいう「それぞれの地域の事柄を政府がつかさどる」社会と「市民が自分たちでやる」社会との違いをもたらすのは，政治システムの基本的なありようがモノセントリックであるかポリセントリックであるかの違いであるとしている（Ostrom 1972: 23）。

　自発性が重視されるわけは，オストロムにおいてはプラグマティクである。彼は，市民の自発的な参加そのものに規範的価値を認める立場をとっていない。大事なのは，自発性のもつ効用である。「自発性」は，社会の課題を解決するための制度を決定・強制・変更するために，ひとりひとりの人間がもつ，多様な情報や価値観や問題の切り出し方を，最大限利用可能にするという意味をもつ。比喩的ではあるが，ポリセントリックな意思決定の仕組みにおいては，法が「議論されるのではなく従われるべきである命令」とはならずに「サイエンス」になるというジョセフ・ストーリーの言葉をオストロムは引用している（Ostrom 1997a: 93）。ポリセントリックな秩序は，社会の課題を解決するために，できるだけ多くの知を動員し，実験するための枠組みだと考えるのである。

(4) **自己統治するアソシエーションの集合体**　自発性の契機を重視するこうした見方をふまえるなら，意思決定ユニットの内部およびユニット間の関係性のアレンジに加えて，そもそも意思決定のユニットをどのレベルに設定するのかという問題が，ポリセントリシティというコンセプトにとって重要なテーマになることがよく理解できる。というのも，自発性が発揮されるためには，共有ルールの決定・強制・変更が，自らの利益に資するとみなせることが必要になるからである。この点において，オストロムの後継者であるアリジカ（Aligica, P.）とタルコ（Tarco, V.）が，ポリセントリシティのコンセプトは，ダールのジレンマをより良く分節化し対処するやり方であると評価していることは，当を得たものと考えられる。ダールのジレンマ，すなわち「アソシエーションのすべての構成員に強制される集合的な決定を行いながら，依然として自ら統治す

る」にはどうすればよいのか。そのジレンマを緩和するために，決定のユニットを，そこに含まれる人々が決定されたルールの強制を自らの利益に資するとみなせる単位に振り分けることに関心をもつのが，ポリセントリックなアプローチの特徴だというのである（Aligica, Tarko 2013: 736-738）。人々の意思を集積する問題はどのユニットにおいても残り続けるのだけれども，その問題が多数の層に分散され，課題の性質にしたがって多様な解決の可能性へと分割されることは，強制への単なる服従を減らし，自らによる統治を多く実現することにつながると考えるわけである。

したがってまた，ユニット内で正統な強制が受け容れ可能であれば，そのユニットが「私的」なアソシエーションであっても，機能的には政府に並ぶとみなされることになる。エリノア・オストロムは，共有地や水資源といった共有財の管理において，いわゆる「コモンズの悲劇」が起きないよう関係者の行為が秩序づけられる条件を多くの実証データから明らかにしたことで知られるが，ブルーミントン学派がこうしたコモンズを研究テーマとしてきたことには，実定法で構成された政府以外によっても，正統と考えられる統治がありうるとの考えが現れている。社会的ルールは最終的には個々人の主観的判断に依存しているとする新制度論の発想は，法とその他の社会的ルールとの区別を相対的なものとし，統治における「公」と「私」とを地続きで捉えることを可能にしたと解釈できる。

(5) **自律性と統合性とのバランス**　では，そうしたアソシエーション間の関係は，どう整序されるのか。対処する事柄の性質にしたがったアソシエーションを積み上げるといっても，それらが予定調和にあるとみなされるわけではない。特定のアソシエーションにおける集合的な決定が，それ以外のメンバーにマイナスの効果（外部性）をもつ，いわゆる「公益に反する」ことがありうると考えられる。

この問題を考えるときにも，オストロムらは徹底的に方法論的個人主義に立っている。まず，公共的価値を生み出すとは，以前よりも改善されたと諸個人に判断される事柄の状態をつくりだすことである。そして，他者の行為が自らに外部性を生み出している（あるユニットの決定の結果が社会に悪影響を及ぼしてい

る）という判断も，諸個人の多様な，主観的な価値評価に依存する（Aligica, Tarko 2013: 727）。このように諸個人の主観的な価値判断の要素から公共的価値をとらえ，その価値判断の多様性を，たとえば討議において収斂させるべきものではなく，むしろ情報や問題の切り出し方を多様にする効果をもつものとして肯定的にとらえるならば，「公益性」を担保する仕組みとは，「外部性」の問題提起を鋭敏にキャッチして，そこから調整を可能にしてゆくために，諸ユニットを架橋する諸制度ということになる。先の定義にみるように，「ポリセントリックな秩序とは，秩序のそれぞれの構成要素が他の構成要素から独立して行動するとされた共有の全体ルールのシステム内部において，多くの要素が他の要素との諸関係を秩序づけるために，相互に調整することが可能な秩序」である。あらかじめ「諸価値を単一の一貫性のあるシステムへと集積するために最善の方法」（Aligica, Tarko 2013: 727）を探すのではなく，それぞれの集合的決定のユニットがもたらす社会的な帰結を調整する方法がここでは重要だと考えられるのである。

3 ガバナンスとデモクラシーへの示唆

それでは，ポリセントリシティというコンセプトはデモクラシーのとらえ方をどのように変えるのだろうか。

ポリセントリシティのコンセプトにおいては，デモクラシーは，アソシエーションから発生する[8]。政治は議会選挙からスタートするのではなく，コミュニティが共有の課題を解決する方法を探すことから始まる。この場合のコミュニティは地域をベースにも，雇用創出や病児保育といったテーマをベースにも成立する。そうしたコミュニティが，共有の目的を実現するために必要な拘束的決定を行い，執行し，発生する紛争を解決し，ルールを変更してゆく仕組みをつくりあげたときに，アソシエーションが成立する。この自己統治ユニットのメンバーは，市民であるか議員であるか公務員であるか企業であるか，あるいは EU のような超国家機関の担当者であるかを問わず，アソシエーションの構成員としてフラットにみなされることになる。すべての者が公共の事柄の経営に参加する権限を付与されるとするオストロムの理解からすれば，法的権限や

資金や情報など，保持する資源が異なる「個々の人間」によって政治が成立していると考えられることになる。こうした自己統治のユニットが，当事者にとって必要とみなされる規模において多数つくられていくことが，人々が自ら判断して行動する自由を拡大し，集合的決定における単なる服従を最小化して，正統な強制を可能にするという意味において，「デモクラティック」だと考えられるのである。

ここでのアソシエーションは，アメリカ多元主義理論におけるように，集団の利益を政策決定過程にインプットするものと見なされているのではなくて，必要な拘束的決定を行い，執行し，発生する紛争を解決し，ルールを変更してゆく仕組みを備えた統治のユニットとイメージされている。その意味では，ネオ・コーポラティズム論における集団観に近い。

したがって，アソシエーション（＝ガバナンス・ネットワーク）の政策決定の正統性は，先にみたメタ・ガバナンスの議論におけるように，代議制民主主義に想定された委任の連鎖によって，すなわちプリンシパル―エージェント関係によって担保されるわけではない。それとは関係なしに，それぞれのユニット内で受け容れられる正統性の基礎をもつものと考えられている。正統性の基礎は，法形式よるもののみならず多元的であって，たとえば行政サービス提供における効率性であるとか，文化的アイデンティティであるとか，専門知への信頼であるとか，そのように多元的であることが社会の課題解決には必要であると考えられている。議論をフェデラリズムの文脈に置くならば，ポリセントリシティは，フェデラリズムを政府間のみならず，政府・非政府間へも一般化したと理解することもできる。統治は多元的に分担されるとみなされていて，本章の第2節で指摘したメタ・ガバナンス論の前提の1つ――正統性の基礎は，それ自身法的に構成された国家による決定の法形式である――が更新されていることがわかる。

ただし同時に，統治の多元性がコンフリクトを発生させたとき（あるユニットの決定の社会的帰結が問題視されたとき）に，その状態をコントロール不能にしないようユニット全体を架橋して調整する仕組みも必須とされていて，代議制民主主義や司法は，その最も凝縮された仕組みとして位置づけ直されることになる

(Aligica, Tarko 2013: 727)。ポリセントリシティのコンセプトにおいては，一方で，さまざまな自律的ネットワークの相互行為の中で結果として生じる「自生的秩序」があり，他方で意思形成の凝集された仕組みが可能にする「設計的秩序」があって，その2つの間の調整が，社会の課題解決に適したルールの進化を生むと考えられているのである。

　メタ・ガバナンス論のもう1つの前提とみなしたものに関しても，ここでは別様の理解がみられる。諸レベルの政府が，排他的な管轄権をもちえないこと，管轄権が階統的に秩序づけられないことも，ポリセントリシティにおいてはデモクラシーにとってプラスの要件と評価されている。決定の諸ユニットが自律的で互いに拒否権をもち，互いに調整し合わなければルールを決定・強制・変更することができないようにするならば，特定のユニットが決定したこと自体が，究極の正統性の根拠となるポジションは発生しない。ポリセントリックな調整の関係は，全体にとって正統な強制を可能にしつつ，それが管轄権の階統制という構造そのものに基づく単なる服従になることを低減すると理解される。ここでは，諸ユニットの自律の基礎は，設定された管轄権について他から関与を受けないことではなく，権限配分をめぐる他との調整のルール化・再ルール化に主体的に関与可能であることへと，いわばメタ化されているのである。

　以上のように，「ポリセントリシティ」は，①自律的なガバナンス・ネットワークが形成されることと，②そうしたネットワークを調整する原理のありように，規範的期待を見出すデモクラシーのコンセプトとして再構成することができる。それは，代議制民主主義や階統的な行政や司法の諸制度を必要とするが，多元的な正統性承認を調整するものと解されているのであって，あらかじめ「諸価値を単一の一貫性のあるシステムへと集積するために最善の方法」を求めるのではない点において，先にみた代議制民主主義によるメタ・ガバナンス論とは位相を異にする。ガバナンス・ネットワークと代議制民主主義は「補完」関係にあるということもできるが，デモクラシーにおける正統性の規範的基礎が再構成されている点において，「補完」の意味は変化している。タテ・ヨコ双方の「統治の分有」と認知されるまでに政治が拡散して複合的となるガ

バナンスの時代に,公私を問わない統治ユニットの自律と調整からデモクラシーを組み立てるポリセントリシティのアイデアは,デモクラシー再解釈の1つのオプションになりうると考えられるのである。

3 ポリセントリシティから考える日本のローカル・ガバナンス

ポリセントリシティは,決定ユニットの自律と,ユニット間の調整の原理とにデモクラシーの期待を繋ぐものであった。新たな観点をもつことは,現象の新たな解釈を可能にし(分析概念),また,新たな制度を考えるときの手がかりともなる(規範概念),と考えられる。本節では,ポリセントリシティというコンセプトを,統治のタテ軸(諸層の政府の管轄権)に限定して適用し,近年の日本の地方政治を例示的に解釈してみたい。

ポリセントリシティという評価軸をもつことによって,日本のローカルのありようがポリセントリックなもの(自律および調整)へとシフトしている要素を見出すことができる。たとえば,1990年代後半の第1次分権改革では,国から委任されて執行する国の仕事という位置づけの機関委任事務制度が廃止されて,それに代わる法定受託事務も自治事務も「自治体の事務」と位置づけられた。そのことは,自治体の事業が国の法令にもとづくものであっても,国の通達に従わない独自の法令解釈による執行を可能にしたし,それについて条例制定することも可能にした。国と自治体は自律した主体として,対等の法令解釈権をもつとされたのである。それゆえ同時に,国から自治体の事務処理について是正の要求等があって,自治体がそれに不服な場合には,係争処理委員会に審査を申し出たり,裁判所に提訴することを可能にする制度も創設された。「自律」した決定ユニット間の「調整」の仕組みが導入されたと解釈されるのである。

ポリセントリックなシフトは,司法判断の変化にもみて取ることができる。日本の憲法は条例制定を「法律の範囲内」と規定しているが,公害やまちづくりなどローカルな課題に対処するために,法律に規定のある事項に関する条例を制定する自治体が増加したことは,この規定との関係を問題化してきた。60

年代までの司法判断は，国の法律が条例の制定を委任していない限り不可能とするもの（法律先占論）であったが，75年の最高裁判決では，法律による委任がなくても，法律と条例が矛盾抵触しない限り，条例制定は可能とされた。2010年の高裁判決では「地方議会の制定した条例が法律に違反するがゆえに無効であるとすることは，民主主義にとって問題である」との指摘がなされている。こうした管轄権の分有を可とする司法判断を支えるであろう「対話的立法権分有」の法理が，法学者から提唱されてもいる（大津 2012）。

　ひるがえって，ポリセントリシティという観点をもつことで，そうではない現象を同定することもできる。「法律の規律密度の問題」と呼ばれるが，上にみた法律と条例の関係をめぐって，そもそも国の法律に細部にまでわたる規定をおくことが条例制定の範囲を狭めているという認識から，「地域の自主性及び自律性を高めるための」法律が制定された。2014年には自治事務に関する国の法律のうちの4076条項について「自主条例」を制定するよう委任を完了している。これはモノセントリックな分権と評価できる。そもそも何について自治体が独自に条例制定したいかにかかわらず，国が権限の委譲を行い，国が設定した期間内に条例制定を求めることは，モノセントリックと同定される。ポリセントリシティというコンセプトを明らかにすることによって，分権と自治とが重ならない部分が，見えやすくなるのである。それによって，別の制度デザインに目を向けることも容易になる（大西 2014）。

　同様に，近年の自治体の空間的再編，すなわち決定ユニットの設定変更の議論においても，モノセントリックな言説が優位にあったことを指摘できる。いわゆる「平成の大合併」において，日本の市町村数は3032（1999年）から1730（2010年）に減少した。合併すると有利になる特例債やしないと不利になる地方交付税の見直し等といった手法で国は合併を推進してきたわけであるが，合併推進を理論的に支えたのは「サブシディアリティ」（補完性の原理）というコンセプトの特定の解釈であった。「小さな社会の単位で解決できない課題についてのみ，大きな社会の単位が責任を負う」というコンセプトは，単位を大きくすることで解決できる課題を増やすという「受け皿論」を導く役割を与えられた。もちろん小さな単位を維持すべきという単純な話ではなく，規模の経済が

働くインフラ整備や廃棄物処理などは広域で対処するのが合理的であるが，それは「合併・統合」だけでなく「自立・連合」という方向においても試みられている（第6章を参照）。合併・統合へと国が仕向けるのではなく，そうした選択そのものをそれぞれの地域に委ねることが重要であるという対抗言説（加茂 2010）の有意性は，自発的な決定ユニットの設定を，多様な観点に基づく政策実験という契機，および，自らによる統治という契機から重視するポリセントリシティのコンセプトを立てることで，よりよく理解されるであろう。

合併の他にも，大阪の府市統合案に見られるような大都市圏の権限配分問題や，普天間基地問題に現れた国と自治体の対立など，決定ユニットをめぐるイシューは後を絶たないが，こうしたイシューの多さは，サブシディアリティとは異なる，統治の「分有」を解釈するコンセプトの必要性を示していると思われるのである。

以上，本節では統治のタテ軸に限定して，ポリセントリシティという観点から日本の地方政治の解釈を試みた。本節の例示的な解釈でも，また，これまでの多くの事例研究が示しているように，日本の地方政治も「ローカル・ガバナンス」として，すなわちタテ・ヨコの「統治の分有」として理解できると思われる。統治の分有が内包する規範的ポテンシャルを分析的に掬い取るのは，主権という正統性の消尽点を手放さないモノセントリックなデモクラシー論ではないであろう。政治を分析する作業は，何を分析すべきものとして取り上げるか（何を取り上げないか）というそもそものはじめから，一定の評価軸を前提している。その前提に反省的な光を当て，考え直す作業もまた，ローカル・ガバナンス分析には必要だと考えるのである。

【注】
1) 「統治の社会的分有としてのガバナンス」という表現は，新川（2011: 5）による。ここではデモクラシーを主題とする本章に必要な解釈を加えている。
2) 代表的なものとして，Klijin and Skelcher (2007), Sørensen and Torfing (2008), Bevir (2010) がある。
3) メタ・ガバナンスの概念や手法の種差について，Sørensen and Torfing (2008) を参照。メタ・ガバナンスを社会的に多元化する方向で考えるものとして，山本（2014）が

　　　　　　　　　　　　　　　　　　　　　　　　　　第 2 章　分権の先の自治

　ある。
4) ブルーミントン学派の代表的な論文集として，McGinnis（1999），Cole and McGinnis（2014）がある。また，オストロムらのワークショップの文書資料の多くが，インディアナ大学のウェブサイトで入手可能である（http://webtest.iu.edu/~workshop/library/, last visited, 31 August 2015）。なお，以下本章でオストロムとのみ表記の場合は，ヴィンセントを指す。
5) 政府の構造がポリセントリックになる条件を，オストロムはハミルトンらの『フェデラリスト』から 9 点抽出している（Ostrom 1997a: 78-79）。
6) 諸主体による相互行為における主観的な要素と，社会諸制度との関係を分析するフレームワークが，「認識選択と公共選択」というタイトルの論文に示されている（Ostrom 1997b: 107）。
7) オストロムによれば，このすべての者が統治に関与するという前提は，マックス・ウェーバーがアメリカに見出した「民主的行政」という類型の特徴と一致する。ウェーバー自身は「民主的行政」は，メンバーの数が少ない組織や地方組織でのみ可能であって「発展の典型的ケースの歴史的な出発点としては扱えない」としたが，オストロムは，ウェーバーのもう 1 つの「官僚制的行政」という類型のオルタナティブになると考えている（Ostrom 1997a: 68-69）。
8) イギリスの多元的国家論やソーシャル・キャピタル論など，これまでの政治学において，アソシエーションがどのように理解されてきたかについては早川（2008）を参照。

【参考文献】
岩崎正洋（2011）「多極共存型民主主義とガバナンス」岩崎正洋編著『ガバナンス論の現在―国家をめぐる公共性と民主主義』勁草書房，187-204頁。
大西弘子（2014）「現代民主政におけるポリティ観念の変容―第二次分権改革における「条例による法令の上書き権」の議論を事例として」『社会文化研究』16号，93-117頁。
大津浩（2012）「「対話的立法権分有」の法理に基づく「目的効果基準論」の新展開―神奈川県臨時特例企業税の合憲性・合法性に関する一考察」『成城法学』81号，416-368頁。
上山信一（2002）『「政策連携」の時代―地域・自治体・NPO のパートナーシップ』日本評論社。
加茂利男（2010）「自治体の合併と連合―地方自治改革の国際比較」『自治体間連携の国際比較―市町村合併を超えて』ミネルヴァ書房，1-25頁。
木暮健太郎（2011）「第 2 世代のガバナンス論と民主主義」岩崎正洋編著『ガバナンス論の現在―国家をめぐる公共性と民主主義』勁草書房，165-186頁。
曽我謙吾（2004）「ゲーム理論から見た制度とガバナンス」『年報行政研究』39号，87-109頁。
外川伸一（2009）「ガバナンス分析のためのネットワーク・ガバナンス論―相互依存性，正統性，メタガバナンス，NPM との相違の観点から」『法学論集』（山梨学院大学）63号，43-102頁。
新川達郎（2011）「「政府のガバナンス」を問う視点とその理論的検討」『行政管理研究』

133号,3-16頁。

早川誠(2008)「結社と民主政治―アソシエーションから政治は生まれるのか」『年報政治学』2008-1号,61-81頁。

宮川公男・山本清編著(2002)『パブリック・ガバナンス―改革と戦略』日本経済評論社。

山本清(2002)「二一世紀のガバナンス」宮川公男・山本清編著『パブリック・ガバナンス―改革と戦略』日本経済評論社,107-150頁。

山本啓(2014)『パブリック・ガバナンスの政治学』勁草書房。

Aligica, Paul and McGinnis, Michael (2012) "Institutional analysis and political economy," *Routledge Handbook of Public Policy*, eds. Araral, Eduardo et al., Routledge, pp. 87-97.

Aligica, Paul and Tarko Vlad (2012) "Polycentricity: From Polanyi to Ostrom, and Beyond," *Governance*, 25(2), pp. 237-262.

――― (2013) "Co-Production, Polycentricity and Value Heterogeneity: The Ostroms' Public Choice Institutionalism Revisited," *American Political Science Review*, 107(4), pp. 726-741.

Bevir, Mark (2010) *Democratic Governance*, Princeton University Press.

Daniel, Cole and Michael, McGinnis eds. (2014) *Elinor Ostrom and the Bloomington School of Political Economy: Polycentricity in Public Administration and Political Science: Volume 1*, Lexington Books.

Klijin, Eric-Hans and Skelcher, Chris (2007) "Democracy and Governance Networks: Compatible or Not ?," *Public Administration*, 85(3), pp. 587-608.

McGinnis, Michal ed. (1999) *Polycentricity and Local Public Economies: Readings from the Workshop in Political Theory and Policy Analysis*, University of Michigan Press.

Ostrom, Vincent (1972) "Polycentricity," available at http://dlc.dlib.indiana.edu/dlc/handle/10535/3763. Last visited, 31 August 2015.

――― (1994) *The Meaning of American Federalism: Constituting a Self-Governing Society*, ICS Press.

――― (1997a) *The Intellectual Crisis in American Public Administration* (2nd edition, first published in 1974), University of Alabama Press.

――― (1997b) *The Meaning of Democracy and the Vulnerability of Democracies*, The University of Michigan Press.

Ostrom, Vincent, et al. (1961) "The Organization of Government in Metropolitan Areas: A Theoretical Inquiry," *American Political Science Review*, 55(4), pp. 831-842.

Rhodes, Roderick A. W. (1996) "The New Governance: Governing without Government," *Political Studies*, 44(4), pp. 652-667.

Schmitter, Philippe (2004) "Neo-functionalism," *European Integration Theory*, eds. Wiener, Antje and Diez, Thomas, Oxford University Press.

Skelcher, Chris (2005) "Jurisdictional Integrity, Polycentrism and the Design of Democratic Governance," *Governance*, 18(1), pp. 89-110.
Sørensen, Eva (2006) "Metagovernance: The Changing Role of Politicians in Processes of Democratic Governance," *The American review of public administration*, 36(1), pp. 98-114.
Sørensen, Eva and Torfing, Jacob (2008) *Theories of Democratic Network Governance*, Palgrave Macmillan.
Weiler, Joseph (2002) "Federalism without Constitutionalism: Europe's Sonderweg," *The Federal Vision: Legitimacy and Levels of Governance in the United States and the European Union*, eds. Nicolaidis, Kalypso and Howse, Robert, Oxford University Press, pp. 54-70.

第 **3** 章

大都市圏ガバナンスの政治学
―― 制度論を越えた比較研究のために ――

柏原　誠

1　大都市圏ガバナンスの課題

　本章の目的は，今世紀に入って隆盛をみせる大都市圏ガバナンスに関する研究動向を検討することである。大都市圏の統治については，20世紀に入って都市化が進展し，郊外化が進むなどの大都市の空間分業が進むにつけて解決すべき課題となってきた。しかし，1990年代にグローバル化や政府アクターの公共政策の担い手としての相対的位の低下，逆にいうと，出力過程にも非政府アクターが参画しはじめるという流れの中で，大都市圏のガバナンスという視点の重要性が高まった。このような中で，本章は2つの研究動向に着目する。1つは，大都市における行政効率性という観点での検討に偏りがちな大都市圏ガバナンスを民主主義と関連づけて論じようとしたハイネルトらの研究である。ネットワーク・ガバナンスの構築は，伝統的な民主主義観からは，民主的正統性の不足を理由に批判的にみられることが多いが，ネットワークそのものの民主主義への貢献という観点がありうるかどうか検討することになる。もう1つは，大都市圏ガバナンスという現象を統一的な指標のもと客観的に把握するとともに，その効果を測定し，比較ガバナンス研究を進めようというものである。

1　都市化の動向

　国際連合「世界都市化予測2014年修正版」によると，1950年に約7億5600万

人だった世界の都市人口は2014年には約39億人に達している。2007年に都市人口が非都市人口を上回ったが，2014年時点で都市人口比率は54％となった。2050年には，世界人口の66％が都市に住むようになるという（United Nations 2014b）。

資本主義先進国だけをとってみても，OECD加盟国のうち，21ヶ国で人口50万人以上の大都市圏が265圏域確認されている（Ahrend et al. 2014）。90年代初めにサッセンによってグローバル都市と名づけられたニューヨーク，ロンドン，東京は，1990年から2014年の間に，各々1610万人から1860万人，810万人から1020万人，3250万人から3780万人へと人口を大幅に増加させたのである（United Nations 2014a）。

これらグローバル経済の結節点としての世界都市では産業活動や人口集積が進み，その集積の質と量が，その都市の，ひいては都市が立地する国家のグローバル経済における競争力を形成することになる。逆にいえば，このような大きな都市集積をつくることが国家戦略となっているのである（Scott 2001; 加茂 2015）。「21世紀は都市の時代」という予言は現実のものになった（加茂 1990)[1]。

2 大都市圏の課題

そこで課題となるのが，都市化の進んだ地域の統治のあり方である。セラーズとホフマン＝マルティノットは「現代の諸都市の規模，継続的な成長，社会的・空間的分業の進行，地域特有の経済や制度が，前例のないガバナンスの課題を示している」と指摘する（Sellers and Hoffmann-Martinot 2008）。

この大都市（City）から大都市圏（Metropolitan Area）への力点のシフトについて掘り下げておこう。まず，大都市圏の統治・ガバナンスが重要になってきた背景にある現象として以下の４点が重要だと考えられる。

第１に都市化の拡大である。都市人口が増大するとともに，都市空間は拡大しつづけている。たとえば，ニューヨークは，米国の複合的統計地域（Combined Statistical Area）としては３万km^2を上回る広がりをみせている。わが国の首都圏は約7000 km^2の広がりをみせる。

第２にグローバル化である。空港をはじめとした交通インフラを有する大都

市は，それ自体が国際社会との結節点であり，グローバル経済によって大都市圏の地域経済・社会は再構造化される。大都市圏において実施される公共政策の質や量が，グローバル社会でのその都市の位置づけを規定するといってよい。

第3に分権化である。国によって，程度の違いはあるが，補完性原理，自己統治といったキーワードにより，市民に近い自治体への分権化が進行している。また後述するように，公共政策の出力段階にも非政府アクターが関与するという意味でのガバナンス現象も広範にみられるようになってきている。

加えて第4に気候変動をはじめとした環境問題を指摘しておきたい。都市空間が拡大し，都市人口が増大することは，都市的生活がさらに普及することを意味する。都市の空間管理や生活の質が，都市住民の健康問題や安全管理に直結するとともに，気候変動をはじめとした地球規模での環境問題の原因ともなる。

大都市圏が注目される新たな背景としては，グローバル化が大規模な都市集積をその結節点としている一方 (外的過程)，大都市集積内部の経済的・社会的編成を再構造化 (内的過程) するという，外部と内部の変化がリンクしているというより大きな複雑性にある。かつてウェーバーが念頭においた，経済・社会・政治のスケールが統合された市民共同体としての都市は現代では現実には存在しなくなったのである (Heinelt and Kübler 2005)。

このような背景のもと，大都市圏のガバナンスのあり方は，都市の成長と競争力獲得のための政策の実施にかかわる重要な問題として浮上してきた。都市の社会的・経済的なあり方については市場原理も一定の役割を果たすが，文化産業クラスターなどのソフト，交通・通信，教育・研究機関などのハードなインフラ整備の両面において，公共政策の果たす役割が強調される。その一方で都市化や国際分業の否定的な影響 (スプロール，空間的不均衡，混雑・公害，社会問題，地域衰退など) の問題にも取り組む必要がある。対応すべき政策課題は大きくなる一方，財政的な制約は厳しくなり，自治体の統治活動には「より少ない資源で高い効果」が求められている。効率が良く有効な公共サービス，規模の経済の活用，空間的な公正 (流出する効果の抑制と管理) が大都市圏にとって特に重要な課題となっている (OECD 2006: 155-234)。

3　大都市圏の把握と画定

　都市が圏域的に拡大してくると，大都市圏には多数の自治体が含まれるという現象が起こり，これが大都市圏ガバナンスの課題の根底をなす。これまで，国家にしても，単一の自治体にしても，その排他的管轄権の範囲の確定は統治の前提条件とされてきた。しかし，大都市圏ではこれをアプリオリに確定しにくいのである。つまり，単一で排他的な管轄権をもつ政治的主体が存在するという前提が欠落している，あるいはそのような単一の主体（大都市圏統合自治体）をつくるには，区域内に存在するより小規模な断片化された自治体をはじめとした各主体の合意に基づく必要が生じるのである。

　その証左として，大都市圏の定義づけが国ごとあるいは政府の省庁によっても異なることが挙げられる。都市空間を，現実の人工的な建造環境の集積ととらえるか，空間整備計画の対象の単位としてとらえるか，あるいは通勤圏といった経済・社会的な結びつきや機能を重視してとらえるかでその枠組みは微妙な違いをみせる。たとえば，わが国では国土交通省が圏域整備計画を策定するという政策目的から，首都圏・中京圏・近畿圏という大都市圏を法律によって確定している。ただし，これらはいずれも8〜9の府県に及ぶ広がりをもち，大都市圏としては広すぎるきらいがある。他方，総務省統計局では国勢調査の統計単位として，中心市への15歳以上通勤・通学者の割合が常住人口の1.5％以上の市町村と中心市の圏域を大都市圏（中心市が指定都市），都市圏（中心市が人口50万超の市）としている。[2] 前者は計画の視点，後者は機能的結びつきの視点によるものといえるだろう。

　米国では，行政管理局によって統計単位として定義づけられている。大都市統計地域と小都市統計地域からなるコア統計地域や，近接する大と小，大と大からなる複合的統計区域などが措定され，センサスごとに地域の数が変化する（U.S. Office of Management and Budget 2015）。

　一方で，大都市圏を国際的に標準化された基準で把握しようとする試みとして，経済協力開発機構（OECD）による近年の大都市圏研究が注目される。大都市圏ガバナンスと関連する内容については次節以降で順次触れることになるが，都市圏の定義づけの仕方についてここで触れておこう。OECDの大都市

圏研究では，都市圏を把握する規準として人口稠密地域の集積・連坦を核として，被雇用者15％通勤圏をまとめて都市機能地域（Function Urban Area）としている。その結果，分析対象のOECD加盟28ヶ国には，1148の都市圏が確認され，その都市圏人口の全国人口に対する比率は各国の平均で66％である一方，日本は80％代後半と都市化が進んでいる。都市機能地域は人口規模別に種類に区分されているが，一連の大都市圏研究では，このうち，人口50万人以上の275箇所を大都市圏とした（OECD 2012; OECD 2013）。このような機能面からの都市圏の定義づけは，国際的に統一基準をつくって把握できるという大きな利点を有する一方，時系列的には必ずしも安定的ではない。しかし，後述するように，大都市圏ガバナンスが一定の地理的範囲の確定を条件とするとすれば，大都市圏ガバナンスの比較研究という観点からは重要な進歩といえるだろう。

他方，定義づけおよびそこから派生する，圏域の境界画定の困難性から，大都市圏の自己統治は不可能とする見解も存在する（Sancton 2008）。少々先取り的にいえば，国家にしても地方自治体にしても，単一の政体が前提となる統治行為の場合はいったん確定した境界は比較的安定している。他方，基準が複数あり，またその空間的広がりに多数の自治体という政府を抱え込む大都市圏の統治は，境界を機能的に画定することは一定可能だが，不安定で行政的境界と完全一致することはほぼ困難という点が大都市圏ガバナンスの特徴だといえる。

4　大都市圏ガバナンスの課題

これまでみてきたような課題を抱える大都市圏を統治するには，どのような課題をクリアする必要があるだろうか？　セラーズは，都市空間と経済・社会的な活動は，制度的な行政境界や，比較的安定した既存のガバナンスの枠組みをも超えてしまうと指摘し，圏域的な統制や計画の欠如，圏域的な課題に取り組む管理能力や経験の不足，共通した問題を解決するための構造化された協議の欠如の3点をポイントとして挙げている（Sellers and Hoffmann-Martinot 2008: 256）。これらの課題を解決するための諸方策を検討することが大都市圏ガバナンス研究の目的ということになる。しかし，ここには経済・社会活動にあわせて変化する境界に合致した政府を創設すればよいという発想はみられない。そ

の代替物として提起されている「構造化された協議」とは，多様な参加者が一定程度確定しており，どのような手続きを経ればどんな決定が行われるかが予見できるような協議による合意・決定を意味している。それは単一政府の中での一元化された決定手続きである必要はなく，他方で，幅広いステークホルダーが参加すれば一定の決定が行われるという楽観論も排除している。今日の大都市圏ガバナンス研究の到達点を示すが，ここにいたる議論の過程は次節で検討する。

5 大都市圏ガバナンスの概念

次に，大都市圏ガバナンスの概念について整理しておこう。本書の共通テーマであるローカル・ガバナンスが，地域の統治にかかわるガバナンスだとすれば，大都市圏の統治にかかわるガバナンスということが可能だ。先にみたように，大都市圏は複数の自治体から構成される都市空間であるから，都市ガバナンスから出発することが妥当である。都市ガバナンスに限らず，ガバナンス概念に多義性はつきものだが，国家中心的アプローチの立場をとるピエールによると，都市ガバナンス概念の下記3用法の混在が多義性の原因として考えられる（Pierre 2005）。

第1は，分析枠組みとしての用法である。自治体の制度枠組を超えて，それぞれ資源をもつアクターが，集合的に設定された目的を追求するために，資源の利用や行動を調整する過程や仕組みに注目する。ここでは，政治制度は中心的だが，アクター間の資源配分や交渉の仕方など繰り返される行動が広い意味での制度を構成するとされる。

第2は，規範としての用法である。80年代から90年代の英国では，中央政府が地方レベルにおいての公民連携，とりわけ都市ガバナンスに地域経済アクターを関与させるモデルを推進したのである。このモデルでは自治体はもはや独占的公共サービス供給者ではなく，地域戦略を推進するための資源提供者の1つとされる。[3] 補助金等のインセンティブをともなって，都市ガバナンスの構築そのものが政策目標となったのである。

第3に実証的研究対象としての用法である。都市ガバナンスの分析枠組み

は，ガバナンスを生み出し維持していくプロセスに焦点をあてる。そこで，政治・行政学の立場からは，政府アクターの果たす機能・役割が関心の焦点になる。ピエールは，ローズの「ガバメントなきガバナンス」を批判する。政府の存在なしにガバナンスが生成されるとは考えにくいからだ。政府アクターの役割は有るか無いかという二項対立ではなく，もっと連続的な変数だという。異なる制度文脈のもとでなにが政府の役割を形成するのか，地域のビジネスコミュニティの形成にどう関連するかは，比較都市ガバナンス研究の課題である。

大都市圏ガバナンスは，世界銀行の定義によれば，政治的影響力とリーダーシップ，地理的範囲に諸機関の協力を奨励する努力を必要としている。言い換えれば，一連の政府と非政府アクター（市民団体，官民パートナーシップ，組合，企業，など）が公共財と政策策定の面で協力するプロセスであるとされる（World Bank 2011）。

なお，都市ガバナンスと大都市圏ガバナンスの異同について一言しておく。こんにち，人口や経済活動の高度な集積としての都市という現象は，機能的・空間的に単一の自治体の枠組みを超えて存在している。筆者は大都市圏を統治するガバナンスは，その中心的なアクターである政府（自治体）の断片性・複数性の側面をより強調した概念であると考えている。付言すれば，都市ガバナンスにおける政府の役割と，大都市圏ガバナンスにおける政府の役割というときの政府の意味内容は違いがある。前者の場合は，政府アクターの意味で有り，後者の場合は大都市圏の統合政府である。後節で取り上げる新地域主義においては，（統合）政府なきガバナンスは成立すると考えられている（Oakerson 2004）。ここに多中心性（Polycentricity）を有するガバナンスのあり方が問題となり，大都市圏ガバナンスは，多層的かつ断片的な自治体の存在によって垂直・水平の両面のネットワーク性を強く帯びることになる[4]。

ところで，大都市圏ガバナンスの概念が，他のガバナンスの下位概念と区別される特徴は何だろうか。OECDの大都市圏調査では，次に掲げる4点が「大都市圏ガバナンス体（Metropolitan Governance Body）」の備えるべき要件として指摘されている（Ahrend, R. et al. 2014a; 2014b）。

第1に，地理的領域である。大都市圏ガバナンス体は，中心都市と大都市圏

の残余地域の大部分をカバーする必要がある。領域が機能的範囲としての大都市圏の範囲を超える場合でも、大都市圏が、その責任範囲の支配的な部分を占める必要がある。なぜならば、大都市圏ガバナンスの課題が、中心都市と周辺地域、あるいは周辺地域間、中心都市間の調整に重点があるからである。

　第2に、関与する主体は、中央もしくは地方政府組織のうち、支配的な地位を占めるアクターである必要がある。もしくは、それ自体が下位国家政府としての地位を有する必要がある。これはビジネス、NPOその他の民間アクターの関与を排除するものではない。

　第3に政策課題の焦点であり、大都市圏ガバナンス体は一義的に、大都市圏ガバナンスに直接かつ主に関連した課題に取り組むことが必要である。取り組むべき課題は幅広いが、重要なのは、課題に対する決定が外部効果をもつということであり、このような性格をもつ政策課題に取り組むことが大都市圏ガバナンス体の目的である。この点で、大都市圏域を管轄区域としている国家の出先機関と性格を異にする。

　第4に取り組むテーマの広汎性である。大都市圏ガバナンスに関連した少なくとも2つ以上の事務を処理する必要がある。課題となる政策は個々独立しているというよりは相互に複雑に関連しおり、政策分野を超えた連携を考えることが大都市圏ガバナンスの重要な要素と考えられているのである[5]。まとめるならば、地理的な領域を有し、政府を中心としながら民間アクターの関与を許容し、決定の外部効果を考慮に入れた、広範な大都市圏の政策課題に対応して、大都市を統治するためのなんらかの組織体ということになる。また、この組織体はそれ自体、決定権力を有するかは問わない。換言すれば、先に触れたオーカーソンの「統合自治体なきガバナンス」(Oakerson 2004)に立脚しているのである。

2　大都市圏統治の古典的議論とその到達点

1　統合自治体論と公共選択論

　大都市圏を統治するという問題は、産業化の進展や鉄道や自動車といった交

通手段が発達し，中心都市と郊外という空間的分業が発達したことにより生じた。すなわち，中心市と郊外の間に政策効果の流出と，都市的生活様式の普及によって単独自治体では効率的に供給できない公共財・サービス供給の課題が生じたのである。具体的にいえば，郊外市の住民が中心市に通勤し，中心市のインフラを利用して所得を得て，税は郊外の居住都市に納めるといった現象である。フランスの都市学者C. ルフェーブルの整理によれば（Lefèvre and Weir 2006），1940年代に統合自治体論，1960年代に公共選択論がその対応策として議論された。その後30年ほどを経たのち，1990年代に入り「新地域主義（New Regionalism）」が議論の俎上にのるようになった。本節では前2者についてみておくことにする。

　統合自治体論は交通，ゾーニング，公園，レクリエーション，上下水道，公衆衛生，住宅といった問題の範域と大都市圏の自治体の範域が合致していないことを効率性と民主的統制の両面から問題視した。つまり，大都市圏を統合する自治体が存在せず，断片化が放置されることは，重複行政の無駄を生み，スケールメリットを生かせない。また，市民にとっては自らが発言できない他の自治体の決定に自治体や自らの生活が影響を受けることにもなる。解決策として大都市圏を統合して管理する単一の自治体の創出を主張する（Jones 1942）。具体的には，大都市圏を統合する広域自治体を創設するか，中心市が周辺市を編入合併し市域を拡張するという方式をとる。わが国では，1920年代に都市化・郊外化が進展するとともに，1925年大阪市が第2次市域拡張で隣接44町村を編入し，1932年には東京市が周辺20区を編入したことはこの論に沿ったものである。

　この議論は，統合政府がもつ行政能力，行政官僚制への信頼に依拠している。すなわち，問題の範域に対応した大規模な自治体はその分，行政資源に富み，専門性の向上も期待できるため，効率的な課題解決を市民に供給できるというのである。

　逆方向の議論がいわゆる公共選択論である。ティボーの「足による投票」論を根拠にするこの論は，逆に大都市圏内の自治体が断片化していることが多数の自治体による政策提示を促し，自治体間の競争と公衆による選択を通じて，

効率的な公共財の供給が行われ，結果市民の効用も最大化すると主張する（Tiebout 1956）。

　この論は，大規模な自治体は非効率を生み出し，小規模な自治体のほうが市民の選好をより反映しやすいとの考えに基づき，複数の小規模な自治体が必要に応じて自発的協力を行うことを提案する。

　北米を中心に展開された統合自治体論と公共選択論の間の論争は，効率性と民主的関与という矛盾した2つの側面にどう折り合いをつけるかという論点を有する。

　第1の効率性については，パガーノの米国大都市圏についての実証研究が存在する。それによると，効率性の点ではアンビバレントな結果が出ている。すなわち，労働集約的な公共政策は，公共選択アプローチのほうが自治体のコストを低下したのに対して，資本集約的な公共政策は統合自治体の方が効率的に供給できるという結果となった。他方，米国の大都市では人種や階層による分離問題が激しい。この課題では，公共選択アプローチは，人種隔離を促進し，貧困の偏在を固定化する傾向が指摘されているのである（Pagano 1999）。

　第2の，政府の規模と民主主義の議論は伝統的な政治学上の論争テーマである。ルフェーブルによれば，統合自治体論が共通の政治的アリーナを設定することが共通善を見出す機会をもたらすという共和主義に基づく一方，公共選択論が同一の利害をもつ小規模コミュニティの住民がフェイストゥフェイスのコミュニケーションを通じて最適解を見出すことを重視したとしている（Lefèvre and Weir 2006）。パガーノは，公共選択アプローチによって人種・階層の隔離が進むとしたが，少数者集団自身がこれを支持する傾向にあったと分析しているのは興味深い。つまり，小規模自治体が多数存在しているほうが，少数者が集住することで特定自治体においては多数派を形成する可能性が存在する。このように北米では，人種問題という文脈において，大都市圏における自治体断片化の継続という新自由主義的状況が生み出されたのである。

　さらにルフェーブルは，欧州では，北米と異なり，一定の大都市自治体の形成がみられたとし，その理由を，都市自治体の権限が北米と比較して弱い，中央政府の介入，共通善を指向する政治的伝統等の点に求めている。ただし，こ

れは基礎自治体の細分化と大都市圏ガバナンス体の両面から考える必要がある。たとえば，基礎自治体であるコミューンが極めて細分化しているフランスでは，大都市圏共同体などの自治体間連携組織の制度化が進んでいるのである（加茂ほか 2010; 飯島 2013）。また，次節でもみるように，欧州においても，南欧型，アングロ型，北中欧型という地方自治の類型が存在する。

　この議論の到達点がもつ含意は2つあるだろう。どの地域にも適合する唯一の最適解は存在しないということと，その都市が埋め込まれている政治的，経済的，文化的，歴史的な文脈によりガバナンスのあり方が規定されている，いわば経路依存的であるということである。

2　規模とデモクラシー

　この論争は，アリストテレスの政体の規模に関する議論に端を発するものであり，政治学が取り組んできた古典的なテーマである。アリストテレスは，活力のあるポリスは，市民が必要とする公共財を供給できる程度の大きさを有するべきだとする一方，市民に責任のある態度をもたせるためには十分に小さくなくてはならないと論じた。ここで，責任のある市民とは統治者の能力や業績を評価する権利を有し，情報の入手などその行使の条件が整っているということである。ここには，自治体は公共財を供給するために十分な能力を有するべきだという，自治体の本質にかかわる議論と，市民の統治者評価の可能性という手続きに関する議論が含まれていることが確認できる。

　この議論は，ダールとタフティの規模とデモクラシーに関する議論に引き継がれている。彼らは自治体人口規模が民主主義に与える影響の議論を，システム容力（System capacity）と市民有効性（Citizen effectiveness）という概念に基づいて展開したが，これは前述した，自治体の存在論と手続き論の延長上に位置づけられるものである。つまり，システム容力とは市民の集団的な選好を充足するための能力であり，市民有効性とは市民が決定を，権限をもって有効に制御できる程度に関連する（Dahl and Tufte 1973）。シャルプの表現を借りれば，システム容力は，「市民のための統治（Government for the people）」に関するものであり，市民有効性は「市民による統治（Government by the people）」に関連

している (Scharpf 1999: 6-13)。言い換えれば，自治体の機能と民主主義の質について，自治体の人口規模がなんらかの影響を及ぼし，しかもこの両者の間にはトレードオフの関係がみられるという大都市圏ガバナンスと民主主義の関係についての議論の基礎をなすといえる。ダールらも，システム容力と市民有効性の両方を充足する単一のモデルはないと結論づけた。

　この点について，スイス，オランダ，ノルウェー，デンマークの4ヶ国の自治体を対象に実証分析を行ったのがデンタースらの研究である (Denters et al. 2014)。彼らは，民主主義を4つの要素に分解し，それぞれに対する規模の影響を測定した。4指標とは積極的参加，市民の能力，政治信頼，市民満足度を指す。それぞれ，積極的参加は「選挙を通した参加（投票率等）」「選挙を経由しない参加」の2指標，市民の能力は「政治的関心」「政治的知識」「本質的な政治的能力」の3指標，政治信頼は「政府の責任，一貫性，能力への認識」という指標，市民満足は「市民の政府業績への評価満足」という指標からそれぞれ構成される (Denters et al. 2014: 13)。詳細は措くが，その結果，小規模自治体のほうが市民の政治参加コストが小さく，より市民選好が政策に反映されるという「愛らしい小人国（Lovely Liliput）」説が弱いながらも支持された。逆に，大規模な自治体のほうが有能な専門官僚制を擁し，その分だけ行政能力が高く市民選好を実現する能力に長けているとする「美しい巨人国（Beautiful Brobdingnag）」説は支持されなかった。先進国の大都市圏ガバナンスの議論にそのまま適用することは，この研究の分析対象が人口規模10万人程度以下の比較的中小規模の自治体が中心であることや，各国の歴史・文化，住民の社会的構成といった媒介項の存在など様々な点から留保をつける必要があるものの，いくつかの興味深い発見を提供してくれている。

　第1に，自治体の規模が直接的に，民主主義に影響を与える項目は部分的である。つまり，規模の小ささが強く民主主義に影響したのは，10のインディケーターのうち，政党活動への参加，市民相互接触の2つであり，個人の政治能力や地方政治家への信頼の2指数は，自治体毎に異なるなど一定の連関が認められる一方，自治体満足度，地方選挙投票率，政治的関心・知識，コミュニティ活動への参加等は規模との関係が不明確という結果となった。メディアの

発達等,社会環境の変化にともない,規模がデモクラシーの質に影響する仕方にも変化がみられることを意味する。間接的影響を考慮に入れると,規模の小ささが影響する指数はより広範囲になる。たとえば,自治体への満足度は,他の項目によって媒介されることによって,規模の影響を受けるなどである。このように規模と民主主義の関係はより複雑になっている。

　第2に,調査対象が比較的中小国に限定されているものの,規模と民主主義の関係は,スケールによって一様ではない。すなわち,1万人以下の小規模自治体群で,規模の大きさが民主主義に否定的な影響を及ぼすとの関係が認められることは,何らかの都市内分権の必要性を示唆するものであろう。

3　小　括

　本節の小括をしておこう。統合自治体論と公共選択論の論争はどちらかの優位という形での結論が出ることはなく,普遍的な優位モデルは存在しないとの合意が形成された。さらに,それは少なくともナショナルな制度・政治文化・歴史的な文脈に埋め込まれているとの了解が拡がってきた。一方,規模と民主主義の関係についての論争についても検証が行われるようになってきた。一定の関係の存在が認められるものの,その影響の仕方はより複雑なものになるとともに,都市内分権の必要性を示唆すると思われる。

3　大都市圏ガバナンスと民主主義
――ハイネルトとキューブラーの議論をもとに――

　上でみてきたように,1990年代にグローバル化の進展という文脈において再び注目され,大都市圏統治の研究に北米での新地域主義とガバナンス論という要素が付け加わるようになってきた。本節では,行政の効率性や経済成長の極として論じられがちな大都市圏統治を民主主義の質と関連づけることを試みた,ハイネルトとキューブラーの議論を検討する。

1　新地域主義と大都市圏ガバナンス

　前節にみた過程を経て,統合自治体か公共選択かの論争は決着をみず,第3

の道として「新地域主義」と「ガバナンス」が導入された。一元化された統合自治体ではなく，また断片化された自治体の競争でもない，国家も含めた各層政府・自治体，ビジネスや市民団体も含めた非政府アクターが，垂直・水平のネットワークを組成しつつ，全会一致原則による共同決定の罠（Scharpf 2006: 847-848）を回避する能力が大都市圏のガバナンス能力ということになる。

　ガバナンス能力が単に政府構造だけでなく，ネットワークに参加するアクターや行動にも依拠すると考えれば，必然的に，統合か競争かというモデルの優劣ではなく，「場所が重要（Place matters）」という分析視角が導かれる。

2　大都市圏ガバナンスと民主主義

　ハイネルトは，大都市圏ガバナンスを分析対象とするにあたって，それを通じて行われる意思決定の民主主義的な質を問う必要性を強調している。前節でみた大都市圏統治に関する2つの議論は，制度提案は全く正反対だが，民主主義は政府を前提とするとの含意で共通している。統合自治体論の場合は，市民に共通した公共サービスを供給する能力のある自治体を形成し，その政治的共同体が民主主義的市民をつくるという筋道である。反対に，公共選択論は，小規模な自治体が複数存在することが，市民は選好表明が容易になり，高密な政治参加が市民的道徳を育成しやすいとされる。

　これに対して，新地域主義・大都市圏ガバナンスは，公式の民主主義制度を有する政体ないしデモスが複数あること，政府アクターのみならず多様な民間アクターの参加を前提としているので，多様な利益媒介・決定モードが存在しうる（図表1）。

　図表1は，議会や官僚制といった統治構造に対する，市民意思や利益の媒介のタイプを示している。図表の上半分（①と②）は，多数決やヒエラルキーといったガバメントの側面がより前面に出ている。いわば政府が前提の領域といえる。下半分（③と④）は，多様なアクターのネットワーク，交渉や協議が支配的な領域になっている。これらの基礎には，情報や政策に関する知識，政治的コミュニケーション能力といった市民的インフラが存在している。さらに，大都市圏の場合は，個々の自治体ごとに統治構造および利益媒介の4セグメン

図表1　利益媒介・決定モデル・アクター・シティズンシップの分類

利益媒介のセグメント	意思決定モード	集合的アクターの型	シティズンシップの性質
①領域的利益媒介	多数決	政党	投票
②行政的利益媒介	階層的指揮命令	自治体政府・準政府	発言（抗議，直接行動含む）
③機能的利益媒介	交渉・政治的取引	法人（結社，商工会議所，職能団体，労組等）	結社・加入の自由
④市民社会による利益媒介	公開の議論・討論	市民社会組織（社会運動，NGO等）	発言（抗議，直接行動含む）

出所：Heinelt and Kübler 2005: 18（筆者訳）。

トが存在するほか，大都市圏レベルにも存在しうる。マルチレベルかつネットワークの構造を有するのである。ただし，大都市圏域レベルに議会や官僚制を有する政府構造が存在するとは限らない。議会の有無，固有の行政組織の有無，財源調達，決定権限の有無および決定ルールによって，大都市圏の統治構造は大きく変わってくる。圏域レベルになんらかの決定権をもつ政体が確立された場合は，各自治体はそれに従属する一方，このような政体が不在の場合は，各自治体による交渉・協議が利益媒介・決定のモードとなる。

　模式的に表せば上のようになる大都市圏ガバナンスであるが，民主主義論からは，両面の評価があるという。古典的な民主主義の立場からは悲観的・否定的な見解が導かれる（Heinelt 2005: 14-15）。批判のポイントは，自己統治的ネットワークが，選挙された公職者による意思の反映という代表制とその手続きを軽視することにつながる危険性，ネットワークに参加している非政府組織がそれ自体民主的正統性を有する決定手続きをもつとは限らない点，新地域主義が政策のアウトプットへの関心から出てきた主張であり入力への関心は薄いのではないかというものである。総じて代表民主主義を通じた市民の入力による正統性が不足するという批判であるといえる。

　これに対して，意思決定モードと参加アクターの多様性という点から，大都市圏ガバナンスに民主主義の深化・拡大をみる立場もある。まず，大都市圏のようにスケールの取り方が機能的で，参加者の範囲が確定しにくい不規則性をもつ場合，多数決による意思決定が困難な場合が生じ，協議や交渉による合意

形成が意思決定モードになる。さらに，都市に集まるさまざまな性格の民間アクターが政策過程に参加することが，多元的な市民政治文化を醸成するとともに，地方の政府アクターを多元化するのである。

　古典的な議論は民主主義を政府と市民の関係（説明責任）に限定しようとし，それに対して新地域主義論はそれを意思決定方式やアクター間で協力して影響力を行使するチャンネルへと拡張しようとしているのである。

3　ソレンセンの「ネットワークによるデモス間関係の民主化」論

　この点について，ソレンセンは「ネットワークガバナンスを通じて諸デモス間における民主主義を高める」という興味深いテーマを提示している。以下，ソレンセンの議論を整理する (Sørensen 2011)。従来の伝統的な自由民主主義論では，参加と熟議が民主主義の中心課題とされてきた。19世紀以降に表れた統治モデルではシステムの有効性と民主的コントロール，異質性と共同性の間の緊張関係に取り組んできた。大都市圏ガバナンスがその典型である，異なる諸デモス間のガバナンス・ネットワークを民主的に調整するという課題を支配的な地位を占めていた伝統的民主主義理論はあまり取り上げてこなかったという。

　他方，政治的グローバル（広域）化と行政の断片化で特徴づけられる現代は，諸デモス間の緊張関係はますます激しくなっているが，伝統的な理論は，世界政府を設立するか，公共部門を外部委託するNPM（ニュー・パブリック・マネジメント）のようなガバナンス過程の脱政治化という帰結を招来し，民主主義的観点からは「不満の残る（Unsatisfactory）」結果となった。

　ソレンセンによれば，ガバナンス・ネットワークそれ自体がデモス（公衆）間の参加と熟議を促進する制度的枠組みになりうる。その理由は，多極的 (Pluricentric) 民主主義を促進するために必要な「弱い紐帯」を，それ自体は「強い紐帯」によっている諸デモス間にかけるからである。ネットワーク・ガバナンスは，民主的統制や共同性の程度が弱いという点が問題とされるが，それ自体が制度や組織の補完物となって民主主義を強化するのである。個々のデモスは，ネットワークをメタ統治するという重要な役割を果たすが，ネットワークは，個々のデモスのもつ閉鎖性を緩和することによって民主主義に包摂性をも

たらし，諸デモス間の参加と熟議を促進することで，多極的な民主主義を成立させ強化するという。

ガバメントかガバナンスかという二項対立ではなく，ガバナンス過程は，ガバメント制度ほど強い民主的正統性や政治的共同性を提供しないが，両者は互いに促進し合う関係であり，ガバメントの民主主義の強化は，ガバナンスによって促進されるという視角は重要である。これは，図表1に示されたハイネルトらの見方とも通底する。

4　共有された都市政策目標とガバナンス

ところで，ガバナンス論は制度とアクターの行動の関係，多様なアクターの参加，政策決定や執行のプロセスに関心を向けるが，個々のガバナンスが都市や地域のどのような具体的課題に取り組むのか，あるいはその課題がどのようなガバナンスを要請するのかはあまり明らかではない。ピエールは都市がそれぞれもつ課題や都市政策の目標によってアクターのキャスティングや行動様式，交渉や決定の道具立て，もたらす結果といったガバナンスの態様が変化することを指摘し，経営主義，コーポラティスト，成長主義，福祉主義の都市ガバナンスの4モデルを提示している（Pierre 1999: 377-389; Pierre 2011: 143）。

関連して，政治哲学の立場から，米の都市政治学者S. フェインスタインは，従来の都市研究が，都市政治過程の手続き面の改革（市民参加等）への関心を集中する一方，どのような都市をつくるかについては関心を示さなかったと批判する。ニューヨーク，ロンドン，アムステルダムの都市開発プロジェクトの事例分析を通して，都市の「公正」についての研究の重要性を提起している。さらに，公平，参加，多様性の相互承認を「公正な都市」の政策規範としている（Fainstein 2010）。

大都市圏ガバナンス研究にとって，ガバナンスのプロセスやその質だけでなく，どのような目標に向かっているのかという価値指向性が重要で，それがガバナンスのあり方をも規定するという指摘は重要である。ここに，大都市圏ガバナンスのアウトプットの評価とよいアウトプットのためにどのようなガバナンスが必要かという実践的な研究課題が表れてくる。さらに，固有の都市課題

に取り組むとすれば，ガバナンスのあり方も異なるはずであり，大都市圏ガバナンスの比較と変化という視角が表れる。

5　大都市圏ガバナンスの比較と変化

　大都市圏ガバナンスの比較において，主たる座標軸としての自治体システムは重要な要素ではあるが，それに限定されるものではない。ハイネルトらは，大都市圏ガバナンスの比較研究のために，以下に示す3つの軸から構成される立方体のどこに，個々の大都市圏ガバナンスが位置づくかという分析モデルを提示する（Heinelt and Kübler 2005: 23）。

　第1は自治体が入力指向か出力指向かということである。これは，シャープとヘッセによる，自治体を政治的共同体と考える南欧型，公共サービス供給体と考えるアングロ型，両者を重視する北中欧型という国家単位の地方自治の類型を念頭におく（Hesse and Sharpe 1991）。第2の軸は，市民社会が強いか弱いかである。民主主義の質・量や市民社会アクターによる公共サービス供給能力を内容としている。第3の軸は政策ネットワークが開放的か閉鎖的かということである。これには，参加アクターの数や種類，権力関係，制度化の程度などがかかわってくる。合意形成の効率性の観点からは一定の閉鎖性による取引コストの低減が必要だが，ネットワークが決定し執行する政策が広く社会的に受容されるためには，広範囲のステークホルダーに開かれていることが望まれる。3つの軸による立方体での位置により，自治体の数や組織編成，権限配分，参加アクターの種類や数，支配的な決定様式，等々のガバナンス様式が決まるというわけだ。ピエールの都市ガバナンスモデルのように，その都市のガバナンス様式が課題とマッチすれば，よいパフォーマンスが得られるということになる。

　比較＝類型化が可能とすれば，次にガバナンス類型の変化に関心が向く。大都市ガバナンスの変化とは，上記3軸上の位置の変化を意味する。ガバナンスが成立し，変化する原動力はどのようなものだろうか。ハイネルトらは，北米・欧州11都市の比較分析を通じて以下の3点の重要性を指摘する（Heinelt et al. 2005: Chap. 12）。

第1の要因は参加アクターの協調行動である。アクターがネットワークに自発的に加入するということと，集合的決定を遵守することを実現するためには，その都市の課題，決定にあたって重視されるべきルール等についての一定の共通理解と違反者に制裁を加える制度が必要である。

　第2の要因は外部からのインセンティブである。これには，上級政府によるものと，大きなイベントの2種類がある。上級政府によるものは，大都市制度の創設や移行手続きの法制化といった機会の提供と，交付金・補助金・権限委譲などのリソース付与がありうる。EUの構造改革補助金が都市単位での戦略的パートナーシップを要件としたことなどがこれにあたる。大きなイベントとはオリンピック，万博等の開催都市に立候補することなどである。いずれにしても，インセンティブを希求し活用しようとするローカル・アクターの存在が前提になる。

　第3の要因はリーダーシップである。その内容は都市の課題や解決の必要性と方法などについて，アクター間の合意や協力を促進し，ガバナンス構築に導くことである。そのために必要なリーダーの資質として，リーダーは政党や地域の政治的代表であると同時に行政エキスパートとして，信頼に基づくパートナーシップを構築できること (trust broker) と，ネットワーク・ガバナンスでの決定モードは多数決ではなく，多アクター間の交渉となるため，水平ゲームでは地域・集団の利益と，大都市圏全体の利益を二重に代表するバランス，垂直ゲームでは上位政府からのサポートを引き出しつつ，介入を防止する能力が重要だという。

　このような要因によって促進される大都市圏ガバナンスの構築・変化であるが，これにもベスト・プラクティスは見出しにくい。大都市圏ガバナンスの変更の方式として，行政境界の変更という手法がとられることが少なくない。しかし，ハイネルトは自由民主主義国では行政境界の変更には困難がつきまとうことを指摘している。つまり専門的官僚制からみた有意義な大都市制度改革は，公衆の議論に基づく社会運動の抵抗に遭いやすく，他方ポピュリスト的リーダーによって，政治的分極化や動員に利用されやすいためである。わが国で進む大都市改革の動きをみるにつけ興味深い指摘である。

4　OECDの大都市圏ガバナンス調査にみる現状とその効果

　第1節でみたように，大都市圏のガバナンスは学術研究のみならず，実務的・現実的な政策課題でもある。特に，大都市を成長のエンジンと位置づける国際機関にとっては重要なテーマになっている。たとえばOECDが大都市圏研究を進めてきている。そこで採られたアプローチは，大都市圏を統一的な規準で把握したうえで，大都市圏ガバナンスがもちうるインパクトを計量的に把握し評価することである。大都市圏ガバナンスを計量的に把握する意義は，国家を単位とするよりも大量のデータを収集し，これまで仮説として考えられてきたガバナンスのもつ効果，傾向性や因果関係を分析できることにある。このOECDによる調査研究は現在進行中であり，紙数の関係もあるので，以下ではその一端を紹介するにとどめる（OECD 2012; OECD 2013; Ahrend et al. 2014a）。

1　大都市圏の現状に関するデータ

　OECDの研究では，人口50万人以上の都市機能地域（本章第1節3）を大都市圏としており，OECD諸国には260ほどの地域が確認されている。OECD諸国平均では人口の48％が大都市圏に居住しているが，この比率は韓国（73.2％）と日本（68.5％）できわめて高くなっている。

　大都市圏の経済社会状況をみると，大都市ほど労働生産性が高く，人口規模が2倍になると労働生産性が5～6％上昇するというデータが確認されている。

　また，各国のGDP成長率は都市化の進展と正の相関を示し，大都市圏での1人あたりGDPは国内平均を上回っており，「成長のエンジン」という規定がある程度妥当することを示している。

　さらに，人口密度が高い都市では1人あたりCO_2排出量が低いなど環境負荷が小さいという大都市圏のメリットがある一方，その他の地域に比べて，所得格差の拡大が激しいことを示す結果も出ている。

2　大都市圏ガバナンスとその政策的インパクト

　まず，注目したいのは，因果関係は未確認であるものの，大都市地域の自治体の断片化は労働生産性を低下させているという結果である。データでは，10万人あたりの自治体数が2倍になると5〜6％労働生産性が低下した。

　大都市圏の31％には大都市圏ガバナンス体（本章第1節5，Ahrend et al. 2014b）は存在していない。51％には拘束的意思決定権がない大都市圏ガバナンス体が存在し，決定権が存在するものは18％にみられるのみである。また大都市圏ガバナンス体の52％はインフォーマルまたはソフトな協議体で，プロパーの組織を有しない。つまり大都市圏ガバナンス体の多くは，一元的な意思決定機構をもたないゆるやかなものであるといえる。設立は1960年代に1つの波があり，90年代以降再び設立が活発化したという経過をみせる。

　機能面をみると大都市圏ガバナンス体の7〜8割が，広域開発，公共交通，空間計画を担当している。効果の面ではスプロール化の抑制と公共交通の市民満足度という点で政策効果を発揮している。

　このように大都市圏ガバナンス体の有無と政策効果の間の因果関係の分析は緒についた段階ではあるが，仮説的に考えられてきたガバナンスの政策効果がデータとして明らかになることの意義は大きいと思われる。

5　本章の意義と比較大都市圏ガバナンス研究の展望

　タイトルにあるとおり，本章の目的は，海外での大都市圏ガバナンス研究の動向を検討して，わが国の大都市制度改革の過程を，国際的に標準化された方法で分析する作業の予備作業である。

　ジョンは，政治学における都市研究の優位性を，参加アクターの近接性と同一国内のコンテクスト内での研究対象の多数性に求めている（John 2008）。敷衍すれば，ガバナンスの観察のしやすさと比較研究の可能性や効果が大きい分野であることを示している。

　翻って，わが国の大都市制度研究は，これまで地方制度改革が中央政府主導で画一的に行われてきた傾向から，狭義の制度への関心が高かった。また，大

都市制度研究の目的は，いわゆる府県と指定都市の関係など行財政上の関心から行われる傾向があった。しかしながら，今世紀に入って以降，指定都市でも区役所への分権や地域自治組織の創設など，一定のガバナンス変化が起こっていることが確認されている（柏原・西村 2012）。大都市行政の特性から都道府県権限を移譲され高い行政能力を示す一方，その大規模性ゆえ，自治体と市民の政治的な距離が大きいという「民主主義の不足」問題が大都市において意識され，ステークホルダーの多様性と相まって，民主主義の質と質が問われるようになってきたのである。また指定都市の多様化からさまざまな大都市制度改革構想が提起されるようになっている。これは，もはや大都市ガバナンスが中央政府から画一的に与えられるものではなく，大都市が地域の事情に応じて自ら選び取る段階に入っていることを示している。このようなわが国の大都市制度改革をめぐる情勢の変化は，ガバナンス概念を基礎とした分析視角を必要としているのではないだろうか。

他方，ガバナンス概念を導入することによって，ナショナルな文脈に規定される度合いが高い，地方制度や地方自治のタイプ，選挙や政党などの変数は相対化される一方，アクターの行動や決定モード，インセンティブなど多様な要素が加わる。このことは，客観的なデータを用いた，異なる大都市圏ガバナンスの比較分析という可能性と必要性を大きくしていると思われる。

【注】
1) さらに，政治的にみても都市が主体になるという見方も存在する。参加民主主義研究のバーバは『もし市長が世界を統治したら』で，グローバル統治の主体として世界の大都市を率いる市長のリーダーシップに注目している（Barber 2013）。
2) 国土交通省でも「都市圏」を「人口10万人以上で昼夜間人口比率が1以上の都市を核都市として，核都市への通勤通学者が，全通勤通学者の5％以上または500人以上である市町村を含む圏域を都市圏として設定（核都市が20km以内に併存する場合には，連結してひとつの都市圏とする）」しており，よく似た定義づけながら省によって微妙に規準に差がある点が興味深い。
3) 筆者はかつて英国リバプール市の地域戦略推進のための公民連携組織Liverpool First を調査したことがある。そこでは，政治・行政に加えて，地元ビジネス，市民社会アクターで構成される公民連携組織が地域再生戦略を描き出していた（柏原・栗本 2007）。

4) 付け加えるならば，大都市圏ガバナンス概念は，大都市圏全体の統治という政策分野全体を包括したものを指すが，圏域レベルの政策領域ごとのガバナンスも存在する。たとえば本書第4章はその例である。
5) 大都市圏ガバナンスの規準を示した一例として，OECD（2000: 8）も参考になる。

【参考文献】
飯島淳子（2013）「フランスにおける大都市制度」日本都市センター編『欧米の大都市制度』日本都市センター，188-213頁。
柏原誠・栗本裕見（2007）「英国・リバプール市のパートナーシップ—公共サービス供給の現場視察をもとに」大阪自治体問題研究所編『指定管理者としてのNPOによる公共サービス供給の課題』総合研究開発機構。
柏原誠・西村茂（2012）『指定都市の区役所と住民自治』自治体研究社。
加茂利男（1990）『2つの世紀のはざまで—国境を越える体制改革』自治体研究社。
─────（2015）「『賢い迷い』が都市と民主政治を守った—大阪『都構想』住民投票」『住民と自治』2015年7月号，自治体問題研究所。
加茂利男・永井史男・稲継裕昭（2010）『自治体間連携の国際比較—市町村合併を超えて』ミネルヴァ書房。
国土交通省（2005）「都市・地域レポート2005」。
Ahrend, R. and Schumann, A.（2014a）*"Approaches to Metropolitan Area Governance: A Country Overview,"* OECD Regional Development Working Papers, OECD Publishing.
Ahrend, R., Gamper, C. and Schumann, A.（2014b）*"The OECD Metropolitan Governance Survey: A Quantitative Description of Governance Structures in large Urban Agglomerations,"* OECD Regional Development Working Papers, OECD Publishing.
Barber, Benjamin（2013）*If Mayors Ruled the World-Dysfunctional Nations, Rising Cities,* Yale Univ. Press.
Dahl, Robert A. and Tufte Edward E.（1973）*Size and Democracy,* Stanford University Press（内山秀夫訳『規模とデモクラシー』慶應義塾大学出版会，1979年）。
Dahl, Robert A.（1994）"A Democratic Dilemma: System Effectiveness versus Citizen Participation," *Political Scienece Quarterly*, Vol. 109 No. 1 Spring 1994, pp. 23-34.
Denters, Bas, Goldsmith, Michael, Landner, Andreas, Mouritzen, Poul Erik, Rose, Lawrence E.（2014）*Size and Local Democracy,* Edward Elgar Publishing Ltd.
Fainstein, Susan（2010）*The Just City,* Cornell University Press.
Hesse, J. J. and Sharpe, L. J.（1991）"Conclusions," Hesse, J. J. eds. *Local Government and Urban Affairs in an International Perspective,* Baden-Baden: Nomos Verlag, pp. 603-621（木佐茂男監修／北海道比較地方自治研究会訳『地方自治の世界的潮流：20カ国からの報告（上）（下）』信山社，1993年）。
Heinelt, Hubert and Kübler, Daniel（2005）*Metropolitan Governance: Capacity, democra-*

cy and the dynamics of place, Routledge/ECPR Studies in European Political Science, 2005.

John, Peter, Mossberger, Karen and Clarke, Susan E. eds. (2006) *Oxford Handbook of Urban Politics*, Oxford University Press.

John, Peter (2008) "Why Study Urban Politics?," Davis, J. and Imbrossio, D. eds., *Theories of Urban Politics, 2nd ed.*, Sage.

Jones, Victor (1942) *Metropolitan Government*, Chicago University Press.

Lefèvre, Christain and Weir, Margaret (2006) "Building Metropolitan Institutions," John, Peter, Mossberger, Karen and Clarke, Susan E. eds., *Oxford Handbook of Urban Politics*, 2006.

Oakerson, Ronald J. (2004) "The Study of Metropolitan Governance," Feiock, Richard C. ed., *Metropolitan Governance: Conflict, Competition, and Cooperation*, 2004, Georgetown Univ. Press.

OECD (2000) *Policy Brief: The reform of metropolitan governance*, Oct 2000 at http://www.oecd.org/publications/Pol_brief.

―――― (2006) *Competitive Cities in the Global Economy*, OECD Publishing.

―――― (2012) *Redefining "Urban": A New Way to Measure Metropolitan Areas*, OECD Publishing.

―――― (2013) *OECD Regions at a Glance 2013*（中澤高志・神谷浩夫監訳『地図でみる世界の地域格差 OECD 地域指標 2013年版 都市集中と地域発展の国際比較』明石書店，2014年）.

Pagano, Michael A. (1999) "Metropolitan Limits: Intrametropolitan Disparities and Governance," Altshuler, Alan et al. eds., *Governance and Opportunity in Metropolitan America*, National Academy Press, pp. 253-295.

Picorelli, Pere, Barros, Gabriel, Tomas, Mariona, Molle, Coralie (2009) "Metropolitan Regions," Metropolis Working Paper.

Pierre, Jon (1999) "Models of Urban Governance: The Institutional Dimension of Urban Politics," *URBAN AFFAIRS REVIEW*, Vol. 34, No. 3, January 1999, pp. 372-396.

―――― (2005) "Comparative Urban Governance: Uncovering Complex Causalities," *URBAN AFFAIRS REVIEW*, Vol. 40, No. 4, March 2005, pp. 446-462.

―――― (2011) *The Politics of Urban Governance*, Palgrave Macmillan.

Sancton, Andrew (2008) *The Limits of Boundaries: Why City-Regions Cannot Be Self-Governing*, Mcgill Queens Univ. Press.

Scharpf, Fritz W. (1999) *Governing Europe: Effective and Democratic?*, Oxford University Press.

Scharpf, Fritz W. (2006) "The Joint-Decision Trap Revisited," *Journal of Common Market Studies*, Vol. 44, No. 4, pp. 845-864.

Scott, Allen J. ed. (2001) *Global City-Regions: Trends, Theory, Policy*, Oxford Univer-

第 3 章 大都市圏ガバナンスの政治学

sity Press.
Sørensen, Eva (2011) "Enhancing democracy through inter-demos governance networks," National Centre of Competence in Research (Switzerland), *Challenges to Democracy in the 21st Century*, Working Paper No. 51, September 2011.
Sellers, Jeffrey and Hoffmann-Martinot, Vincent (2008) "Metropolitan Governance," World Bank and UCLG, *Decentralization and Local Democracy in the world*, Chap 8, 2008.
Tiebout, Charles M. (1956) "A Pure Theory of Local Expenditures," *The Journal of Political Economy*, Vol. 64, No. 5 (Oct. 1956), pp. 416-424.
United Nations (2014a) *Urban Agglomerations 2014*.
―――― (2014b) *World Urbanization Prospects 2014 revision*.
U. S. Office of Management and Budget (2015) *Revised Delineations of Metropolitan Statistical Areas, Micropolitan Statistical Areas, and Combined Statistical Areas, and Guidance on Uses of the Delineations of These Areas*, OMB Bulletin No. 15-01, 15 July 2015.
Yaro, Robert D. and Ronderos, L. Nicolas (2011) *International Metropolitan Governance: Typology, Case Studies and Recommendations*, The World Bank.

第4章
地域経済振興における大都市圏ガバナンスを考える
―― 大阪大都市圏を事例にして ――

桑原　武志

1　分析枠組の検討 ―― 大都市圏ガバナンス・アプローチ ――

　本章では，地域経済振興という政策分野における大都市圏ガバナンスについて検討する。第1に，大都市圏ガバナンスを，中心都市である大都市と周辺都市群に分ける視座を示し，最近の都市ガバナンスに関する議論を手がかりにして，本章における分析枠組について検討する。第2に，大阪大都市圏を事例に，中心都市である大阪市の地域経済振興策を検討し，「中心都市ガバナンス」について分析する。第3に，周辺都市群の1つである大阪府大東市の地域経済振興策を検討して，「中心都市ガバナンス」とは異なる様相をみせている「周辺都市ガバナンス」について分析する。そして，最後に，「中心都市ガバナンス」と「周辺都市ガバナンス」を比較検討したうえで，大都市圏ガバナンスの課題と展望について考えてみたい。

1　大都市圏を中心都市・周辺都市群に分ける視座
　まず，第1の分析枠組である「大都市圏」を「中心都市」と「周辺都市群」に分ける視座について検討する前に，「大都市圏」とはどのようなもの，概念を整理してみたい。「大都市圏」とは，その圏域の中心都市（核都市）である大都市とそれを取り巻く周辺都市（郊外都市・衛星都市）群から構成されている（宮本 1990: 4）。そして，「大都市圏」は，英語でいうと metropolis にあたる概

念であるが，2000年以降，これに類する「グローバル・シティ・リージョンズ」（global city-regions）や「シティ・リージョンズ」（city-regions）という新たな概念が登場してきた（たとえばスコット編 2004; Scott ed. 2001; Marvin, Harding and Robson 2006 等）[1]。ここで，「シティ・リージョンズ」とは「核となる都市エリアが働き口やショッピング，教育，健康，レジャーそしてエンターテインメントといったサービスを求めてくる人々を引きつける拡大した領域」（Marvin, Harding and Robson 2006: 5）と説明されている。つまり，「シティ・リージョン」は大都市圏と同じ概念とみて差し支えないだろう。この「シティ・リージョンズ」には，イギリスのロンドンのような単一の強力な大都市によって形成されるタイプもあれば，オランダのランドスタットのように，アムステルダム（首都），ハーグ（行政都市），ロッテルダム（港湾都市），ユトレヒト（サービス業都市，内陸部交通の結節点）といった複数の都市核がネットワークで結ばれた多極から構成されるタイプもある（Scott ed. 2001: 290; 岡部 2003: 243-248）。

　以上のように中心都市とその周辺都市群をあわせてみる見方が重視されるようになったのは，グローバリゼーションの進展とともに，「中心都市＋周辺都市群」という単位が生産活動・経済活動の基盤であり（Scott ed. 2001: 15-18; スコット編 2004: 10-14），地域経済を活性化させるうえで大きな役割を果たすと考えられている一方，都市問題解決の基盤にもなると考えられているからである（欧州連合 2011: 第2-5章）。

　この「大都市圏」の具体的な領域・イメージは国によって異なるし，同じ日本でも，法律や統計によって大きく異なっている。たとえば，日本で「大都市圏」といえば，東京・大阪・名古屋のいわゆる「三大都市圏」がすぐ思い浮かぶが，そのうち大阪圏は，大阪府，兵庫県，京都府，奈良県を指す（住民基本台帳人口移動報告）。他にも，「近畿圏」（近畿整備法）があるが，これは，先ほどの大阪府，兵庫県，京都府，奈良県に加え，滋賀県，和歌山県，福井県，三重県を含み，「近畿大都市圏」（住宅・土地統計調査）は，大阪市，堺市，神戸市，京都市という領域になっている。いずれも，大阪・京都・神戸の三都をイメージすればすぐにわかるが，少なくとも3つ以上の中心都市＋周辺都市群＝大都市圏が連なっているものが想定されていることがわかる。しかし，本章では，分

析・議論しやすいように，「大都市圏」を単一の中心都市とそれを取り巻く周辺都市群と限定してとらえて考察する。具体的には，「大阪大都市圏」を事例として取り上げるが，中心都市を大阪市，周辺都市群を大阪市を除く大阪府下の自治体ととらえて考察していきたい。

2　都市ガバナンス・アプローチ

それでは，次に，第2の分析枠組である「都市ガバナンス・アプローチ」について，その代表的論者であるヤン・ピエールとガイ・ピーターズの議論をもとに説明しよう。まず，「都市ガバナンス」とはローカルレベルの政治システムにおける集合的諸目標の形成と遂行のことである（Pierre and Peters 2012: 71）。「都市ガバナンス・アプローチ」は，これまで都市政治学における中心的な理論であったクラレンス・N.ストーンの「都市レジーム・アプローチ」[2]を受け継いで，1990年代に登場した。このアプローチは，1980年代以降の，政府の役割の変化，社会の複雑性の増大と断片化，グローバリゼーションによる影響の増大を受けて，地方政治制度，政治的リーダーシップに注目し，集合的諸目標へ向かって，都市の領域の中で豊かな戦略的資源をもつさまざまなアクターたちを動員する政治的戦略に光をあてたものである（Pierre and Peters 2012: 73-74）。

そして，この「都市ガバナンス・アプローチ」における重要なポイントは，第1に，地方政府がガバナンスにおけるキープレイヤーとして重視されていることである（Pierre and Peters 2012: 74）。すなわち，地方政府が，目標を設定し，優先順位を決定して，公共機関，市場の諸アクター，ボランタリー団体の行動を調整する存在であり（Pierre and Peters 2012: 74, 83），特に，地方政府がいわばボートの舵をとる（漕ぐべきではない）が，それには地方政府だけでなく他の社会構成的（societal）アクターもかかわることがあると主張している（Pierre and Peters 2012: 83）。第2に，ガバニング・プロセスにおいて，豊かなリソースをもつ社会構成的アクターたちが広く動員されるということが都市ガバナンス論の核心だとされている（Pierre and Peters 2012: 75, 82）。すなわち，地方政府がかならずしもリソースに富んでいるわけではないので，地方政府が，社会構

成的アクターの中でもとりわけ企業アクターとコアリション³⁾をつくって協調し（いいかえれば公私パートナーシップを形成して），公私にわたるリソースが混ぜ合わされて，集合的諸目標が達成されることになる（Pierre and Peters 2012: 73-76）。第3に，都市ガバナンスにおいてリーダー的役割を果たすのが，制度と選挙で選ばれた公職者であり（Pierre and Peters 2012: 71），多くの成功事例をみると，その政治的リーダーシップによって，さまざまなアクターの動員・調整がなされているという（Pierre and Peters 2012: 82）。第4に，グッド・ガバナンスの基準であり，都市ガバナンスにとって重要なものとして，「有効性」（effectiveness）が挙げられている（Pierre and Peters 2012: 84）。「有効性」といえば，ダールによる理想的な民主主義政治体を示す基準の1つである「市民有効性」（citizen effectiveness）が想起されるが，これは，市民が責任をもって行動し，政治組織の決定を十分に完全にコントロールすること――具体的には直接参加や選挙――とされている（ダール・タフティ 1979: 33-42; Dahl and Tufte 1973: 20-25）。つまり，都市ガバナンスは参加的で民主的であるべきだと考えられているのである（Pierre and Peters 2012: 84）。実は，都市ガバナンスは，民衆による入力，透明性，説明責任といったデモクラシーに関連したいくつかの伝統的な価値を犠牲にして組織的な能力を手に入れる戦術だとみられているが，これらの伝統的な価値が全く失われたわけではなく，たとえば，説明責任は，選挙によって公職者を選ぶ代表制という入力面よりも成果という出力面につながっているというように外見が変わったとみている（Pierre and Peters 2012: 83-84）。

　以上から，「都市ガバナンス・アプローチ」における着目点についてまとめてみよう。すなわち，①アクターの構成と形成されたコアリション，②設定された集合的目標，③地方政府（選挙で選ばれた地方政府の首長）のリーダーシップ，④政策等の成果，⑤地方政府による説明責任，の5点を整理しておきたい。

3　本章の分析枠組

　さて，本章では，地域経済振興という政策分野における大都市圏ガバナンスについて考察するが，ここで検討する地域経済振興策とは，地方政府（都道府県と市町村）を主体とした地域経済の維持・発展を目的とした政策のことであ

り，いわゆる産業振興政策，中小企業支援策だけでなく，都市再開発・地域開発といった大規模開発や万国博覧会などのイベント開催も含んだものとする（北山 1994）。

　そして，先ほど，経済の単位として，中心都市と周辺都市群を大都市圏としてあわせてみる見方が重要視されていると紹介したが，ここでは，逆に，大都市圏を中心都市と周辺都市群に分解して，それぞれ「中心都市ガバナンス」と「周辺都市ガバナンス」として分析する。その理由は，地域経済振興策に限らないが，それぞれの政策は主体である都市・自治体ごとに形成・執行されており，それにかかわるガバナンスも中心都市と周辺都市で異なるからである。実際の経済活動では，グローバリゼーションの進展とともに，生産活動の基盤として，また地域経済を活性化させるうえで大きな役割を果たすので，中心都市とその周辺都市群をあわせて大都市圏としてみる見方が重要視されているが，その地域経済を活性化するためのガバナンスは都市・自治体ごとに取り組まれており，これらを分析するためには，都市・自治体ごとにみる必要がある。

　なお，これに関連して，地域経済振興策における自治体間の連携は，上位の地方政府である大阪府と周辺都市群である基礎自治体との連携（大阪府による基礎自治体に対する政策的補完や人事交流）はみられるが（三浦 2009: 108），中心都市である大阪市と周辺都市あるいは周辺都市同士の連携はあまりみられない。むしろそれを積極的に推進すべきだという「連環的」着想に基づいた地域産業政策の主張がなされている（長尾・本多編 2014: 66）。よって，地域経済振興策における都市ガバナンスの分析は，都市・自治体ごとに行われなければならないのである。

　以下では，大阪大都市圏を事例にして，その中心都市である大阪市の地域経済振興策における「中心都市ガバナンス」と周辺都市である大阪府大東市の地域経済振興策における「周辺都市ガバナンス」についてそれぞれ分析していきたい。ここで，数ある大都市圏のうち，大阪大都市圏を事例に選んだ理由を説明すると，大阪大都市圏が典型的な単一の中心都市に対して周辺都市群が存在するタイプだからである。もっとも，いわゆる「三大都市圏」はいずれもこのタイプに入るが，東京大都市圏と名古屋大都市圏には特殊な事情がある。すな

わち，東京大都市圏（東京都，神奈川県，埼玉県，千葉県）は，おおよそ東京23区を中心都市とする巨大な大都市圏で，日本最大規模の人口（約3562万人——平成22年国勢調査結果による）が集積している。人口だけでなく，企業，経済活動の規模は世界トップクラスであり，世界都市として国際的な影響を受けやすく，経済の不安定さも抱えている（加茂 2008）。また，首都であるために，政治経済上，国家の影響を受けやすい。また，名古屋大都市圏（愛知県，岐阜県，三重県）は，名古屋市が中心都市であるが，豊田市などの周辺都市群にトヨタ自動車の本社と関連する生産拠点が集積しており（榊原 2008, 2014），場合によっては，中心都市よりも周辺都市が強い力をもつこともあるだろう。これに対し，大阪大都市圏は，国内第二都市の位置にあって，中心都市・大阪市とその周辺都市群からなる典型的なタイプだといえる。

　そして，大阪大都市圏の周辺都市群の中でも，事例として大阪府大東市を選んだ理由は，2000年代に入って，大東市で積極的な地域経済振興策が講じられているからである。通常，地域経済振興策は府県・政令指定都市レベルが中心となって行われている（北山 1994: 345）。特に大規模開発・イベント開催といった地域経済振興策は財政力があって人的資本も豊富な府県・政令指定都市を中心に行われてきた。そして，産業振興策・中小企業振興策といった地域経済振興策は，基本的には，国（経済産業省・中小企業庁）が立案・執行するもの（いわば頭脳）で，自治体はその受け皿・窓口的存在であり実施機関（いわば手足）だと考えられてきた（桑原 2000; 桑原 2014）。また，地場産業や製造業が盛んな地域や中小企業が多い地域では，府県・政令指定都市レベルの自治体でも産業振興策・中小企業振興策が講じられてきた。

　しかし，特に中小企業振興策については，府県・政令指定都市ではない市レベルの基礎自治体でも講じられてきたのである（桑原 2014）。たとえば，1970年代後半以降，東京都墨田区，大田区などの東京特別区で，国（中小企業庁）とは異なる独自の中小企業政策が積極的に展開されてきた。その後，地方分権一括法（1999年）によって，中央地方関係が対等・協力関係に変わったことを受けて，1999年に中小企業基本法が改正され，国と地方自治体は役割分担して，それぞれ中小企業政策を立案・執行する責務がある（第6条）と定められたが，

図表1　大阪府下自治体の中小企業振興基本条例等制定状況

年	自治体	条例名
2001年	八尾市	「八尾市中小企業地域経済振興基本条例」
2009年	吹田市	「吹田市産業振興条例」
2010年	大阪府 枚方市	「大阪府中小企業振興基本条例」 「枚方市産業振興基本条例」
2011年	大東市 大阪市 八尾市	「大東市地域産業振興基本条例」 「大阪市中小企業振興基本条例」 「八尾市中小企業地域経済振興基本条例」改正
2012年	岸和田市 貝塚市 泉南市	「岸和田市中小振興条例」 「貝塚市商工業振興条例」 「泉南市商工業振興基本条例」
2013年	東大阪市 交野市 寝屋川市	「東大阪市中小企業振興条例」 「交野市産業振興基本条例」 「寝屋川市産業振興条例」
2014年	和泉市 泉佐野市	「和泉市中小企業振興条例」 「泉佐野市中小企業振興基本条例」
府下自治体制定率＝13／43＝約30％		

注：2015年9月30日現在。「年」は条例施行年。
出所：各自治体HPより筆者作成。

　それ以後，国とは独自の積極的な中小企業振興策を講じる市レベルの基礎自治体が増えてきている。前述したように，企業の生産活動をはじめとする実際の経済活動は，中心都市を超えて周辺都市群にも広がって行われているため，中心都市が働く場所で周辺都市群は単なるベッドタウンと単純に分けることができるわけではなく，周辺都市群でも，製造業をはじめとする産業振興・中小企業振興策が講じられてもおかしくない。しかし，実際には，2000年頃まで，多くの周辺都市群では，積極的な産業振興策・中小企業振興策は講じられてこなかったのである。大阪大都市圏の周辺都市群でも，東大阪市や八尾市といった中小企業が多く製造業が盛んな自治体で，1990年代の終わり頃から，積極的な中小企業振興策がみられるようになったが，1999年の中小企業基本法改正後は，より多くの基礎自治体が積極的に中小企業政策に取り組み始めるようになった。その具体的な取り組みの1つが中小企業振興基本条例の制定である。
　中小企業振興基本条例とは，自治体の中小企業振興の理念を明示し，それに

対応した施策の基本方向と自治体・中小企業・住民・経済団体等の役割を明記した理念条例のことである（岡田・高野・渡辺ほか 2013: 48-52; 桑原 2014: 240-241）。図表1は，2015年9月30日現在の大阪府下自治体における中小企業振興基本条例等の制定状況をまとめたものであるが，これをみると，第1に，日本有数の中小企業集積地を擁する大阪市，東大阪市，八尾市，大東市で同条例が制定されていることがわかる。第2に，中小企業基本法が改正された1999年以降，最も早く同条例を制定したのは八尾市であったが，その後8年間同条例を制定する自治体はなく，2009年以降，ようやく同条例を制定する自治体が続出するようになった[4]。話をもとに戻すと，いわゆる産業集積地域の一角を占める大東市は，2009年以降に同条例を制定した自治体の1つであり，中小企業基本法が改正されて制度が変わった1999年以降に，市レベルの基礎自治体で中小企業政策を積極的に講じるようになった典型例だといえよう。

続く第2節では，大阪大都市圏の中心都市である大阪市を事例にして「中心都市ガバナンス」を，第3節では大東市を事例にして「周辺都市ガバナンス」を分析していきたい。

2　中心都市ガバナンスの分析——大阪市の場合——

1　大阪市の経済振興策

(1) **中心都市としての大阪市**　　大阪大都市圏における中心都市が大阪市であることに異議を唱えるものはいないだろうが，ここで，簡単に大阪市が中心都市であることを確認しておきたい。都道府県と大都市の人口から三大都市圏を比較してみると，平成22年国勢調査結果によれば，人口が最も多いのが東京都で約1316万人，第2位が神奈川県で約905万人，第3位が大阪府で約887万人，第4位が愛知県で約741万人となっている。そして，大都市レベルでは，第1位は東京都区部で約895万人，第2位は横浜市で約369万人，そして第3位が大阪市で約267万人，第4位は名古屋市で約226万人となっている。大まかに神奈川県・横浜市も東京大都市圏ととらえると，人口規模からみて大阪大都市圏は日本で2番目に大きな大都市圏であり，大阪市の人口規模は大阪府の約30％を

図表2 大阪府における通勤・通学割合 (2005)

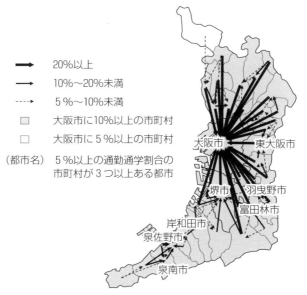

注：元データは平成17年国勢調査。
出所：愛知県知事政策局企画課 2012: 58。

占めていることがわかる。

それでは，大阪市が中心都市であることを，大阪市が周辺都市に雇用を提供しているという観点からみてみよう。平成17年国勢調査結果から，大阪府における通勤（通学も含む）割合の状況をみると（図表2），ほぼすべての大阪府下自治体で大阪市への通勤・通学割合が10％以上を超えていることから，大阪市への集中傾向が高いことがわかる。また，大阪市の昼夜間人口比率をみると，132.8と高く（区別でみると，最も高いのは中央区の591.9，次いで北区の346.7，西区の213.9），大阪市の中心性が高いことがわかる（大阪市計画調整局 2011: 4）。以上のことから，大阪市が大阪大都市圏の中心都市であることが確認できる。

(2) **大阪市の経済振興策**　それでは，中心都市である大阪市の経済振興策について分析していきたい。前述したように，地域経済振興策は，大きく，①大規模開発・イベント開催といった政策と，②産業振興政策・中小企業支援策の

2種類の政策があると考える。以下では，地域経済振興策を①と②に分けて分析していきたい。そして，分析する時期を2000年以降に絞って考察する。その理由は，地域経済振興策に関する都市ガバナンスの重要な要素である「制度」が変わり，都市ガバナンス自体も変容したからである。詳しく説明すると，第1に，前述したように，中小企業基本法が1999年に改正されて，地方自治体が中小企業支援策を講ずる責務を有することになり，大阪大都市圏では，1999年以前から積極的な中小企業振興策を講じていた中心都市・大阪市と周辺都市の東大阪市・八尾市に加え，同じ周辺都市の大東市も積極的に中小企業振興策を講じるようになった。よって，中心都市と周辺都市のガバナンスを比較検討するにあたり，2000年以降に時期をあわせて分析したい。第2に，2010年4月に，当時大阪府知事だった橋下徹を党代表とする大阪維新の会がつくられ，2011年11月の大阪市長選挙で，橋下が現職の平松邦夫を破って大阪市長に当選したために，中心都市・大阪市のガバナンスが変容したと考えられるからである。

　まず，①については，2000年以降のプロジェクトとして，ユニバーサル・スタジオ・ジャパン（USJ）を核とした此花西部臨海地域の再開発，そして最近の大阪駅北地区の「うめきた再開発」が挙げられるが，ここでは，現在の都市ガバナンスに関係のあるうめきた再開発に焦点をあてて考察することにしたい。なお，大阪市の大規模開発・イベントによる経済振興策の前史を簡単に紹介すれば，大阪市は，1990年代，世界都市をめざして，臨海部のアジア・太平洋トレードセンター（ATC），大阪ワールドトレードセンター（WTC）という国際交易機能拠点を建設したが，いずれもバブル崩壊が原因となって赤字経営に陥り破綻した。此花西部地域再開発は，USJ誘致に成功したが，大阪市の経営力が乏しく赤字経営に陥ったために，民間企業出身の経営者に交替し，大阪市自身が保有する株を売却するにいたった（朝日新聞記事2006年3月30日，2008年4月6日，2009年3月20日，同年5月20日，2014年7月9日）。そして，2008年オリンピック招致活動に1994年から本格的に取り組むも，2001年，北京市に負けて失敗に終わった（大阪市 2009）。

　それでは，うめきた再開発についてみていこう。このプロジェクトについて

は，大阪市のもう1つの経済振興策である②の産業振興策・中小企業支援策ともかかわっているため，2000年以降の大阪市の産業振興策・中小企業支援策もあわせて検討していこう。

2000年以降，大阪市で講じられた主要な産業振興策は，「大阪市創造都市戦略 Ver. 1. 0（案）」(2006年策定)と「大阪市成長戦略拠点特区構想」(2010年策定)・「大阪市経済成長戦略」(2011年策定)の大きく2つであるが，ここでは，うめきた再開発に関係する後者にしぼってみていきたい。

まず，「大阪市成長戦略拠点特区構想」は，2010年6月，平松邦夫市長（当時）のときに策定された。同構想は，菅直人民主党内閣のときに，「新成長戦略──『元気な日本』復活のシナリオ」が閣議決定されたことを受けて，「新成長戦略」を実現するために創設された「総合特別区域制度」を活用するために策定された（大阪市ウェブページ「『大阪市 成長戦略拠点特区 構想』を国に対して提案します」による）。同構想では，大阪市の目標像を，①「アジアのイノベーションセンター」，②「アジアとの生産・物流拠点」とし，①は大阪駅周辺地区特に大阪駅北地区に知的創造拠点である「ナレッジキャピタル」をつくり，国際的な人材や企業を集積させ，イノベーションを推進する，②は夢洲・咲洲地区に太陽電池やリチウムイオン電池の生産拠点を集積させ，アジアとの産業連携の拠点とするとした。

その後，同構想は，2010年10月に「大阪市経済成長戦略（中間とりまとめ）」へと発展し，大阪経済圏の成長をはかり，関西全体（傍点は筆者）の持続的な成長・発展に貢献することを目的として，4つの基本戦略──（基本戦略1）今後の成長が見込まれ，大阪・関西が優位性を有する産業分野に重点化する…（省略）…（基本戦略3）戦略エリアを設定し，経済成長のエンジンとすることを定めた。ここで，重点戦略分野に設定された産業は，集客・観光，環境・エネルギー，健康・医療，クリエイティブ・デザインの4つである（大阪市ウェブページ「大阪市経済成長戦略（中間とりまとめ）」による）。

そして，この「中間とりまとめ」が「大阪市経済成長戦略」(2011年3月策定)となり，2013年1月には大阪府・大阪市による「大阪の成長戦略〔25年1月版〕」に一本化された（その後，国の成長戦略の改訂や国家戦略特区の指定等の状況変化

があったため，改訂案が策定され，パブリックコメントを経て，2015年2月版が策定されている）。この「25年1月版」では，目標像が，もともと橋下徹が大阪府知事だった2010年8月に大阪府が策定した「大阪の成長戦略〔素案〕」と同じ①ハイエンド都市（価値創造都市）と②中継都市（アジアと日本各地の結節点）という表現に変わったが，その内容は，大阪市が策定した「大阪市成長戦略拠点特区構想」（2010年6月）の目標像（①「アジアのイノベーションセンター」，②「アジアとの生産・物流拠点」）とほとんど変わらない。また，「2015年2月版」では，大阪・関西の（傍点は筆者）目標像が「日本の成長をけん引する東西二極の一極として世界で存在感を発揮する都市」とも表現されている。[5]

　そして，これらのプロジェクトは，「関西イノベーション国際戦略総合特区」として，2011年12月に，大阪府・大阪市を含む京都府・京都市・兵庫県・神戸市の6自治体共同で申請され指定を受けた。

　さて，現在の大阪府・市「成長戦略」における目玉プロジェクトは「ナレッジキャピタル」である。この「ナレッジキャピタル」のある大阪駅北地区再開発の歴史は古く，1980年代後半までさかのぼる（UR都市機構ウェブページ「うめきたプロジェクト」による）。当時，国鉄改革によって，梅田貨物駅用地が国鉄清算事業団へ継承され，大阪駅北地区は「大阪最後の一等地」と呼ばれ，「関西活性化の切り札」として再開発による経済振興へ大きな期待が寄せられた。しかし，その後のバブル経済崩壊によって計画は進展せず，ようやく計画が動き出したのは，2002年に関西経済界を中心に大阪市・大阪府による「大阪駅地区都市再生懇談会」が発足して以降のことである（大阪市ウェブページ「大阪駅北地区全体構想（本文）」による）。同年9月に国際コンセプトコンペが実施され，2003年10月，大阪市によって「大阪駅北地区全体構想」が発表された。その後，2004年3月に，推進母体である「大阪駅北地区まちづくり推進協議会」が設立され，同年7月に，大阪市によって「大阪駅北地区まちづくり基本計画」が発表された。大阪駅北地区のうち，先行開発区域に関して，同年12月に都市計画が決定され，翌2005年3月には，大阪府・大阪市からUR都市機構に対して土地区画整理事業施行要請がなされ，UR都市機構が用地を取得した。2006年に開発事業者が決定し，2010年3月から建築工事が始まり，2013年4月にまちびら

きが行われた。

2 中心都市ガバナンスを分析する

それでは，検討した大阪市の経済振興策について，第1節で紹介した「都市ガバナンス・アプローチ」を使って分析したい。前述したように，「都市ガバナンス」とは，ローカル・レベルの政治システムにおいて，地方政府や他の豊かな資源をもつプレイヤーたちが集合的諸目標をつくり，それを実現するために，コアリションを形成して協働することをいうが，その際，地方政府が，目標を策定して優先順位をつけ，公共機関を含むさまざまなプレイヤーと協力して，経済的な発展を促すという重要な役割を果たすと考えられている。そこで，以下では，①どのようなアクターがどのようなコアリションを形成したか，②どのような集合的目標が設定されたか，③地方政府（選挙で選ばれた地方政府の首長）が，目標策定，優先順位設定，アクターたちの調整・協働においてリーダーシップを揮ったか，④どのような成果が得られたのか，⑤地方政府による説明責任はどうなされたのか，の5点に分けて分析してみたい。

まず，①のコアリションについては，第1に，「大阪駅地区都市再生懇談会」とその後継組織である「大阪駅北地区まちづくり推進協議会」がそれにあたる。「大阪駅地区都市再生懇談会」は，秋山喜久関西経済連合会会長（当時）が座長を務め，大阪商工会議所，関西経済同友会，大阪市総合計画審議会，JR西日本，都市基盤整備公団関西支社，大阪市トップといったアクターによって構成された（朝日新聞記事2002年2月5日）。そして，「大阪駅北地区まちづくり推進協議会」のメンバーも基本的には同じであるが，近畿経済産業局長や大阪府知事といった関係行政組織，大阪大学等のトップが加わっている。第2に，関西国際戦略総合特別区域地域協議会であるが，そのメンバーは，同協議会の委員名簿によれば，共同申請する地方公共団体の代表者に加え，関係する大学・研究機関，企業代表，関西経済連合会，関西経済同友会，京都・大阪・神戸商工会議所の代表者が委員となっている。

②集合的目標については，第1に，「大阪駅地区都市再生懇談会」等の場合は，大阪駅北地区のまちづくりについて構想，方針，具体策を検討することで

あり，第2に，「関西イノベーション国際戦略総合特区」の場合は，関西イノベーション国際戦略総合特区の指定を実現するとともに，同特区がめざす取り組みの具体化に寄与すること（関西国際戦略総合特別区域地域協議会規約第2条）とされている。

③地方政府のリーダーシップについては，大阪府・大阪市が，特区指定を受けるために，それぞれ成長戦略を策定して，他の関係自治体そして大阪・関西財界と協力して活動しており，大阪府・市によるリーダーシップが確認できる。しかし，それまで大阪市長としてプロジェクトをリードしていた平松邦夫市長が，2011年11月の市長選挙で橋下徹に代わると，大阪市長によるリーダーシップが後退したように見受けられる。すなわち，それまで，大阪市は，ナレッジキャピタル内に産官学連携拠点「大阪オープン・イノベーション・ヴィレッジ」（仮称）を開設して，毎年賃借料・事業推進経費あわせて5億円を負担する事業計画を立てていたが，橋下市長は2012年1月の府市統合本部会議で，計画を白紙から見直して負担削減も検討することを表明した（朝日新聞記事2012年4月17日）。このことから，大阪市はナレッジキャピタル設立の主導的位置から一歩引いた形になったと考えることができる。言い換えれば，リーダーシップが行政主導から民間主導へと変わったといえよう。

④成果については，特区の指定が実現し，ナレッジキャピタルを中心にしたさまざまなイノベーションの取り組みが具体化しており，現在までのところ，メガネ型端末，アサイーボウル大福，電気自動車の走行音開発，文化財の3D映像化，スポーツ選手向けの餅，レントゲン画像の遠隔地診断など，具体的な成果が次々と生まれているという（朝日新聞記事2014年4月25日）。しかし，それら成功事例が少しずつ増えてきているところであり，地域経済への波及効果が生じたといえる段階に到達しているとはいえないだろう。

⑤地方政府による説明責任については，前述したように，大阪市がナレッジキャピタル設立の主導的アクターから後退して一参加者へと変わったことから，これまでの分も含めて十分に説明責任を果たせなくなったとみてよいだろう。ナレッジキャピタル自体は，三菱地所をはじめとするうめきた先行開発区域開発事業者12社からなる（株）KMOによって運営されており，その推進

リーダー役を果たしているのがオリックス不動産である（内田・佐藤・釈ほか編 2011：69）。つまり，現在は，民間企業がウェブページでさまざまな情報を公開して説明責任を果たしているといえる。

以上，2000年代以降の大阪市の経済振興策を検討して，「中心都市ガバナンス」について分析した。その結果，大阪市の「中心都市ガバナンス」は，中心都市を超えた大阪大都市圏にわたる広域なもので，大阪市・大阪府といった行政そして関経連やうめきた開発事業者による大企業中心の諸アクターが参加する，きわめて高次レベルの大規模な地域経済振興策を進めているガバナンスであるといえよう。

3　周辺都市ガバナンスの分析──大東市の場合──

それでは，この第3節では，周辺都市群の1つである大東市を事例に取り上げて，「周辺都市ガバナンス」について分析してみたい。

1　大東市の経済振興策

周辺都市の1つである大東市は，大阪市の東側に隣接しており，1956年に，住道町，四条町，南郷村が合併して誕生した。当時の人口は3万人程度であったが，その後高度成長期に増加して，1998年に約13万1100人とピークを迎えた。その後は減少傾向にあって，2015年9月現在，約12万4000人である（大東市ウェブページによる）。大東市の産業構造は，産業大分類別事業所数および従業者数でみると（『大東市統計書平成25年版』），2012年現在，事業所数で多い産業は，第1位が卸売・小売業（940，約20％），第2位が製造業（847，約18％），第3位不動産業（657，約14％）である。従業者数で多い産業は，第1位が製造業（1万5920人，約32％），第2位が卸売・小売業（9571人，約20％），第3位が医療・福祉（5190人，約10％）となっており，卸売・小売業と製造業が主要産業であることがわかる。

大東市は，中心都市・大阪市と比べて，面積も人口規模も小さいため，同市の経済振興策は産業振興政策・中小企業支援策中心である。前述したように，

大東市の産業振興策・中小企業支援策は，2000年代以降に積極化した（植田2007，三浦2009，三浦2012，以下これらを参考にした）。それまで，大東市では，独自の積極的な産業振興策や中小企業支援策はほとんどみられなかったのである。

　大東市の産業振興策・中小企業支援策の積極化は，行政主導で，製造業実態調査を行うことから始まった。すなわち，2000年度に，国の緊急雇用対策事業を活用して，市内製造業の状況を把握し工業振興施策立案の指針とすることを目的に，市内全製造業1108件を対象にして調査票郵送・留め置き・訪問回収によって，製造業実態調査が行われた（回収率96.6％）。そして，この結果を活用すべく，翌年，市役所内にプロジェクトチームが組織され，大阪府の協力をえて工業振興策が検討されることになった。その結果，2002年にはものづくり産業活性化のための「10のプロジェクト」：①マッチング等を支援するビジネスプロモーターの配置，②ビジネスインキュベータの設置，③受注を支援するwebものづくりデータベースの構築と運営，④地元大学の学生を市内企業に結びつけるインターンシップなどが開始された。

　2006年には，前回調査以後の変化を把握するために，大東市製造業実態補充調査が，地域を限定して589件を対象に，調査票を訪問して配布・留め置き・訪問回収するというやり方で，市産業振興課によって実施された（回収率79.5％）。その結果，①4人未満規模の中小企業が減少し，家電製品・機械器具の構成比が下がっていること，②コスト効率や低価格よりも付加価値の高さやサービスの良さを強みとする企業が増えていること，③加工よりも自社製品の製造へとシフトしつつあるなど，下請構造からの脱却が進行していること，④大東市の産業振興策・中小企業支援策に対する認知度が低いことがわかったという。そして，この結果をもとに，「大東市産業振興ビジョン」が2007年に策定され，企業交流セミナー開催，ものづくりFAX情報の発行，住工調和モデル地区事業の開始，産業振興市民会議の設置といった取り組みが行われることになった。そして，2011年には「大東市地域産業振興基本条例」が制定されたのである。

2　周辺都市ガバナンスを分析する

　それでは，上記の大東市の経済振興策についての検討をもとに，「周辺都市ガバナンス」について分析してみよう。まず，①のコアリションは，2008年度に設置された大東市産業振興市民会議がそれにあたるだろう。同市民会議は，学識経験者，市内商工業者，商工団体の代表者，公募市民，行政機関の代表者，それら以外の市長が適当と認める者（すなわち産学民官）によって構成されている。②の集合的目標は，大東市の産業振興施策について，企画・推進体制を構築することによって，産業施策の検討を行うとされている。同市民会議の活動は，年4回開催され，毎年11月に市長に提言を行っている（大東市ウェブページ「大東市産業振興市民会議概要」による）。③地方政府のリーダーシップについては，コアリションの形成から，その活動にいたるまで，行政主導で進められているといえよう。この行政の強いリーダーシップについては，2000年度に製造業実態調査を実施した時に，調査結果が活用されずにそのままお蔵入りになりかねない可能性があったところ，ある幹部職員の強い提起によって，調査結果を今後の政策に反映させるための体制すなわち製造業活性化検討委員会がつくられたというエピソードからもわかる（植田 2007: 72）。④成果については，2008～2010年度にかけて，同市民会議は「大東市地域産業振興基本条例」制定に向けて検討を重ね，その結果，同基本条例が2011年に制定された。そして，2011年度からは，「大東市地域産業振興基本条例」に基づき，同市民会議で具体的な振興策を検討している。なお，2013年度までは要綱に基づく市民会議であったが，翌2014年度からは条例に基づく付属機関となっている。最後に，⑤地方政府による説明責任については，同市民会議の活動は，大東市ウェブページにおいて議事録が公開されており，十分に説明責任は果たされているといえよう。

　ここで注目すべきは，第1に，同市民会議のアクター構成が行政（しかも市だけでなく大阪府職員も），地域経済団体に限定されず，地元大学，製造業者，商業者，住民にまで市域レベルで広く開かれており，いわば参加型ガバナンスとなっていることである。第2に，同市民会議に参加している地域経済団体は商工会議所であるが，他にも中小企業者として大阪府中小企業家同友会大東支部

会員が参加しており，どちらかといえば，中小企業色の強い構成となっている。そして，第3に，同市民会議は，中小企業振興基本条例の制定を検討するための場に終わらず，条例制定後に具体的な産業・中小企業振興策を検討するための常設の検討会議になっていることである。

以上，大東市による経済振興策と「周辺都市ガバナンス」について検討してきたが，大東市は人口規模が約10万人と小さく，経済振興策も市域における産業振興・中小企業振興を中心とするきわめて地域に身近な取り組みであり，そのガバナンスは，行政，経済団体だけにとどまらず，中小企業者，住民をも含んだ参加型であるといえよう。

4　大都市圏ガバナンスを超えて

1　中心都市ガバナンス・周辺都市ガバナンスの比較検討

それでは，最後に，これまでの分析をもとにして，大都市圏の「中心都市ガバナンス」と「周辺都市ガバナンス」についての比較検討を行ってみたい。

第1に，「中心都市ガバナンス」は，ガバナンスの及ぶ範囲が中心都市を超えて周辺都市群にまで及ぶほど広域の強い影響力をもったものである。これに対し，「周辺都市ガバナンス」はきわめて狭域なもので，当該周辺都市自治体の範囲に限定される。

第2に，中心都市における地域経済振興策は，どちらかといえば，大規模開発やオリンピックなどのイベント開催といった振興策が中心であり，かかる費用もかなり巨額なものである。これに対し，周辺都市における地域経済振興策は，大規模開発・イベント開催というよりは，地域・中小企業に身近な産業振興策・中小企業振興策が中心となっており，費用も大規模開発・イベント開催に比べるとそれほど巨額なものではない。

第3に，同じ大都市圏内でも，「中心都市ガバナンス」と「周辺都市ガバナンス」では，コアリションのアクター構成が異なっている。「中心都市ガバナンス」の場合，大都市自治体，その他の行政機関，大企業中心の広域地域経済団体といった限定的な政治経済エリートによって構成されており，中小企業者

第 4 章　地域経済振興における大都市圏ガバナンスを考える

や住民は入っていない。これに対して,「周辺都市ガバナンス」の場合は,自治体と中小企業中心の地域経済団体,そして中小企業者自身,住民までもがメンバーに入っており,よりオープンで民主的なアクター構成だといえよう。

第 4 に,「中心都市ガバナンス」では,地方政府よりもディベロッパーや大企業中心の広域地域経済団体の影響力が強いケースがみられる。つまり,大企業や広域地域経済団体が青写真を描き,地方政府自身はそれを承認するだけで,あまりリーダーシップを揮えなくなることもありうる。これに対して,「周辺都市ガバナンス」では,中小企業中心の地域経済団体が地方政府と協力して条例を制定したり,経済振興策を検討するケースがみられる。しかも,その「周辺都市ガバナンス」のコアリションでは,条例制定といった非日常的な政策課題に関するものだけでなく,日常の政策課題が検討されており,「周辺都市ガバナンス」のほうがより民主的だといえよう。

以上の比較検討から,同じ大都市圏といえども,中心都市と周辺都市では,経済振興策もガバナンスも異なっているのであり,両者をまとめた「大都市圏ガバナンス」という枠組ではみえなくなるものがあるといえる。もし,「中心都市ガバナンス」が周辺都市群をも含んだ形で広域的に強い影響力を及ぼすことになれば,コアリションの中心的アクターが影響力の強い大企業や大都市自治体であるために,そこに周辺都市群の中小企業者や住民が参加して意見を述べて,その意向を反映させるということは想像しにくい。その意味でも,中心都市・周辺都市それぞれで地域経済振興策を講じることが重要だといえよう。

2　大都市圏ガバナンスの課題と展望

本章では,最近,グローバル経済の進展とともに,中心都市と周辺都市群をあわせてみる「シティ・リージョン」という概念が多く使われる中,「大都市圏ガバナンス」を分析するためには,むしろ,中心都市と周辺都市を分けてそれぞれガバナンスをみる必要があることを論じた。そして,「中心都市ガバナンス」と「周辺都市ガバナンス」では,地方政府と協働するコアリションメンバーが異なり,ガバナンスの様相も異なることを実証した。

本章の冒頭で,ピエールとピーターズの「都市ガバナンスは,参加者全員が

かかわる民主的なものであるべきだ」という主張を紹介したが，都市政治そして出力としての都市政策が，国家や地方政府のためでなく，市民や社会のためのものになるためには，都市ガバナンスが民主的でなければならない。周辺都市の民主的ガバナンスが中心都市ガバナンスに飲みこまれず，自律性を維持するにはどうすればよいのかを考えるのが，今後の大都市圏ガバナンスの課題であるが，その1つの手がかりになるのが「多層的ガバナンス」なのかもしれない。

【注】
1) 他にもゴットマンの「メガロポリス」(megalopolis) という概念があるが，これは「大都市圏」＝「メトロポリス」がいくつも連帯している大都市地帯を指すものとして理解されている（宮本 1990: 4）。最近，「メガロポリス」にヒントを得た「メガ・リージョンズ」(mega-regions) という概念がリチャード・フロリダによって使われているが，これは，①1つの大都市あるいはメトロポリタン地域以上で，光が切れ目なく集中している，②LRP（夜光光量に基づく地域生産）が1000億ドル以上と定義づけられており，日本でいえば，Greater Tokyo, Osaka-Nagoya といった他地域にもまたがったかなり広い領域がイメージされている（フロリダ 2009: 29, 57）。
2) アメリカ政治学におけるストーンの都市レジーム論についての詳しい説明は，安岡 (1995) を参照のこと。
3) ここでいうコアリションは，いわゆる「成長同盟」・「成長推進連合」といってもよいだろう。これらについては Mollenkopf (1983: 3-5)，加茂（1993: 第1章），町村（1994: 第4章）を参照のこと。
4) 全国的な動向について，植田浩史作成資料によれば，2006年度以降に中小企業振興基本条例を制定した区市町村は85で，制定区市町村合計110の約77％を占めている。しかし，制定した区市町村は日本全国1742区市町村のうち6％に過ぎない（桑原 2014: 240 表12-1）。
5) いわゆる二眼レフ論である。かつて大阪府や関西財界は，関西経済連合会による「関西経済再生シナリオ」（1999年策定）や大阪府による「大阪産業再生プログラム」（2000年策定）のように，二眼レフ論をやめ，大阪独自の発展可能性を追求するという考えにいたっていた（遠藤 2003b: 248）。

【参考文献】
愛知県知事政策局企画課（2012）『中京都構想具体化検討基礎調査報告書』。
植田浩史（2007）『自治体の地域産業政策と中小企業振興基本条例』自治体研究社。
内田樹・佐藤友美子・釈徹宗ほか編（2011）「特別座談会どんな街になる？『うめきた』」

『大阪人』vol. 65, July, 65-79頁.
遠藤宏一 (2003a)「大阪産業と地域開発・都市開発―繰り返された公共事業依存型の『間接的振興論』」安井國雄・富澤修身・遠藤宏一編『産業の再生と大都市―大阪産業の過去・現在・未来』ミネルヴァ書房, 42-65頁.
――― (2003b)「大阪の都市政策と産業」安井國雄・富澤修身・遠藤宏一編『産業の再生と大都市―大阪産業の過去・現在・未来』ミネルヴァ書房, 238-252頁.
欧州連合 (2011)『未来を作る都市―課題, ビジョン, 今後の展望』.
大阪市 (2009)『2008年オリンピック競技大会招致活動報告書』.
大阪市計画調整局 (2012)『平成22年国勢調査〈大阪市の昼間人口〉』.
岡田知弘・高野祐次・渡辺純夫ほか (2013)『増補版 中小企業振興条例で地域をつくる―地域内再投資力と自治体政策』自治体研究社.
岡部明子 (2003)『サステイナブルシティ EUの地域・環境戦略』学芸出版社.
加茂利男 (1993)『日本型政治システム―集権構造と分権改革』有斐閣.
――― (2005)『世界都市―「都市再生」の時代の中で』有斐閣.
――― (2008)「国境を超える地域経済―『世界都市・東京』」中村剛治郎編『基本ケースで学ぶ地域経済学』有斐閣, 59-74頁.
北山俊哉 (1994)「地域経済振興政策」西尾勝・村松岐夫編『講座行政学第3巻 政策と行政』有斐閣, 321-352頁.
桑原武志 (2000)「自治体産業政策―その形成と類型」植田浩史編『産業集積と中小企業―東大阪地域の構造と課題』創風社, 203-226頁.
――― (2003)「大都市自治体の産業政策―その政治的条件」安井國雄・富澤修身・遠藤宏一編『産業の再生と大都市―大阪産業の過去・現在・未来』ミネルヴァ書房, 219-237頁.
――― (2014)「自治体による中小企業政策」植田浩史・桑原武志・本多哲夫・義永忠一・関智弘・田中幹大・林幸治『中小企業・ベンチャー企業論〔新版〕―グローバルと地域のはざまで』有斐閣, 235-252頁.
榊原雄一郎 (2008)「地方工業都市―自動車工業集積地域・愛知県西三河地域」中村剛治郎編『基本ケースで学ぶ地域経済学』有斐閣, 145-160頁.
――― (2014)「工業地域の深層の発展力についての研究―複数の産業が集積する愛知経済を事例に」関西大学経済学会『関西大学経済論集』第64巻第1号, 1-26頁.
スコット, アレン・J. 編 (2004)『グローバル・シティー・リージョンズ―グローバル都市地域の理論と政策』坂本秀和訳, ダイヤモンド社.
ダール・タフティ (1979)『規模とデモクラシー』内山秀夫訳, 慶應通信.
長尾謙吉・本多哲夫編 (2014)『大都市圏の地域産業政策―転換期の大阪と『連環』的着想』大阪公立大学共同出版会.
フロリダ (2009)『クリエイティブ都市論―創造性は居心地のよい場所を求める』井口典男訳, ダイヤモンド社.
本多哲夫 (2013)『大都市自治体と中小企業政策―大阪市にみる政策の実態と構造』同友館.

町村敬志（1994）『「世界都市」東京の構造転換―都市リストラクチュアリングの社会学』東京大学出版会。

三浦純一（2009）「産業的自治と地域産業政策の新しい可能性―大阪府大東市の挑戦から見えてくるもの」植田浩史・立見淳哉編『地域産業政策と自治体―大学院発「現場」からの提言』創風社，101-129頁。

─────（2012）「大東市」植田浩史・北村慎也・本多哲夫編『地域産業政策―自治体と実態調査』創風社，54-59頁。

宮本憲一（1990）「地域経済学の課題と構成」宮本憲一・横田茂・中村剛治郎編『地域経済学』有斐閣，1-27頁。

安岡正晴（1995）「アメリカ政治学における『都市レジーム・アプローチ』の発展―コミュニティ・パワー研究にとっての含意」『早稲田政治公法研究』第48号，1-27頁。

Dahl, Robert A. and Tufte, Edward R.（1973）*Size and Democracy*, Stanford University Press.

Mollenkopf, J. H.（1983）*The Contested City*, Princeton University Press.

Pierre, Jon and Peters, B. Guy（2012）"*Urban Governance*," in Mossberger, Karen, Clarke, Susan E. and John, Peter ed., *The Oxford Handbook of Urban Politics*, Oxford University Press, pp. 71-86.

Marvin, Simon, Harding, Aran, Robson, Brian（2006）*A Framework for City-Regions*, Office of the Deputy Prime Minister.

Scott, A. J. ed.（2001）*Global City-regions: Trends, Theory, policy*, Oxford University Press.

第5章
分権改革とローカル・ガバナンス

藤井　禎介

1　分権改革の20年

　1993年6月に衆参両院で「地方分権の推進に関する国会決議」が可決されてから20年以上が経過した。この間，中央政界にみられた動きはそれ以前の時期と比べてまことにめまぐるしく，まさに激動であったといってよい。短命に終わった細川・羽田内閣の非自民連立政権から自・社・さ連立政権における自民党の政権復帰，その後の自・公連立政権の成立とその下での小泉内閣による構造改革の推進，そして2009年の民主党による政権交代と13年の自民党の再度の政権復帰というように，この間の日本政治の展開は従来の知見から得られる予想をはるかに超えるものがあり，「失われた20年」といわれた経済社会における変化と時期を同じくしていたこともあって，人々に「変化の時代」の到来を強く印象づけた。そしてそのような中で，従来であれば実現は困難であろうと考えられた改革のいくつかが既存の秩序の綻びをとらえて表舞台に登場し，積極的に課題として取り上げられ，断行されていった。本章で考察する「地方分権改革」もそのような改革の1つである。

　もちろん，後にもみるように，地方分権をめぐる議論はこの20年の間にその論調を変化させてきており，その意味するところは時期によって一様ではない。だがそれでも，マクロなトレンドとしての「地方分権」の推進という目標自体は，変わることなく一貫して支持されてきたように思われる。基本的な目標としての「分権の推進」についてはコンセンサスを維持しながら，すなわち

「分権」そのものの是非についてはもはや論じることなく，主としてその中身や進め方をめぐって議論が交わされてきたというのがこの改革の特徴であろう。そしてそのためか，それが社会に与えたかもしれない影響の大きさからみれば，比較的「静か」な，あるいは「ドラマチックさ」に欠ける改革であったという印象があるのも否めない。そこでは，賛成派と反対派が短期間に正面から衝突する，その意味で一般にも「わかりやすい」対立型の政治過程ではなく，長期間にわたり多様なアクターが，それぞれの思惑に基づきながらあるべき制度について様々な角度から主張を展開するといった過程がみられた。そしてその結果生じた意外な状況の複雑さは，この改革の意義を評価しようとするものに思わぬ当惑を覚えさせる。

　本章の目的は，近年進められてきたこの「地方分権改革」において，何が論じられ，何が実現されてきたかをあらためて確認することで，この改革の意義を理解する枠組みを示すことである。そしてその際，特に留意するのは「ローカル・ガバナンス」(local governance) の再編との関係である。

　分権改革の展開そのものについては，実際に当事者としてそれに携わった研究者の著作を中心にすでにすぐれた業績がある（西尾 1999; 2007）。本章の記述も，基本的にそれらの業績に多く依拠しており，あらためてそこに新たな事実関係の発見などを付け加えようとするものではない。むしろ本章が試みるのは，この改革がローカル・ガバナンスの再編に与える（あるいは，与えた）影響に関する理論的な鳥瞰図の提示である。

　では，ここでいう「ガバナンス」とはどのような意味をもつ概念であろうか。「ガバナンス」概念の詳細な検討を行うことは本章の範囲を超えるが，この概念がこれまでかなり多義的に用いられてきたことはよく知られている (Rhodes 1996: Ch. 3)。また時にその中に込められる分析上の概念にとどまらない規範的な含意が，この言葉をニュートラルな分析的概念として用いることを躊躇させるところがあるのも確かである。しかしながら，ガバナンスという概念が，単に垂直的な組織関係に還元されない，ある種の問題解決を指向する利害関係者間の水平的関係を含む多角的ネットワークのことだとすれば，そうしたネットワークの構築をめざして地方自治体レベルを中心に近年さまざまな試

みがなされているのは事実である。また，本章の主題である分権改革がその改革の主な標的としてきた中央—地方の政府間関係に関する諸制度についていえば，それらはローカル・レベルのガバナンスのあり方を基礎づける重要な一要素，あるいは少なくともその制度上の基盤であることは間違いない。

それでは，以上のように位置づけられる中央—地方関係の制度の変化が，地方レベルのガバナンスに「どのように」あるいは「どのような」インパクトを与えた（あるいは与える）のだろうか。次節において，分権改革の意義を考察するための手がかりとなる理論的枠組みについて検討した後，第3節で改革の展開と中身についてあらためて振り返ることにしたい。

2 分析枠組

地方分権改革が制度改革の一種であることはいうまでもない。一般に「制度改革の時代」には，既存の制度的枠組みを所与として展開する「制度運用の時代」とは異なる政治過程がみられるのが通常である。制度の運用期には，制度改革をめぐる政治的争点はなくなるわけではないにせよ矮小化・日常化するのに対し，制度の改革期にはその枠組み自体が政治課題の中心として浮上するからである。つまり，制度運用期には既存の制度を前提として，その中で諸資源の管理・配分をどのように行うかが主な政治的争点となるのに対して，制度改革期には制度が規定する「ゲームのルール」そのものが政治的争点となり，その改廃をめぐって関係者間で駆け引きが展開される（西尾 2001: 88-94）。前者が「だれが，何を，どれだけ得るか」をその焦点とするならば，後者では「だれが，何を，どのように得るか」が焦点となる。

その意味で，制度改革期の政治過程には以下の2点で制度の安定期とは異なる特徴が見出せるように思われる。第1は，関係するアクターの範囲の拡大である。制度改革期の政治過程は，その争点が個別利益の分配といった特殊的なものではなく，より一般化することで関心をもつアクターの範囲を広げる可能性がある。すなわち，限られた「いつもの」メンバーによって形成される政策コミュニティ（policy community）内での利益調整といった過程ではなく，比較

的頻繁に外部アクターの参入が生じる政治過程が現出する可能性が高まる。

しかしながら，第2に制度改革期には制度デザインの立案といった課題が主な争点となることを考えると，無限定に関心層の範囲が拡大していくことも考えにくい。制度設計というのは，相対的に専門性の高い作業であり，そのためそうした問題に効果的に関与するには参加するアクターにも高い専門能力が求められる。いうまでもなく，そのようなことが可能なアクターの範囲には自ずと限界があり，とりわけ一般の有権者がその種の争点に強い関心を（単発的にはともかく）持続的にもち続けるとは考えにくい。

このような制度改革期の政治過程が有するであろう特徴から考えると，現在そのイメージに最も近い理論モデルは，ヘクロのいう「イッシュー・ネットワーク」(issue network)であるかもしれない(Heclo 1978)。イッシュー・ネットワークについては，その特徴としてネットワークの開放性と流動性が指摘されることがあるが，しかしそれもネットワークの一種である以上，全くの無秩序というわけではない。ゆえにこのモデルでは，ネットワークの及ぶ範囲を規定する要因として，参加者が共有する関心の性格とそれら参加アクターの専門性の高さが重視されているのである。制度改革期の政治過程とは，このように一方では外部からの参加者の参入が拡大することで状況の流動性が高まりながらも，他方では議論に参加するために必要とされる専門性の高さゆえに，その流動化の範囲に一定の制限が付される政治過程であると理解することができよう。

では，日本の地方分権改革においては，どのようなアクターが登場し，どのように改革にかかわったのであろうか。地方分権改革の場合，そこに登場するアクターはおおむね以下の3つのグループに分類できると思われる[1]。

第1は，普段から地方制度のあり方に強い関心を有する，地方制度との関係が深い，いわば「中核」ともいえるグループである。このグループには，主に地方制度を所管する官庁と自治体関係者が入る。具体的にいえば，総務省（旧・自治省），都道府県・市町村の首長およびその総務系職員，地方議会関係者，地方6団体などがそれにあたる。これらのアクターにとって，地方制度は日頃からその運用に従事する馴染みの深いものであり，それゆえ改革期でなくとも強い関心を有するが，改革期においてはなおさら積極的に発言し，それに

参加する。まさに地方自治業界の「業界人」であるといってよい。

　第2は，中核グループに比べれば関与の範囲は限定的だが，特定の問題について強い関心を示し，時に強力な影響力を行使するグループである。「準中核」といってもよい。このグループには，財務省など一部の制度官庁と大半の事業官庁，さらにそれらの背後にいる自治体テクノクラート・利益団体・族議員などが入る。これらのアクターの関心領域は，（財務省のような制度官庁も含めて）必ずしも中核グループほど包括的であるわけではないが，利害関係を有する特定の問題については強い拒否権を行使する場合があり，ゆえに改革における政治的紛争の主な発生源ともなる。またこのグループには，さらにもう1つ重要なメンバーを加えることができる。それは政府外部の専門家である。改革期には，抵抗勢力からの圧力を回避するため改革推進を特別に担う制度的拠点が通常の政治過程から切り離されて設けられることが多いが，外部の専門家はしばしばそうした拠点を足場に改革論議を主導する。地方分権改革においても，論点の提示や整理といった局面において外部の専門家が果たした役割は無視できない（木寺 2012）。またそれに加えて，それら専門家を駆使しながら改革実現に道筋をつけようとする政権中枢（首相など）もこのグループに含められるであろう。

　そして第3に「周辺」グループがある。ここには政権中枢にいるわけではない与野党の政治家などが入る。前述したように，制度改革の政治過程では制度を廃止するか存続させるかといった二者択一的な議論が中心となるよりは，制度デザインの中身を具体化する段階になればなるほど専門的で細部にわたる議論が多くを占めるようになる。それゆえ一般の有権者の関心をそれほど引くことはなく，その結果（地方制度に利害関係をもつ団体と直接関係がない）「普通」の政治家からもさほど注目されない。まして与野党対立の中心争点となることはほとんどないといってよいであろう。だがそれでも，分権改革という主題自体に反対する勢力はほとんどないため，比較的安全に有権者にアピールできる政策課題ではある。各党が繰り返しこのテーマについて言及し，選挙公約などにさまざまな内容を盛り込んだのもそのためであると理解されるが，しかしそのことは結果的に政界における変動が改革の進展に（間接的にではあるにせよ）影響を

及ぼす余地を残すことになった。

　地方分権改革は，以上3つのグループが織り成す相互関係の中で進められた。あらためて俯瞰すれば，基本的には「中核」によって主導されながらも，「準中核」における抵抗派との対立が事態を流動化させ，そこに（それほど多くないとはいえ）時折生じる「周辺」の関与が不確実性を増大させる，といった展開がみられたといえるだろう。地方分権改革がどちらかといえば「静かな」（決して内部に厳しい対立がなかったという意味ではないが）改革にみえるとすれば，それは「周辺」が関与する頻度が比較的少なかったためとみることができる。いわば，「節度」ある範囲での流動化にそれはとどまった。

　では，これらのアクターによって進められた制度改革の流れはどのような段階を経ながら進行したのだろうか。制度には，一般的に変化に抗する「慣性」(inertia) がある。あるいは簡単に変化しないからこそ，それは人々の活動を拘束するルールとなりうるというべきかもしれない。いずれにせよ，制度には通常であれば容易に変化しないという特徴がある。制度にこのような安定性をもたらす要因にはさまざまなものが挙げられるが，その1つにある制度は他の制度と補完関係にあるため変化しにくいという考え方がある。制度論の経済学者たちがいういわゆる「制度補完性」(institutional complementarity) の議論である（アマーブル 2005: 78-92）。制度は多くの場合，それ単独で機能しているのではなく，他の制度との関係によってその機能のあり方が左右される。それゆえ制度間の補完性を無視した変革は，システムへの適合性を欠く制度を構築することになりかねず，結果としてその制度やシステム全体に機能不全をもたらす可能性が高い。しかし各制度間の関係は，複雑な連関によって構成されているので，全体を確実に見通す変革は構想し難いことから，制度の変化は断片的あるいは部分的とならざるをえない。大規模な制度変化が起こりにくい理由には，それら制度が往々にしてときの政治権力から強い支持を得ているという理由とともに，こうした制度補完性にともなう不確実性を回避するという側面があることは否定できない。

　しかしながら，それでも制度は変化する。ただしその変化がシステム全体にどれだけ影響を与えるかは制度によって相異がある。つまり，制度間の関係に

おいて他の制度の機能の仕方を規定するような支配的影響力を有する制度が存在するのである。このような制度間の序列関係のことを「制度階層性」(institutional hierarchy) という（アマーブル 2005: 92-95）。この考え方に従えば，制度の中にはそれ自体の変化が他の制度の変化を連動して引き起こしやすいものとそうでないものとがあることになる。ローカル・ガバナンスをはじめとする地方の諸制度に限っていえば，ナショナル・レベル，すなわち中央と地方の政府間関係の諸制度が，ローカル・レベルの諸制度よりその制度階層性上，より上位にあるとみなせるであろう。

それはなぜか。おそらくその最も大きな理由は，地方レベルの制度であっても多くの場合，その存立基盤を国の法令などに依拠しているからである。たとえば，日本のような単一主権国家では，地方の制度を改変するにも国政レベルでの承認が必要とされるが，ではそのために地方が国にどれだけ（あるいはどのように）働きかけうるかといえば，それも結局は中央―地方関係の諸制度によって規定されることになる。これは言い換えれば，中央―地方関係の制度に重大な変更が生じれば，地方の諸制度にもそれに応じて変化が生じる可能性が高いことを意味している。逆にいえば，地方レベルで制度の改正を先行させようとしても，その範囲にはどうしても限界があるということでもある（北村 2013: 23）。そのような意味で，国と地方の政府間関係の諸制度は地方レベルの諸制度より制度階層性上，より上位にあるとみなせるのである。

では，以上のような制度補完性と制度階層性の考え方を前提とすると，日本の分権改革の展開についてどのような解釈が可能だろうか。まず分権改革以前の日本の中央―地方関係と地方レベルの諸制度との関係について整理することからはじめよう。

分権改革以前の日本の中央―地方関係の特徴は，いわゆる天川モデルでいうところの「集権・融合」型として理解されてきた。つまり，地方に関する政策決定権であっても中央が多く保持しているという意味でそれは集権的であり，また政策の実施において中央が地方に多く依存しているというところから融合的であるとみられたのである（天川 1986）。神野直彦のいう「集中・分散」モデルも類似の理解であるとみてよかろう（神野 1998: 第4章）。このようなシステ

ムでは，国はその政策の確実な実施を確保するため地方自治体を制度的に組み込もうとする。そのような試みの具体化が，法的・行政的統制の面では機関委任事務制度や通知・通達および必置規制の存在，もしくは国から地方への人員の出向などであり，また財政統制の面では地方交付税交付金や各種の補助金といった国から地方への資金配分である。さらに課税自主権の制限や地方債の発行の許可制などもそれに含めることができよう。

　いうまでもなく，これらの諸制度が意図してきたのは資源管理の中央への集中と政策実施における地方自治体の積極的活用である。ただし，このようなシステムでは，一方で地方の事務量の継続的な拡大をもたらしながら，他方ではそれに見合う人材や財源が不足するという事態を地方に生じさせることとなった。そしてそのような状況に対処するために，国からどれだけ資源を獲得してこられるかといったことが，地方の関心の大きな部分を占めるようになった。[2]

　地方レベルの諸制度は，以上のような中央—地方関係の諸制度を制度の階層性上，上位におきながら整備されていったのである。その特徴を一言でいえば，金井（2007）のいう「普遍主義・総合性バイアス」の定着ということになろう。ここでいう「普遍主義」とは，自治体間の質的差異を重視しない画一的制度化を指向する傾向のことであり，「総合性」とは自治体の管轄領域を可能な限り広く包括しようとする傾向のことである。つまり，できる限り画一的で，かつフルセットの（つまり，何でもする）自治体を形成することで，戦後の民主改革が行われた後においても，国の施策の統一的実施を担保する体制の構築がはかられたのである。

　そのような制度の具体例としては，たとえば地方自治法において市町村も都道府県も等しく「普通地方公共団体」と定義づけられていることや，都道府県に課された自治組織権の制限に端的に示されるように，自治体組織が中央の事業官庁ごとに系列化される傾向があったことなどを挙げることができる。また二元代表制を採用しながら，実質的に首長優位の制度が創設されたことも政策実施に比重をおいた制度構想の具現化といえるかもしれない。もしそうだとすれば，地方議会において首長支持型の相乗り現象が続出したことも決して故なきこととはいえない。またさらに町内会や自治会といった住民組織が行政の下

請け的性格を色濃くもっていることも、このシステムに統合された当然の帰結といえるかもしれないのである。

　もちろん、政令市・中核市・特例市の区分などにみられるように普遍主義の原則がどこまでも貫徹されたというわけではない。しかしそれらはあくまで「特例」であって、一般的な制度として位置づけられたわけではなかった。地方自治体である以上、どの自治体も求められた事業はできる限りこなさなければならず、またその点において制限を受けるようでは、それはもはや「真っ当な」自治体とはいえないということであろうか。しかしながら、この種の論理に基づく事務量の一方的拡大は、必然的に自治体が自力で確保できる資源の限界を超える事態を招来し、地方の中央志向をさらに強めさせることになった。

　分権改革以前の地方制度は、その集権的性格から多くの批判を受けてきたが、システムとしてはそれなりに安定したものであったといえるかもしれない。それはいうまでもなく、中央―地方関係の制度と地方レベルの制度が、まがりなりにもある種の補完関係を形成しながら運営されてきたからに他ならない。そのようなシステムに挑戦しようとしたのが分権改革であった。

　戦後日本の地方制度は、「追いつき型」近代化の達成をめざして国の政策を全国画一的に実施するには優れたシステムであったかもしれないが、キャッチアップを成し遂げた後の新たな課題に直面する時代においては、もはやふさわしくない。このような認識が分権改革を推進した側にはあった。[3] そしてその標的として、まず照準を合わせたのが団体自治、つまり国と自治体の関係を構成する諸制度の改革であった。この戦略は、制度階層性上、中央―地方関係の諸制度が地方レベルの諸制度より上位にあるという観方に従えば当然の選択であったといえよう。だが、そのような意図をもった改革はやがて地方レベルの諸制度に変革を迫らざるをえない。そしてその際には、新たな制度の補完性が制度間に形成されねばならないはずである。そうでなければ、新たなシステムの下での均衡は容易に得られず、改革はいつまでたっても「未完」とならざるをえないからである。分権改革の20年とは、この制度間の新たな補完性の形成を模索した20年間であったとみることはできないだろうか。次節において、あらためてその展開を振り返ることにしたい。

3　分権改革の展開

　本節では，分権改革の展開を3つの時期に分けて論じていくことにする。第一は，93年の衆参両院における「地方分権の推進に関する国会決議」から「地方分権一括法」の成立（99年，施行は2000年から）を経て地方分権改革推進委員会の「最終報告」（01年）が出されるまでのいわゆる第1次分権改革の時期，第2は地方分権改革推進会議が発足し，またさらに経済財政諮問会議において「骨太の方針01」が出され，「三位一体の改革」が実質的に開始された01年から「地方分権改革推進法」が成立した06年までの時期，そして第3は地方分権改革推進委員会および地方分権改革推進本部の設置から民主党政権による地域主権戦略会議の設置（09年）を経て，自民党が13年に政権に復帰するまでの時期である。

　この20年間に，分権改革では何が論じられ，何が実現したのであろうか。以下で確認していくことにする。

1　第1次分権改革（1993〜2001年）

　本章冒頭で述べた衆参両院における国会決議をいわば号砲として分権改革の20年は幕を開けた。この時期になぜ分権改革が本格的に進展したのかについてはよくわからないところもあるが，長期にわたり継続した自民党の一党優位体制が政治改革論議の混迷の中で大きく動揺したことがその一因であることは間違いない（真渕 2001: 93）。政権交代によって成立した非自民連立の細川政権の主要メンバーには，自治体運営に従事した経験をもつものが少なくなく，さらにその後，自民党が政権に復帰して成立した自・社・さ連立政権においてもそれは同様であった。しかし社会党・さきがけが連立から離脱した橋本政権以降においても，分権改革の動きが全く失速するわけではなかったところからみると，改革目標としての「地方分権の推進」というテーマは，90年代半ばまでにはほぼ定着していたとみることができよう。

　95年に「地方分権推進法」が成立し，それを受け同年に地方分権推進委員会

が設立されたが，第1次分権改革ではこの委員会が，地方団体から出された要望をまとめながら各省庁と折衝を行い，改革案を詰めていくという手法がとられた。それゆえ，地方が全体として賛成できる項目に論点が絞られるきらいはあったものの，概して地方から強い支持があることを背景に委員会は各省庁との折衝に臨むことができた。99年に475本の法律を一括改正する形で「地方分権一括法」が成立するまでの間，地方分権推進委員会からは実に5回にわたって勧告が出されたが，そうした活動の成果として結実したのが以下の内容である。

　第1次分権改革における最大の成果は，なんといっても機関委任事務制度の廃止である。これによって自治体の担う事務から国の事務は消え，新たに「法定受託事務」と「自治事務」の区分が設けられた。さらに機関委任事務の廃止と連動する形で，通知・通達が純粋に国の「技術的な助言」にすぎないと規定され，国の地方に対する関与の縮小がはかられるとともに，必置規制の緩和や補助事業の整理・縮小なども行われた。これらの改革の眼目は，よく指摘されるように，国から地方への「権限の移譲」にではなく，国の地方に対する関与の縮小・廃止にあった。つまり，「分離」型の制度への移行をめざしたのではなく，「融合」型の性格を維持しつつ「分権」を進めることがめざされたのである。このような改革の特徴は，国が自治体に関与する場合には法定主義，一般法主義，公正・透明の3つの原則が守られなければならないとされたことや「国地方係争処理委員会」が設置されたことなどにもみて取ることができる。すでに大量の事務量を抱え込んでいた地方自治体にとって，新たな事務の移譲につながる改革には関心がなかったということであろう。むしろ，より広い自由度の獲得が優先された。まさしく「上下・主従」から「対等・協力」への転換がその目標とされたのである。

　ゆえに第1次分権改革とは，国から地方への，また自治体間においては都道府県から市町村への，「決定権」の移譲に最大の狙いがおかれたということができる。ところが，自治体が今後，そのような意味で自己決定の主体になるとすれば，それにはそれ相応の実力がなければならない。果たして現状の自治体にそうした能力は期待できるだろうか。あるいは，それに見合った実力をもつ

には「適正」な規模というものがあるのではないか。このような懸念から，自治体，とりわけ基礎自治体である市町村の規模を再編する議論が浮上してくる。そしてその結果，分権改革と並行して進められることになったのが市町村合併であった。

市町村の合併を推進しようとする政府側の意図は，95年の「合併特例法」の改正・延長の際に市町村間の自主的な合併を進めることが明記されたことにより表明されたが，さらにその方針は99年の同法改正においてより鮮明に打ち出された。また地方分権推進委員会でも，当初は合併の議論が地方アクター間に分断をもたらすことをおそれ，いわゆる分権の「受け皿論」には積極的にコミットしない方針がとられたが，その方針は第2次勧告（97年）の段階で事実上，放棄され，合併推進の必要性について語られるようになった。このようにして，合併特例債や地方交付税の優遇措置といった「アメ」による誘導をともないながら，市町村数を1000程度に集約することを目標とした「平成の大合併」は始められたのである。

以上が，第1次分権改革期における主な動きである。あらためてそれらを要約すれば，「分権」という目標の下にその受け皿となる自治体の「集約」化がはかられた過程とみることができよう。そこでは単純な分離型の分権論が採用されたわけではなかったが，自己決定の主体となる自治体にはそれにふさわしい実力をもつための規模が必要であるとされた。このように国と地方の間に「分権論」が進展すると，その後に自治体間の「集約論」が追随するという図式が，これ以後続くことになる。

2　第2次分権改革の開始と三位一体の改革 (2001〜07年)

第1次分権改革の成果は決して小さなものではなかったが，それはまだいくつかの重大な課題を残していた。その1つは，国から地方への財源移譲の問題である。第1次改革においても，課税権のある程度の拡大や地方債の起債の許可制から同意制への移行など，財源面における地方の自由度の拡大には一定の進展がみられたが，この点での成果はまだ全く不十分であるとの認識が分権推進派の間では共有されていた[4]。機関委任事務の廃止により，決定における地方

第5章　分権改革とローカル・ガバナンス

の自由度は確かに上がったかもしれないが，それはまだ財源における裏づけをともなうものではないとみなされたのである。とりわけ，地方側にとって重要であったのは，国の補助事業を廃止し，それを地方の自主財源にいかに転換していくかということであった。しかしながら，この種の議論を突き詰めていけば，やがて国と地方の事務事業の配分のあり方についても触れざるをえない。そのために，この時期以後，国と地方の役割分担の問題があらためて問われることになる。

　その2は，住民自治の問題である。第1次改革は団体自治における課題の解決をまず優先させたため，分権化以降の住民自治はどのようにあるべきかといった問題はほとんど手つかずのまま残されていた。しかもこの問題は，自治体の規模の問題ともリンクするものであった。平成の大合併は引き続き積極的に進められている最中であったが，その結果新たに誕生した自治体では，規模の拡大にともないともすれば弱体化しがちな住民自治をいかに活性化させるかといったことが検討を要する課題となっていた。またそれに加えて，都道府県合併や道州制といったより広域の自治体の再編問題をどのように考えるかという点も議論はまだこれからの状態であった。以上のような，第1次分権改革で残された課題は，分権改革推進委員会の後継組織である分権改革推進会議や第27次・28次地方制度調査会において議論されることになった。

　だがこの時期の改革については，さらにもう1つ重要な特徴として，これら前の改革から引き継いだ課題の解決とは別の，新しい政策上の流れが挿入されてきたことが指摘されねばならないであろう。すなわち，経済財政諮問会議を司令塔とする「構造改革」の流れがそれである。2001年に成立した小泉内閣は，国と地方を併せた赤字が700兆円を超えるという事態になっていた財政再建の問題に取り組むため，「聖域なき構造改革」と銘打った改革に着手した。この改革においては，例外とされる分野は原則として認められず，この点は地方財政に関する領域も同様であった。そして，そのような取り組みの中から地方交付税に関する問題，国庫補助負担金に関する問題，国から地方への税源移譲の問題をセットとして国と地方の財政問題の一体的解決をめざす「三位一体の改革」が浮上してきたのである。

「三位一体の改革」は，経済財政諮問会議が「骨太の方針01」において地方財政のあり方の見直しについて触れたことを始点とし，さらにその翌年発表された「骨太の方針02」で，国庫補助負担金，税源移譲を含む税源配分のあり方，地方交付税に関する3つの改革が「三位一体」として進められることが明記されて本格的にスタートした。小泉首相は当初，地方分権改革推進会議にこれらの論点に関する検討を指示したが，同会議は税財源の移譲問題をめぐって内部分裂を起こし，ほとんどまともに機能することができなくなった。そのため改革推進の中心は，やがて経済財政諮問会議に移行していくことになる。

　三位一体の改革におけるアクター間の対立図式を整理すると，おおむね以下のようにまとめることができよう。すなわち，国庫補助負担金の廃止・縮小では総務・財務両省は共闘して各事業官庁にあたるものの，その削減分の扱いについては歳出削減に回したい財務省と地方に税源移譲したい総務省とが対立する。そこに地方側の要望を受け，地方交付税の減額をなるべく阻止したい総務省と，財政再建路線の後押しがあることを利用しそれにも果敢に切り込みたい財務省の対立が重なり，三つ巴の争いが展開したのである（北村 2009）。

　地方側は，小泉首相から直接，国庫補助負担金の廃止について案を出すことを求められたこともあって，当時「闘う知事会」と呼ばれた全国知事会を中心に，地方側内部にあった意見対立を調整して積極的に意見を政府側に提出したが，それらは必ずしも十分に汲み取られなかった。むしろ，地方交付税とともに臨時財政対策特例債の減額を求められるなど，煮え湯を飲まされることも少なくなかった。地方側の悲願であった国から地方への税源移譲が具体的アジェンダとして政権中枢に認められた意義は確かに大きかったが，総じて財政再建路線の方針の下，その方針にそぐわないとみなされた要望の多くは省みられなかったのである。

　いずれにせよ三位一体の改革は各アクター間の痛みわけといった形で終幕をむかえた。最終的に，国庫補助負担金は4.7兆円削減されたが，それに対する地方への税源移譲額はおよそ3兆円であった。そして地方交付税は約5.1兆円削減された。この間，小泉首相は繰り返し地方側の要望を真摯に受け止めると表明したが，この改革における首相の姿勢は郵政改革などでみせた熱意に比べ

れば最後まで煮え切らないものであった。

　この三位一体の改革がその後の分権改革の進展に残した影響の1つに，小規模自治体の財政問題の深刻化がある。とりわけ，地方交付税の総額の減額だけでなく，段階補正の見直しなども行われたことが，もともと財政力の弱かった小規模自治体をさらに追い詰めることになった。そしてその結果，市町村合併の動きが一層加速したのである。

　政府は，前述した99年における「合併特例法」の改正の際に，合併の決断を各自治体に促すため，かなり手厚い支援策を地方側に約束していたが，地方交付税の減額はそれと相乗効果を発揮して（といっても，こちらは「アメ」ではなくむしろ「ムチ」であったが）市町村合併へと向かう動きをさらに加速させることになった。またさらに02年に発表されたいわゆる「西尾私案」が，この市町村合併をめぐる議論に一石投じることになる。これは当時，第27次地方制度調査会の副会長であった西尾勝が，基礎自治体の今後のあり方について私案として公表したものだが，そこで西尾は，基礎自治体を分権の担い手にふさわしい地域の総合的な行政主体として形成していくために市町村合併をさらに促進する必要性があることを説くとともに，その動きをより容易にするため合併後の旧町村単位に何らかの自治組織を設けることを提言した。そして，それでもなお合併にいたらなかった小規模自治体については，国から義務づけられた権限の範囲を窓口業務などに限定する「特例町村制」を創設することで対応する案が示された。

　この「特例町村制」については，西尾の意図としては合併にいたらなかった小規模市町村の事務負担の軽減を狙ったものであったが（西尾 2007: 136），一般には町村の廃止を示唆するものと受け止められ，かなりの反発を受けて，結局地制調の答申には盛り込まれなかった。ただし，その他の点については，自治体内自治組織として新たに「地域自治区」の設置が認められるなど，西尾の提言はある程度実現をみたといえるだろう。ここでいう地域自治区とは，99年の合併特例法改正のとき設立された「地域審議会」と並んで，合併後の住民自治を維持するための組織として構想されたものである。特に，合併後周辺となった地域の衰退が著しかったことが，「昭和の大合併」の経験から多くの自治体

が学んだ教訓の1つだったことから，その種の懸念を和らげるため設けられた。

これまでの分権改革の流れからすると，これら自治体内自治組織の創設に向けた動きには興味深い点がある。というのは，市町村合併がいわば国から地方に「分権」するために自治体の「集約」をはかるものだとすれば，これら諸制度はそれとは逆に合併という「集約」のために「分権」をはかるものだからである。もちろん，市町村合併の目的が基礎自治体の行財能力の向上だけではなく，自治体行政の能率化・効率化も目的としているとすれば，これら組織への「権限委譲」にはかなりの制限が課されると考えざるをえないであろう。しかしながら，住民自治の強化，あるいはより広く「ローカル・ガバナンス」の構築という点からみれば，この種の制度が今後どのように機能するかは重要な論点となる可能性がある。

また，自治体規模の再編という点からいえば，都道府県合併や道州制に関する議論が開始されたことも，この時期の注目すべき動きである。ただし結論からいえば，前者については都道府県の自主的合併手続きの法制化がなされたが，後者については第28次地方制度調査会から「道州制のあり方に関する答申」（06年）が出されたものの，（一部政治家から強い支持があったにもかかわらず）制度化に向けた本格的な論議にはいたらなかった。市町村合併が一定進捗し，基礎自治体への権限移譲が進めば，国・広域自治体・基礎自治体の3層制の維持を前提とする限り，都道府県の存在意義があらためて問われことになるのは容易に想像される。しかしその際，採用されることになる方針が道州制といったさらなる「集約」化であるのか，それとも「広域連合」などその他の選択肢であるのかは，容易に断定できない。少なくとも現実政治の世界では，道州制の議論は比較的はやくにトーン・ダウンした。そしてそれに代わって続く時期の争点となったのは，「国と地方の役割分担」や「国と地方の協議の場」の設置などであった。

3　地方分権改革推進委員会の設置と地域主権改革（2007～13年）

「聖域なき構造改革」の名の下で「三位一体の改革」を断行した小泉内閣は，その最終年度にまとめた「骨太の方針06」において「地方分権推進法」

第5章　分権改革とローカル・ガバナンス

（仮称）の制定とその3年後までの「地方分権一括法」（同じく仮称）の制定の必要性を指摘したが，同内閣の地方分権にかかわる仕事は実質的にそれが最後であった。実際に「地方分権改革推進法」を成立させ，それに基づき地方分権改革推進委員会および地方分権改革推進本部を設置したのは，続く第1次安倍内閣であった。

　安倍内閣以後の自民党政権の顕著な特徴は，その不安定さにあるといえる。自民党の若きリーダーとして期待された安倍晋三首相は，「消えた年金問題」や相次ぐ閣僚の失言などによって足下をすくわれ，内閣の支持率は日を追って急落した。結局，07年の参院選の敗北で政権基盤を維持することができなくなった安倍は，自らの健康状態の悪化もあって同年退陣する。そしてその後を襲った福田，麻生の両内閣も，衆議院と参議院で与野党の多数派が異なる「ねじれ国会」の影響に苦しみながら，共に政権を安定させることができぬまま1年程度という短期間で退陣に追い込まれたのである。

　ところが，そのような政局の混乱の中にあって，前述の地方分権改革推進委員会はそれなりに精力的な活動を行い，08年5月から09年11月までのおよそ1年半の間に4次にわたる勧告をまとめ，政府に提出した。そこで取り上げられた論点には，国と地方の役割分担の明確化および国から地方あるいは広域自治体から基礎自治体への権限移譲，義務づけ・枠づけの見直しや条例制定権の拡大，国の出先機関改革，国と地方の協議の場の法制化，地方交付税の総額確保とその法定率の引き上げ，国庫補助負担金の一括交付金化などがある。[5]

　だが，当時の迷走する政局の状況では，これら委員会によって提起された勧告の内容を具体化することはかなり困難な状態にあった。またそうした政治の不安定さは，勧告内容の取りまとめ作業を行う委員会の活動にも多分に影響を与えたものと推測される。とくに，09年の自民党から民主党への政権交代は，この間における政局混乱の中でもクライマックスといえるものであった。結局，安倍・福田・麻生の自民党の3内閣期において，それなりに進展したとみなせる成果は，地方側からの要望が強かった小泉政権期に断行された地方交付税の減額の停止・上積みなどにとどまった。

　ところが，2009年に民主党政権が成立すると事態は徐々に動きはじめる。民

主党の鳩山内閣は，地方分権の推進を政権が重視する政策項目の中でも「一丁目一番地」にあると位置づけ，同党のマニフェストで明記していた「地域主権」という言葉を用いて，改革を積極的に推進していくことを宣言した。そしてその年の11月には地域主権戦略会議を設立し，そこで地方分権改革推進委員会より出された勧告内容に則した具体的施策の検討を進めることとしたのである。このように民主党政権が地方分権改革の推進に熱心であったことは疑いない。ただし，民主党がマニフェストで謳っていた分権改革に関する政策案の多くは，同党が政権を獲得する以前の自民党政権期に地方分権改革推進委員会がすでに論点として列挙していたものと大きく変わらなかった。その意味で，「地域主権」という言葉のもつ大胆さにもかかわらず，その実際の内容は従来の流れからそれほど逸脱したものではなかったといえよう。このことは分権改革という論点が党派的対立に左右される類のものではないことの証でもある。

　しかしそれでも民主党政権によって改革のスピードが速められたことは確かである。2010年に「アクション・プラン―出先機関の原則廃止に向けて」を閣議決定した後，翌11年には地域主権改革関連3法案（「第一次一括法」・「国と地方の協議の場に関する法律」・「地方自治法を一部改正する法律」）を成立させる。これにより「国と地方の協議の場」が正式に法制化されるとともに，国による地方の施策に関する義務づけ・枠づけの見直しが進められた。そして同年には，「第2次一括法」も成立させ，義務づけ・枠づけのさらなる見直しや条例制定権の拡大，都道府県から市町村への権限移譲なども進めた。またさらに，その年度の予算からは一部の補助金の一括交付金化も実現している。あれほど混乱を続けた政権であったことを考えれば，これらの一連の成果は破格のものといってよいかもしれない（北村 2014: 112）。

　このように，この時期における中央―地方関係に関する改革は民主党政権の意外な健闘もあり，かなりの前進をみせた。では，それと並行して進められてきた自治体規模の再編についてはどうだったであろうか。市町村合併に関する動きは，いわゆる「合併新法」が成立した05年ごろから落ち着きをみせはじめ，市町村数の変遷は1800台前半から1700台後半に微減した後，安定するようになった。だがそれでも，08年11月の段階で人口1万人未満の市町村数はまだ

489団体を数え，全体の27.4%を占めていた（総務省 2008）。

　今後，これら小規模自治体の合併が進捗することはあまり望めないとすれば，それに代わる補完システムが必要となる。その点において，注目される動きが08年に総務省が打ち出した「定住自立圏構想」である。これは大都市圏へと人口が集中する現状に歯止めをかけるため，人口が5万人程度以上の都市の中からその意思のある都市を「中心市」として選抜し，それら「中心市」が周辺市町村と協定を結び圏域を構成することで，機能面における補完関係の構築を試みたものである。つまり，「中心市」を機能の集約拠点とみなしたうえで，自治体間の水平補完のネットワークを形成しようとする試みと理解することができる。またさらに，近年では「地方中枢拠点都市構想」として，人口要件などにおいて条件をより厳しくはしているものの，類似の広域都市圏を形成する構想が進められている。

　これら広域圏を形成する試みは，都市機能の集約と自治体間の水平補完の両立を模索したものとも，あるいは自治体の総合性バイアスとその対極にある住民自治の分散志向との妥協の産物とも，みなせるかもしれない。こうした試みがこの後どれだけ定着していくかはまだ定かではないが，制度補完性の新たな形態となりうるか，「二兎追うものは一兎をも得ず」に終わるか，注目されるところである。

4　分権改革──いつまで未完か？──

　分権改革の20年をあらためて振り返ると，そこにはいくつかの特徴を見出すことができる。第1に，それは短期的な政治的対決の結果として実現した改革ではなく，継続的な改革の積み重ねにより達成されてきたものだということである。そして第2に，その改革の動きはいまだ継続中であるということである。地方自治制度は，現在も「制度の改革期」にあり「制度の運営期」に移行していない。

　それでは，なぜ制度の運営期に移行しない（あるいはできない）のか。それは運営期に移行できるだけの制度補完性をそのシステムがまだ形成していないと

いうことではなかろうか。分権化の推進は自治体規模の集約の動きを加速したが，その一方で住民自治の充実を要望する動きは権限の一層の分散を志向する。つまり中央—地方関係の変化を受けて，どのような地方レベルの制度を構築するかは，この「集約」と「分散」に向かう流れの狭間でまだ流動的な状況にあるのである。これをローカル・ガバナンスの構築という点からいえば，地方が中央とどのように資源を共有し，かつそれを自治体レベルの制度，あるいはネットワークにいかに連動させるかがまだ定まらない状態にあるといえよう。だが，ナショナル・レベルにおける改革とローカル・レベルの要望が必ずしも常に一致した方向性を示すとは限らないことは，三位一体の改革の検討などを通してすでにみてきたところである。そのような中で，いかに新たな補完性を構築し自治を実現していくか，今後も注目していく必要がある。

【注】
1) 以下の整理は，金井（2007）に多く拠っている。
2) ただし，これは地方がまったく受動的であることを意味しない。村松・稲継（2003）が指摘するように，分権改革がその成果を具体的にみせはじめる以前から地方には独自に改革を進める動きがあった。ただし，彼らの議論も国レベルの変化の兆候が分権改革以前からあったことは重視しているように思われる。
3) 地方分権推進委員会の「中間報告」の内容を筆者なりに整理した。
4) この点は，地方分権推進委員会の「最終報告」の中で明瞭に語られている。
5) これら委員会が提出した勧告の中，09年の第3次勧告と，そこでの議論の取りまとめに時間がかかりそれとは別に作成されることになった第4次勧告は，民主党の鳩山内閣に提出されている。

【参考文献】
天川晃（1986）「変革の構想—道州制の文脈」大森彌・佐藤誠三郎編『日本の地方政府』東京大学出版会。
村松岐夫・稲継裕昭編（2003）『包括的地方自治ガバナンス改革』東洋経済新報社。
金井利之（2007）『自治制度』東京大学出版会。
北村亘（2009）『地方財政の行政学的分析』有斐閣。
――――（2014）「地域主権改革」伊藤光利・宮本太郎編『民主党政権の挑戦と挫折—その経験から何を学ぶか』日本経済評論社。
木寺元（2012）『地方分権改革の政治学』有斐閣。
神野直彦（1998）『システム改革の政治経済学』岩波書店。

西尾勝（1999）『未完の分権改革』岩波書店。
――――（2001）『行政学〔新版〕』有斐閣。
――――（2007）『地方分権改革』東京大学出版会。
真渕勝（2001）「分権改革と政党」村松岐夫・水口憲人編『分権―何が変わるのか』敬文堂。
アマーブル，ブルーノ（2005）『五つの資本主義』山田鋭夫・原田裕治ほか訳，藤原書店。
総務省（2008）「小規模市町村の状況―団体数，人口，年齢構成，財政状況など」第29次地方制度調査会第23回専門小委員会配布資料。
Heclo, H.（1978）"Issue Networks and the Exuecutive Establishment," *The New American Political System*, ed. King, Anthony, American Enterprize Institute.
Rohdes, R. A. W.（1997）*Understanding Govrenance: policy networks, governance, reflexibility, and accountability*, Open University Press.

第 **6** 章

小規模自治体と圏域における自治体間連携
——地方・「田舎」のローカル・ガバナンスの検討——

水谷　利亮

1　自治体間連携とローカル・ガバナンス

1　本章の課題

　全国約70の町村などでつくる「全国小さくても輝く自治体フォーラムの会」が，2015年7月に第20回のフォーラムの会を長野県栄村で開催した（水谷 2015）。2003年2月に栄村で「第1回小さくても輝く自治体フォーラム」が政府主導の「平成の大合併」に警鐘を鳴らすために開催（自治体問題研究所編 2003）されてから約12年間，小規模町村の有志が町村の自律（自立）に向けて課題や対策を議論し交流し，「自律（自立）した町村づくりの運動へと発展」（全国小さくても輝く自治体フォーラムの会ほか編 2014: 39）して，今日にいたっている。

　「平成の大合併」で市町村数は，1999年3月末の3232から，2010年3月末には1730と約1500が減少したが，人口1万人未満の小規模自治体は459残って，市町村数に占める割合が約4分の1と小さくない。現在（2014年4月5日），市町村数は1718で，市が790，町が745，村が183である[1]。合併特例債などの「アメ」と「地財ショック」ともいわれた交付税大幅抑制などの「ムチ」による合併誘導策にもかかわらず，多くの小規模自治体が残った要因の1つに，先のフォーラムの会が果たした役割・運動もあったと思われる。財政的締めつけの中でも自律（自立）の道を選択した多くの小規模自治体は，現在も「財政破綻」することなく，「住民福祉を維持」し，「優れた地域づくりの成果」をあげて継

続した自治の取り組みを行っている（平岡 2014: 36）。たとえば，先のフォーラムの会に参加している長野県泰阜村では，「むしろ財政改善が進んだという事実」が確認でき，「住民生活を守るための優先順位を明確にした計画と実際の見直しを進めたことや，地域に合った事業やサービスのあり方を追求したことが確認」できるという（平岡 2014: 49）。泰阜村が自律（自立）の取り組みを進めるにあたって長野県による補完・支援があり，小規模自治体を維持するには，「都道府県による補完・支援機能が重要」である（平岡 2014: 36）。

　本章では，このような小規模自治体が存在している実態をもとに，市町村間連携である水平連携と都道府県による市町村支援・補完としての垂直連携など自治体・地方政府間のローカル・ガバナンスとしての自治体間連携を，「都市」とは異なって中山間地域など過疎・高齢化した地域・「田舎」における小規模自治体を含む圏域において実証分析するとともに，自治体間連携を補足・補完するいくつかの議論を整理しながら，自治体間連携のあり方をもとにして市町村からみた府県・市町村関係の類型化モデルを提示したい。その作業を通して，総務省などの「総合行政主体」論に基づく地方自治のあり方とは異なる地方自治のパターン・モデルの存在を明確にすることが目的である。このあとローカル・ガバナンスとしての自治体間連携について確認した後，自治体間連携のあり方の一端を長野県下伊那地域の事例において分析する（第2節）。次に，自治体間連携を補足・補完する議論を整理・分析し，事例分析とつきあわせて自治体間連携をみる視点を広げたい（第3節）。そして自治体間連携のあり方から類型化モデルを提示して，「田舎」における多核的で分散的なローカル・ガバナンスとしての自治体間連携のあり方を考察してみたい（第4節）。

2　ローカル・ガバナンスとしての自治体間連携

　本章では，ローカル・ガバナンスを政府・民間部門間（ヨコ）と諸層の政府間（タテ）における「統治の分有」として理解している（第2章参照）。ここで注目する自治体間連携は，ローカル・ガバナンスにおける「タテ」の「統治の分有」に関することがらである。

　伊藤正次によると（伊藤 2015: 81-82），ローカル・ガバナンス論は，「NPMの

第6章　小規模自治体と圏域における自治体間連携

市場主義的な指向に警戒心をもつ」イギリスや北欧などの行政研究者が,「地域における政府部門と民間部門の連携・協働（公私協働）という様式に着目した点」に「新規性」があったが，アメリカの行政研究では「地域における供給主体が多元的・分散的であることが前提」で,「ローカル・ガバナンスという状態自体」は自明であったという。日本の行政研究では，主に公私協働（ヨコ）に関心をもって「政府部門内の多元的な組織編制」（タテ）に対して十分な関心を寄せず,「『総合行政主体』としての自治体への機能統合を求める日本の地方自治論・地方分権論」は,「行政組織の多元性・分散性を部局間対立の原因として否定的」にとらえて,「自治体の各部局や中央省庁，出先機関等の各種組織が多元的にかかわっているのがむしろ常態である」という実態にあまり注目してこなかったと指摘する。

　そこで伊藤は,「階統型官僚制組織による一元的な統治を理想視する行政学に対し，権力分立の意義」を唱えて「多元的な組織編制に基づく非階統型行政の可能性」を説く V. オストロムの「多核性（polycentricity）」の概念と,「二重化や重複が組織間の相互調節と自己規制を促し，組織間競争を通じた行政の効率化や民主主義の制度的保障につながる」と M. ランドーがいう「冗長性（redundancy）」の概念に注目する。「多核性」と「冗長性」の性質をもった「政府部門内部の組織間の協力体制を構築するための多機関連携」は,「多元的な行政組織編制を前提として関連する政策分野を結びつけるための手法であり，現場で提供される公共サービスの質を高めるための試み」であると考えている（伊藤 2015: 83-86）。

　本章では,「政府部門内の多元的な組織編制」である多機関連携の中で，主として自治体間連携に注目する。ここで自治体間連携とは，市町村間の水平連携・水平補完と，市町村と都道府県間の垂直連携・垂直補完のことであり（森 2012: 207-208），水平連携の具体的な制度には特別地方公共団体である広域連合や一部事務組合と，協定や協約による定住自立圏や連携中枢都市圏などによる連携が含まれる。なお，自治体間連携と概念が重なる言葉として「地方政府間関係」がある。これは「地方政府である府県，市町村，一部事務組合や広域連合のうち，特に府県と市町村，府県間，市町村間の関係のこと」（野田 2012:

184-185）を指すのに対して，ここでの自治体間連携には，それに加えて市町村や府県と広域連合の関係，および定住自立圏や連携中枢都市圏による連携を含み，府県間の関係は本章の関心の外にあるので扱わない。

2　長野県阿智村と下伊那地域の自治システム

この節では，小規模自治体を含む圏域における自治体間連携について，長野県の阿智村と，その圏域の飯田下伊那地域における自治体間連携として南信州広域連合と南信州定住自立圏構想のあり方，そして，阿智村や広域連合に対する長野県・下伊那地方事務所による支援・補完のあり方を整理・分析する。[2]

1　飯田下伊那地域の概要

飯田下伊那地域は，飯田市と下伊那町村会に属する3町10村の14市町村からなる。圏域の面積は1929.19 km^{2}で，香川県や大阪府よりも広い。圏域全体の人口は16万6860人で，高齢化率は30.1％である（2012年10月1日現在で，下伊那地方事務所「平成25年管内概況書」による）。飯田市の人口は10万3947人で圏域人口の約6割を占め，下伊那地域の町村人口の合計が約6万人である（各市町村の人口と高齢化率は，図表1参照）。市町村が山と谷で区切られたような地域で，高齢化率は長野県全体の27.4％より高く，50％を超える村も2つあり，544人の平谷村など人口1万人未満の町村が11あり，典型的な過疎・高齢化地域で「田舎」である。阿智村や根羽村，下條村，泰阜村などは，先の「全国小さくても輝く自治体フォーラムの会」に参加している（全国小さくても輝く自治体フォーラムの会ほか編 2014）。

なお，長野県では，県内全域を10圏域に区分し，各圏域に県の一部個別型総合出先機関の地方事務所（水谷 2007: 266）を設置し，10地方事務所と10広域連合が各々同じ圏域に並存・共存し，県内全市町村が広域連合に組織化されている。そのような府県は他に例をみない。したがって，飯田下伊那地域では，県出先機関の下伊那地方事務所と南信州広域連合や南信州定住自立圏とは圏域を同じくしている。

第6章　小規模自治体と圏域における自治体間連携

図表1　飯田下伊那地域の人口と高齢化率

	人口（人）	高齢化率（％）
飯田市	103,947	28.9
松川町	13,530	29.4
高森町	13,137	28.4
阿南町	5,251	40.2
阿智村	6,884	30.8
喬木村	6,529	31.2
豊丘村	6,737	29.8
平谷村	544	37.3
根羽村	1,050	45.5
下條村	4,100	28.7
売木村	651	45.3
天龍村	1,539	54.5
泰阜村	1,858	37.8
大鹿村	1,103	50.9
圏域全体	166,860	30.1

注：2012年10月1日現在。
出所：長野県下伊那地方事務所「平成25年管内概況書」より筆者作成。

2　阿智村の自律（自立）の取り組み

阿智村は，下伊那郡の西南にあり，西側で岐阜県に接し，標高410mから2191mまでの山間地に60集落が点在し，村内に南信州最大の温泉の昼神温泉がある。現在，『阿智村第5次総合計画　後期基本計画（2013～2017年度）』により，「住民ひとりひとりが人生の質を高められる，持続可能な村づくり」の実現に向けて「協働の村づくり」を進めている。人口は6681人（2014年3月末日現在）であるが，「平成の大合併」の2006年1月に浪合村と，2009年3月に清内路村と小規模自治体同士で阿智村への編入合併を行った[3]。旧清内路村では，「合併後の地域の在り方を含め住民が主体的に研究を進めて」，「ともすれば他力本願に流れがちな合併を，自らの主体的な取り組みの手段として変えていこう」として，村民が「合併による地域の存続と自立」を合い言葉に合併を行っ

たという(桜井・岡庭 2009: 5-9)。

　阿智村の政策と自治のあり方を概観してみよう。阿智村は，若者定住やIターン者の受け入れなど人口減少・集落対策や，子育て支援・教育・次世代育成対策，昼神温泉を核に「日本一の星空の村」として観光業をプラットホームにした産業振興対策などを重点課題としている。村全体を屋根のない博物館とみなして，「足下にある地域資源に目を向けて，地域資源の掘り起こしと研究，利活用により，地域のことを再発見し，地域を好きになり，住み続けたい地域をつくっていくこと」をめざし，住民が楽しみながら地域資源を保存・活用しようとする住民運動である「全村博物館構想」の取り組みは特徴的である(全国小さくても輝く自治体フォーラムの会ほか編 2014: 186-187)。村では，住民主体の協働の村をめざして，自治会や村づくり委員会など住民活動を支援するために協働活動推進課を，編入合併した地区に地域振興や自治会支援・公民館活動・窓口業務を行う浪合振興室と清内路振興室を設置している。

　住民参加の制度として，まず，地域を代表する地縁組織の地区自治会組織として8自治会(明治以来の区単位3，小学校単位3，旧村単位2)があり，行政と対等の関係と位置づけられている。[4]自治会が自らの中・長期計画を立てれば村の計画と同じような扱いをするという。『阿智村第5次総合計画』の後期5か年計画(2013〜2017年度)策定にあたり，自治会ごとの地区計画である『阿智村第5次総合計画　後期基本計画　別冊　地区計画』(2013〜2017年度)が第4次総合計画に引き続き策定された。地区計画には，地区の目標，現状，問題点と課題，将来像，5年間の目標・重点施策，年度別事業計画が明記されている。年度ごとに見直しを行って要望を村に出すと，村の予算編成の中で予算化されることになっている。自治会の実施計画では，地域で実施するもの，村と地域で行うもの，村や県などへ要望するものの3つに区分している。「自治会活動支援金交付要綱」に基づき，村は自治会で自主的に作成した年間計画書に関連する事業実施費用の2分の1を交付金として8自治会に全体で年間約2000万円を支出している。自治会は，阿智村の地域づくり・地方自治において地域内分権の制度として機能し，主体的な住民参加で積極的な地域活動を行っているのである。

　もう1つの住民参加制度は，テーマ横断型の機能組織の「村づくり委員会」

である。村づくり事業を行う5名以上の村民で組織（村外者の参加も可能）されるもので，2013年4月現在で66団体が登録し，具体的に活動している団体は19団体であった。講師の謝金，旅費，資料代，研修参加費などに対して団体に年間10万円を上限に交付し，村全体の予算規模としては年間100万円である。この村づくり委員会の活動から障害者の通所授産施設や図書館がつくられた。

また，浪合地区と清内路地区，および智里西地区には，自治会の役員や産業団体の代表，学識経験者などが委員として参加し，村長の諮問に応じて地域振興などの調査・審議を行う振興協議会が設置されている。

3　南信州広域連合による水平連携——自治体間連携①——

阿智村を含む圏域の飯田下伊那地域における自治体間連携の実際として，広域連合や定住自立圏構想などの広域連携をこれからみていこう。阿智村の前村長によると，これらの広域連携は小規模自治体が「生き残っていくために」「欠かすことができない方策」で，「中心市と周辺町村がそれぞれ自律的な市町村計画を持ち，対等平等に地域の将来を展望しながら，一体的に施策を展開していくこと」が大切であるということである。[5]

長野県の広域連合化においては，以前の10広域市町村圏の存在が影響しており，長野県本庁地方課の強力な指導と各地方事務所の支援があった。地方課が市町村に広域連合化を指導するにあたって，「広域連合は合併に繋げない」，市町村合併の「代わり」だと強調していたという（小原ほか編 2007: 37-39）。

南信州広域連合は，2001年4月に設立された。その処理する事務には，「南信州広域連合規約」によると，消防とゴミ・し尿処理，介護保険や障害者福祉関係の事務，県から権限移譲された事務など圏域の広域行政に関するさまざまな事務が含まれている（図表2）。

南信州広域連合の組織機構には，まず，広域連合議会がある。議員定数は33人で，関係市町村の議会において当該議会議員のうちから選挙される。各市町村への割り当て議員定数は，飯田市12人，松川町3人，高森町3人，阿南町2人，阿智村2人，喬木村2人，豊丘村2人，その他の村は各1人である。人口比率が議席数に直接反映させず，小さい規模の町村にも1人の定数が割り当

図表2　南信州広域連合と南信州定住自立圏における事務

	南信州広域連合の事務	南信州定住自立圏の事務
広域全般	広域連合の区域における広域行政の推進	
地域・交通・ICTインフラ整備	地方拠点都市地域の振興整備	公共交通ネットワークの構築（近隣町村とを結ぶバス路線の確保等）
	広域的な幹線道路網構想および計画の策定ならびに同構想および計画に基づく事業の実施に必要な連絡調整	地域情報共有システムの構築（メール配信システム，地域コミュニティサイト，データ放送システムの構築および運営）
		にぎわい拠点の整備（飯田市中心市街地，名勝天竜峡等のにぎわい創出等，町村に存する多様な観光資源の魅力の向上等）
産業振興		産業センター等の運営等
		鳥獣害防止総合対策
ごみ・し尿処理・環境	ごみ処理施設および粗大ごみ処理施設の広域化計画の策定ならびに同計画に基づく事業の実施	地域ぐるみによる環境関連活動
	ごみ処理施設の設置，管理および運営	
	し尿処理施設の設置，管理および運営	
消防・防災	消防（消防団，消防水利施設および防災計画に関する事務を除く）	
	広域防災計画の実施に必要な連絡調整	
福祉・保健	介護認定審査会の設置および運営	圏域健康計画の策定
	障害程度区分に関する審査および判定を行う審査会の設置および運営	病児・病後児保育事業
	地域生活支援事業としての相談支援事業	成年後見支援センターの設置
	老人ホーム入所判定委員会の設置および運営ならびに入所調整	
	障害者支援施設の設置，管理および運営	
	共同生活援助事業所および共同生活介護事業所の設置，管理および運営	
医療		救急医療体制の確保
		産科医療体制の確保
		規模災害医療救護体制の整備
		飯田下伊那診療情報連携システムism-Linkへの支援
教育・文化		図書館ネットワークシステムの構築

第 6 章 小規模自治体と圏域における自治体間連携

人材育成・研修	市町村間の人事交流の連絡調整	環境・法務・財務会計・税務等の専門研修
		生活機能強化・結びつきやネットワーク強化の取り組みを推進する研修
		圏域外の専門家の招へい
調査・研究	調査研究（広域的な福祉の推進，広域的な地域情報化の推進，大学誘致，その他広域にわたる重要な課題で広域連合長が別に定める事項）	
県からの権限移譲	知事の権限に属する事務の処理の特例に関する条例により広域連合が処理することとされた事務（火薬類の譲渡・譲受・消費の許可等，液化石油ガス設備工事の届出）	

出所：筆者作成。

られ，相対的に飯田市の議員数が少ない。圏域での飯田市の人口割合が約 6 割であるが，議員数割合は約36％である。

執行機関などは，2015年 4 月現在で，広域連合長は飯田市長，副広域連合長は下條村長，副管理者は飯田市副市長，関係町村長は正副広域連合長を除く町村長12名である。広域連合長，副広域連合長，副管理者のラインのもとに事務局（職員数13名），飯田広域消防（217名），飯田環境センター（8 名）がある。その他に，選挙管理委員会（委員 4 名，補充員 4 名）と監査委員（委員 3 名），構成市町村長が参加する広域連合会議，そのラインに副市町村長会，構成市町村の広域連合担当課長による幹事会がある（南信州広域連合 2015）。

広域連合は，地域住民への情報公開の 1 つとして「南信州広域だより」を定期的に発行して，圏域の住民に対する説明責任を果たそうとしている。

南信州広域連合における政治・行政的な調整機能を担う最も重要な意思決定機関は，14市町村長からなる広域連合会議である。オブザーバーとして下伊那地方事務所長や飯田保健福祉事務所長，飯田建設事務所長など圏域にある長野県の出先機関長も参加して，毎月 1 回開催され，広域連合に関する重要事項に関する議論と政治的な調整，実質的な決定が行われている[6]。これにより，長野県の下伊那地方事務所長などは，広域連合に関する重要な情報のほとんどすべてにアクセスできているという。広域連合会議とは別の日に，連合長と副連合長，3 部会長（総務・文教・消防，建設・産業・経済，環境・福祉・医療）といった 5

名の市町村長からなる正副連合長・部会長会議が開かれるので，月に2回は市町村長が集まる場が制度化されている。長野県内の他の広域連合で，ここほど市町村長同士の風通しが良いところはないという。あとでみる定住自立圏構想に関することがらも，広域連合会議で重要な議論・調整，実質的な決定がなされているため，定住自立圏構想が基本的に中心市の飯田市と各町村の1対1の協定であるが，関係のない町村長もすべての協定内容を理解し，圏域の全首長が共通認識をもっているということである。

　事務方の行政的な調整の場としては，介護保険やゴミ処理，広域観光などの事務ごとに14市町村職員による担当者会議があり，必要に応じて適宜開催されているということである。

　なお，市町村間の広域連携を考える場合には，圏域内における市町村同士の力関係が問題となる場合が多いが，南信州広域連合では，必ずしも飯田市が大きな力をもってイニシアティブをとるということではなく，「飯田市と下伊那町村会が対等の力関係」をもち，その枠組みで協働しているというのである（全国小さくても輝く自治体フォーラムの会ほか編 2014: 76)。

　また，南信州広域連合では，圏域としての「政策形成までを広域連合で担えるように」なることを考えており，現在のところ広域連合では3つの部会をもって広域政策の検討が始められているという（全国小さくても輝く自治体フォーラムの会ほか編 2014: 77)。

　広域連合は広域計画を策定しなければならないが，南信州広域連合では市町村の総合計画にならい，第4次広域計画を「基本構想・基本計画」として策定した。[7]地域の将来に大きな影響を及ぼすリニア中央新幹線の駅が飯田市内に設置されることもあり，「基本構想」は，そのような「時代を見据え，当地域のあるべき姿や進むべき方向などについて，当広域連合や広域連合を構成する市町村がそれぞれ担うべき役割や必要な施策の大綱を示したもので，計画期間は平成27年度から平成36年度までの10年間」である。「基本計画」は，「基本構想に基づき，当地域を総合的かつ一体的に整備していくための施策を定めるもので，計画期間は平成27年度から平成31年度までの5年間」である。

　飯田下伊那地域は，「飯田市を中心とした大きな生活圏を形づくりながら，

同時に地域内各地に固有の生活圏」を形づくってきたこともあり,「広域連携あるいは広域的な地域づくりを進めるために,広域連合制度と定住自立圏制度を絡めながら運用」して,「地域の一体的な発展のために共通する課題を取り上げ,必要に応じて関係団体とも連携しながらその解決に取り組んでいる」といった特徴がみられる。この『「基本構想・基本計画」(第4次広域計画)』は,広域計画の域を超えて,圏域の市町村が一体となって現在と将来の課題を見据えて圏域としての政策形成・地域づくりを進めるための行政計画として,政治・行政的な合意を得て策定されたものであると考えられる。

4 南信州定住自立圏構想による水平連携——自治体間連携②——

自治体間連携の2つ目は,南信州定住自立圏構想である。これは,法律に基づく制度ではなく,総務省の要綱に基づくものである。定住自立圏や連携中枢都市圏における協約や連携協定は,広域連合などの広域連携でみられた「『機構ベース』の発想を離れ,地域が主体となって『政策ベース』で課題解決に取り組むスキーム」であり,「自治体・地域が創意工夫を凝らして人口減少・超高齢社会に対処していくためのツール」(伊藤 2015a: 56)として,機能的・機動的に自治体間連携を進めることができる余地があるものである。

飯田市は,2009年3月24日,飯田市議会において「中心市宣言」を行い,定住自立圏の事務局を飯田市の企画課においている。現在,第2期の長野県飯田市『南信州定住自立圏 共生ビジョン』(2013年3月27日)に基づき,2014年度から2018年度の期間の取り組みを行っている。そこで取り組んでいる事業には,①生活機能の強化に係る「医療」の政策分野としては救急医療体制の確保や産科医療体制の確保,「福祉」は病児・病後児保育事業,成年後見支援センターの設置,「産業振興」では産業センター等の運営など,②結びつきやネットワークの強化に係る政策分野,③圏域マネジメント能力の強化に係る政策分野における事業がある(詳しくは,図表2参照)。

定住自立圏に取り組む市町村に対する中央政府の財政支援としては,2014年度から大幅に拡充された包括的財政措置として中心市に8500万円程度と近隣市町村に1500万円が配分される特別交付税など,[8] 手厚い財政措置があることは市

町村には魅力である。

　当初は定住自立圏の導入にあたって町村の各議会では，飯田市に吸収されていく政策だという反対意見があったが，南信州広域連合の広域連合会議などで議論して，個々の町村と飯田市が個別で協議をしないで，調整は下伊那町村会として行うということで議会の賛成を得た（全国小さくても輝く自治体フォーラムの会ほか編 2014: 76-77）。町村長たちには，手厚い財政措置があることも賛成の理由となったという。一方で，中心市である飯田市の考えでは，下伊那地域の町村は飯田市の都市機能に支えられ，飯田市は圏域町村の存在によって成り立っており，「圏域町村の個性を尊重していこうというのが飯田市のスタンス」で，「広域連合で頻繁に顔を合わせていることから，首長同士の信頼関係は厚い」ことが基盤となって，現在も定住自立圏が推進されているということである（月刊ガバナンス編集部 2013: 34）。

　南信州定住自立圏構想は，「広域連合や一部事務組合では共同して行うには負担が重いという場合に，これまでの広域行政よりは少し敷居が低く，部分的な水平補完」であり，「あくまでも，広域連合などと府県の補完という政策を基本とすべきだ」と考えられている（全国小さくても輝く自治体フォーラムの会ほか編 2014: 84）。

5　長野県・下伊那地方事務所による垂直連携——自治体間連携③——

　長野県は，「平成の大合併」後で人口1万人未満の小規模自治体の割合が北海道と高知県に次いで3番目に多く，続いて福島県，奈良県となる。長野県では，81市町村のうち43が人口1万人未満の自治体で，その割合が53.1％（2008年11月1日現在）である。長野県で合併が進まなかった要因の1つに，当時の田中県政が合併する・しないにかかわらず市町村に対して行った県の支援・補完政策である「市町村『自律』支援プログラム」の影響があった。この長野県の垂直補完の特徴は，「地域のコミュニティの活性化を最重要の政策課題として置いていること」と，あくまでも市町村同士の「水平補完をカバーするものという位置づけ」がなされていることで，「近接・補完性の原理」からみて優れていると指摘されている（森 2015: 72-73）。

その支援策の1つとして，泰阜村や栄村をはじめ小規模町村の財政分析と財政シミュレーションを本庁市町村課や当該圏域にある地方事務所が町村と共に行い，小規模町村が「合併しなくても行政運営をしていける道はあることを明らかに」する「自律（自立）プラン」づくりがあった（全国小さくても輝く自治体フォーラムの会ほか 2014: 39）。市町村の広域的な行政ニーズに対応するために，既存の広域連合制度や一部事務組合の充実・強化に向けた調査・研究支援なども行われた。市町村と比べて府県の情報量がかなり多く，職員数の多さや専門性の違いから府県の方が行政力量は高いので，市町村支援を府県が実施することには一定の意義がある（森 2010: 168-179）。また，長野県の「人的支援」としては，2004年度から新たに県・市町村職員相互交流派遣と自律町村支援のための県職員派遣で合計152名の県職員が市町村に派遣された。2005年度121名，2006年度135名であったが，田中知事が落選して村井県政になった2007年度は99名，2008年度47名と急減した。

長野県の「財政的支援」として，「集落創生交付金」から「コモンズ支援金」に変更され，その後現在に続く「地域発 元気づくり支援金」がある。「活力あふれる輝く長野県づくりを進めるため，市町村や公共的団体が住民とともに，自らの知恵と工夫により自主的，主体的に取り組む地域の元気を生み出すモデル的で発展性のある事業に対して」交付され，対象事業は広く地域づくり一般であり，交付対象が市町村，広域連合，一部事務組合，公共的団体などとなっていることである。単年度総額は約10億円で[10]，10地方事務所長の各配分枠内での裁量経費で，各選定委員会の審査を経て決定される。下伊那地方事務所の圏域予算は，2015年度は1次交付決定額と2次内示額の合計89件に約1億1200万円で，申請者区分別選定状況をみると市町村20件，広域連合1件，公共的団体68件である。この交付金には，市町村や広域連合に対する県・県出先機関による支援・補完機能があると考えられる。

府県本庁だけでなく府県出先機関・下伊那地方事務所の市町村などへの支援・補完機能も，圏域の自治体間連携を支える重要な要素の1つである。

知事への下伊那地方事務所長による施策提案事業として採択された事業により，2012年度に下伊那地方事務所が南信州広域連合と共催・相互支援関係で

行った「飯伊地域の地域づくり基礎調査」が報告書にまとめられた。この調査目的は、「飯伊地域の土地利用、交通体系、産業の現状を地図や図表で把握して、今後の課題や取組を整理することにより、リニア中央新幹線や三遠南信自動車道の整備効果が広域的な発展に繋がるよう、地域が一体となって、地域づくりに取り組むことを提案する」ことである[11]。この内容は、南信州広域連合の『「基本構想・基本計画」(第4次広域計画)』に反映された。同時並行で県が『長野県総合5か年計画2013―しあわせ信州創造プラン』の地域版の策定を行っていたこともあり、そこにも基礎調査の内容は反映された。広域連合と県の計画策定の両方の基盤になる調査を、県の地方事務所と広域連合が協働して行い、圏域の広域連合会議などを通して市町村・広域連合と地方事務所などが圏域の地域政策の計画策定において自治体間連携を行っていたといえる。

　また、下伊那地方事務所は、2015年度の下伊那地方事務所圏域の「地域発元気づくり支援金」に南信州広域連合の「南信州の一体的な観光PR」事業を採択した。これは、長野県の広域連合に対する財政支援であり、観光事業関係者が広く参画して一体的に活動する観光振興組織が圏域にないので、観光振興に関して長野県・下伊那地方事務所と市町村、広域連合、民間団体が企画段階から参画・連携して南信州全体の観光PRやブランド発信を行う事業である。

　さらに、長野県本庁文化財・生涯学習課が2015年度の補助事業（300万円定額補助）で、「地域固有の文化・伝統・歴史の結晶である伝統行事（芸能）を次世代に継承するため、国・県指定の無形民俗文化財の宝庫である飯伊地域をモデルとして、継承意識の醸成や担い手人材確保等の取組」の支援を目的とした「地域で守る伝統行事（芸能）継承モデル事業」を行っている。2015年7月に南信州伝統芸能継承推進協議会を南信州広域連合が事務局となり設立した。構成メンバーは、市町村、市町村教育委員会、飯田市美術博物館、伝統行事団体代表、長野県（下伊那地方事務所，教育委員会）などで、圏域における市町村と広域連合、長野県本庁・地方事務所、民間団体が連携する事業である。

　長野県の下伊那地方事務所としては、圏域の地方自治に取り組むにあたって、「広域連合と地方事務所は車の両輪」であり、「広域連合は地方事務所にとってなくてはならない存在」であるということである[12]。

6 小 括

　飯田下伊那地域では，広域連合制度が導入されて合併という手段は積極的にはとらず，飯田市と下伊那町村会13町村が水平連携を活用して各市町村の自律(自立)した自治の取り組みを行ってきた。近年導入された自治体間連携の仕組みの定住自立圏構想にも，飯田下伊那地域の市町村が広域連合を補完するものとして導入し取り組んできた。並行して，市町村や広域連合に対する長野県の支援・補完機能は，圏域を管轄する県の一部個別型総合出先機関である下伊那地方事務所が現場で主に担っていた。阿智村などでは，地域内分権ともいえる自治会などによる総合的な地域づくりの取り組みが活発に行われていた。[13]

3　小規模自治体を含む圏域のローカル・ガバナンス論

1　自治体間連携に対する賛否両論

　前節の連携の現実を起点にすると，「比較的小規模な市町村が，相互に連携し合うことによって，行財政能力や政策形成能力の不足を補い，地域社会の行政需要に応えて」いる地方自治の実態が確認できる(阿部 2010: 179)。「平地と同じ原理で森林山間地域の自治体を考え，地域運営の責任を負わすのではなく，国土保全の視点から」，小規模自治体にとって「機能別広域化」である水平連携の必要性に加え，「都道府県やあるいは国からの補完という垂直軸(重層)を考える必要」も指摘されている(岩崎 2000: 288-289)。「公共的な活動を多元的なアクターの間で分担・共有するガバナンスが，これまでとは異なる発想のもとで，市町村の能力を高める新たな切り札」として，ローカル・ガバナンスとしての自治体間連携を積極的に評価する考え方がある。

　他方で，広域連合などの水平連携は，「議員や執行機関の選出方式は間接的であり，住民は，各構成団体を通じてしかコントロール」できないという民主的統制の間接性の問題や，「寄り合い所帯」であるために決定や判断は「構成団体間の『外交交渉』を通じた合意形成」によるので「意思決定の迅速性に欠ける」こと，「事務処理主体と財源拠出主体の乖離」があるため住民からは「間接統制」となり説明責任の不明確さが生じるなどから，「自治体は総合行政

主体でなければならない」といった考え方もある（市川 2011: 200-202）。

また，地方制度調査会答申をみると，第27次の答申で「総合行政主体」以外の市町村は「合併」という考え方があり，第29次では「定住自立圏構想」が推奨され，第30次では定住自立圏に加えて連携中枢都市圏などの自治体間連携も選択肢となる広域行政の時代が到来した，というように変遷している。横道清孝は，日本では，「市町村の役割の増大には，基本的には市町村合併という方法で対処してきたが，大合併と大合併の間には広域行政も行われ」，「大合併（明治の大合併）→広域行政（組合）→大合併（昭和の大合併）→広域行政（広域行政圏）→大合併（平成の大合併）と，大合併と広域行政が繰り返されてきた」という（横道 2010: 15）。しかし，飯田下伊那地域の事例からは，少なくとも，昭和の大合併以降，基本的には広域行政が深化していったと考えられる。合併と広域行政の繰り返しという指摘は，国や総務省の側からみた視点で，地方・「田舎」における地方自治の実態とは必ずしも重ならない。

このように自治体間連携に関しては賛否両論があり，地方制度調査会の答申でも変遷がみられた。この節では，実態として機能している小規模自治体の自律（自立）した自治のあり方とそれを含む圏域の自治体間連携のあり方をふまえて，自治体間連携を補足・補完するいくつかの議論に注目することでローカル・ガバナンス論に関する議論を深めて，その視野を広げたい。

2　基礎的自治体レベルの多層化と「小さい自治の連合」型

まず，加茂利男による基礎的自治体レベルの多層化に関する議論をみよう。

加茂は，先進諸国の基礎的自治体レベルの区域再編成政策についてハヴェリの議論を引用し，「実質的な選択肢は『合併か，小規模自治体の維持か』ではなく，『合併かネットワーク自治体（自治体間連携）か』」で，「合併志向でない専門家たちはむしろデモクラシーやアイデンティティとサービス供給の能力・効率を両立させる方法として自治体間協力を想定して」いるという。先進国の自治体の区域と自治体間関係は，「『合併・統合型自治』と『自立・連合』型自治を両極とする再編成の過程に入っている」という（加茂2010: 8）。

日本や他の先進諸国でも，基礎的自治体レベルの公共サービス・事務は2層

化しており,「(1)住民,特に高齢者や子供など,第一次的な生活圏を中心に暮らしている人たちの暮らしを支える公共サービス（保育・小学校,在宅介護など）は小さい『自治・公共圏』（旧町村やコミュニティ）で,(2)上下水道・廃棄物処理・消防・公共交通・道路など,ハードで規模の利益が働く仕事は,より大きな行政圏で処理されるようになって」おり,「住民生活に最も密着した事務と,規模の利益が働く広域大規模事務とが二つの層を成している」というのである（加茂 2010: 20-21）。

そして,日本の基礎的自治体レベルの制度設計とその多層化について,「大は小を兼ねる」型（「地制調」モデル）と「小さい自治の連合」型（フランスモデル）といった2層制モデルを提示した（加茂 2006: 10-13）。区分のポイントは,「どの層の行政主体を基礎的自治体と考えるか」で,「規模・効率」と「近接性・アイデンティティ」という「二つの要請のいずれを重視するか,また両者のバランスをどう考えるか」によるという。「大は小を兼ねる」型は,「階層Ⅰ（広域・大規模）」が「包括的基礎自治体」でハードや規模の利益が働く政策を中心に担い,住区などの近隣自治政府・「階層Ⅱ（狭域）」が,窓口事務,まちづくり,コミュニティ・サービスなどを担うものである。「平成の大合併」における「包括的基礎自治体」の概念は,「大は小を兼ねる」型と重なり合い,「近接性」の原則を軽視して「補完性」原理を強調する傾向があり,最も基礎的な近接団体をより広域的な団体に吸収するものであるという。

それに対して「小さい自治の連合」型では,住民,特に高齢者や子どもなど第1次的な生活圏を中心に暮らす人たちの生活を支える公共サービスを基礎的自治体である「小さな基礎的自治体（狭域）」が担い,道路,上下水道,廃棄物処理,消防,介護認定,公共交通などは「自治体連合（広域・大規模）」が担う。「近接性」と「補完性」の原則が謳われている「ヨーロッパ地方自治憲章」の考え方と共通する面をもつということである。

飯田下伊那地域でみた自治システムは「小さい自治の連合」型の特色をもち,「平成の大合併」に翻弄されることなく各市町村が自律（自立）した地方自治で「近接性」の原則を重視して身近なところで多様な地域課題に対応するとともに,南信州広域連合や南信州定住自立圏構想などを「補完性」により活用

して規模の利益が働く政策を提供していたといえる。

3　府県出先機関による抑制・媒介・参加の機能

　地方自治には抑制・媒介・参加の機能があり（辻 1976），府県，特に総合型の出先機関をもつ府県では，府県出先機関が圏域において知事の権限に属する事務全般にわたって地域的に分掌し，府県総体としての地方自治の抑制・媒介・参加の機能を本庁と複合あるいは本庁を補完しながら圏域において担っていると筆者は指摘したことがある（水谷 2011）。飯田下伊那地域の市町村に対する支援・補完機能を日常的に担っていたのは，長野市にある長野県本庁よりも飯田市にある一部個別型総合出先機関・下伊那地方事務所である。長野県・下伊那地方事務所が南信州広域連合に対しても垂直連携を行っていたので，下伊那地方事務所が圏域において地方自治の3機能を担いながら，市町村や広域連合と府県との垂直連携で重要な機能・役割を担っているといえる。

　なお，小規模自治体と府県との自治体間連携に関して，奈良県では「奈良モデル」として「基礎自治体が主役」で「県は市町村を助ける役割に徹する」という考え方のもと，技術面で市町村が弱い行政分野を「県が調整役」となって水平連携を進め，「県が直接肩代わりする」垂直連携もはかっている（小西 2013）。府県と市町村による自治体間連携の1つのモデルとして注目されている。

4　「自治の総量」論

　自治体間連携を補足・補完する3つ目の議論に磯部力による「自治の総量」論（磯部 1993: 36-38）がある。「自治の総量」の「総量」とは，「単に自治事務の量だけでなく，中央政府とは区別された自治システムの総体としてのパフォーマンスのこと」で，「憲法の要求している『地方自治の本旨』に沿った自治組織とは，従前の経緯からしても，伝統的な『市町村プラス都道府県』の自治の総量を標準として」いるという。「ある区域に存する自治体全体（都道府県＋市町村）の国との関係における『自治の総量（量的なことだけでなく質的な充実も含む）』の拡充こそが第一課題」であり，「自治制度内部におけるその配分は

機能的に対処可能」で,「小規模な基礎自治体の役割の一部を広域自治体が補完したり,大規模基礎自治体が広域自治体の役割の一部を担ったりすることは,各地域の自治の総量を損なうものではない」という[15]。

また,「自治の総量は,各自治体の実力の足し算で得られる総和にとどまるのではなく,むしろ自治政府間の協力や競争という掛け算によって得られるもの」と考えて,「いかに実力を持った一層制の都市があったとしても標準的な二層制のもつ自治の厚みにはかなわないことになるし,いたずらに自治体の層を増加させても,効率性を失うことによって,自治のパフォーマンスはかえって低下することになる」という（磯部 1993: 37）。

「自治の総量」論では,阿智村のような小規模自治体も自明の存在であり,市町村や府県・府県出先機関との自治体間連携による「自治の総量」を考える議論でもあると考えられる。また,国との関係で「ある区域に存する自治体全体（都道府県＋市町村）」の「自治の総量」の拡充が課題であるということで,1つの府県の区域で,たとえば長野県と長野県内のすべての市町村との「自治の総量」を1つの単位として,その拡大を考えているのかもしれない。ただ,本章の関心からは,飯田下伊那地域を1単位と考えて,長野県本庁の当該圏域における「自治の量」と下伊那地方事務所などの府県出先機関プラス14市町村それぞれの「自治の量」,さらに広域連合と定住自立圏構想による「自治の量」,および自治会などのコミュニティにおける「自治の量」が加わって,それらの総体を飯田下伊那地域における「自治の総量」と考えたい（水谷 2007）。

5　地域圏における「圏域自治」と「連合自治」

広域連合制度の導入背景に,「地域の活性化や支え合いを含む地域の力そのものを高めていく」ために,「地域の一体性を成り立たせている圏域」において「それを一つとして眺め,あるいはとらえる主体」を形成することが不可欠だとの認識があったことから,広域連合を「圏域を一つとしてgovernする主体」としてとらえる視点が必要であるという指摘がある（辻山 1999: 18, 26）。これは,「平成の大合併」で後景に追いやられた広域連合を,単なる執行機関ではなく,「圏域の自治体」として再評価する見方であると考えられる。

神原勝は，これからの市町村レベルの自治は，「それぞれの市町村の個別ないし単位自治と市町村が協力して政策を行う連合自治の，二つの要素からなると考えなければならない」という (神原 2012: 19)。そして，「自治体間協力」である「連合自治」は，「制度的・非制度的を問わず，地理的な空間を一体的に共有している自治体が行う『地縁連合』と，政策目的を共有して隣接しない自治体が協力関係を築く『機能連合』」に区分する。ただ，日本の地方自治においては，「『広域行政』という言葉はあっても『広域自治』という言葉は使われないように，一つの自治体の範囲をこえて，広い範囲で市民が協力して自治を行うという認識やその方法は，自治の価値としてはあまり重んじられなかった」という。それに対して「ヨーロッパ地方自治憲章では，連合自治権に積極的価値を付与しているように，これに沿って各国は自国の自治制度のなかでさまざまなかたちの連合自治を工夫している」と指摘する (神原 2012: 20)。

辻山と神原の議論から，「自治体間協力」・自治体間連携のエリアとして「連合自治」の圏域を設定し，そこでの広域連合などを，「連合自治権」をもつ主体である「圏域の自治体」として再評価する視点が浮かび上がってくる。

6 「圏域自治」とデモクラシー

これまでの議論をふまえて，自治体間連携を含む圏域における自治の空間としての「圏域自治」という視点とデモクラシーの問題についてみておきたい。

飯田下伊那圏域では，市町村，広域連合，長野県・地方事務所が圏域の地方自治システムのなかで主要なアクターとなって，自治体間連携を活用しながら「自治の総量」の拡充に向けて協働し，時には利害の競合もあった。そのような自治体間連携のネットワーク状況をイメージしたのが，図表3である。

この圏域の自治システムは，重層的な構造をもっている。各市町村による基礎的自治体の自治の領域と，府県・府県出先機関による広域的自治体の自治の領域の2層を核にして，その中間に広域連合や定住自立圏などの水平連携が行われる「連合自治」の圏域・領域と，市町村内の支所や自治会などによる地域内分権・コミュニティの領域もあり，圏域全体は4層構造になっていると考えられる。それぞれの領域の各アクターによる「自治の量」を圏域において統

図表3　小規模自治体を取り巻く自治体間連携のイメージ

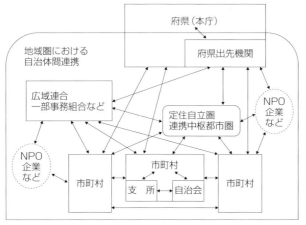

出所：筆者作成。

合・総合したものが，理念的には圏域の「自治の総量」である。その「自治の総量」を形成している4層構造からなる圏域における自治体間連携による自治を「圏域自治」ととらえる視点をここで提示しておきたい。

　ドイツの自治体間連携の分析でも，自治体間協力が自治体にとって「効率と自立の両立をはかる仕組みとして注目」されており，そこでの成功条件の1つとして「自治体トップのリーダーシップ」が指摘されている（野田 2010: 48-50）。この統治においても住民の「決定への参加と権力の民主的コントロール」の問題は重要である。日本における自治体間連携において，「連合自治」の圏域を設定して広域連合などを「圏域の自治体」として再評価するとするならば，そこでの住民参加や権力の民主的コントロールの問題は同様にやはり重要である。南信州広域連合でも，市町村長が参加し，地方事務所長など府県出先機関の所長もオブザーバー参加する広域連合会議で活発な議論が行われ，参加者の共通認識を深める努力を行うことを通して意見の集約や実質的な決定がなされていた。そこでは，住民や各市町村議会への説明責任や民主的統制が，各首長のリーダーシップと連合議会の各議員などに依存する形となっており，民主的統制の手段を工夫する余地がまだ残されている。

また，自治体間連携では，自治体間のパワーバランスの問題もつきまとう。「広域的な連携を行っていても，構成自治体の中で，人口規模の比率が大きく異なる場合，周囲の小規模町村が中心市に依存するような連携になりがちで」(山岸 2012: 102)，「合併すれば周辺部は荒廃する恐れがあるが，しかし合併しなければ中心部へ依存せねばならない」ことになる (堀内 2012: 90)。飯田下伊那地域では，「飯田市と下伊那町村会が対等の力関係」をもち，その枠組で協働する工夫をしていたが，それでも下伊那町村会内部の町村間のパワーバランスの問題が全く解消されたわけでもない。

　自治体間連携とデモクラシーのあり方，市町村間のパワーバランスのあり方に関する考察を深めることは，今後も不可欠である。

4　自治体間連携の類型化と地方・「田舎」のローカル・ガバナンス

　ここで，圏域の自治体間連携のあり方をもとにして市町村からみた府県・市町村関係の類型化モデルを「分離―融合」軸と「集中―分散」軸とを組み合わせて提示することで，飯田下伊那地域など地方・「田舎」におけるローカル・ガバナンスの特色の一端を明らかにしてみたい。

　日本の中央・地方政府間関係のあり方を類型化するのに，「集権・分権」軸と「融合・分離」軸，「集中・分散」軸の組み合わせが使われてきた (西尾 2007: 8-13)。ここでは，圏域において市町村と府県などが織り成す自治体間連携のあり方と関連して「集中・分散」軸と「融合・分離」軸を組み合わせて市町村からみた府県・市町村関係の類型化を試みる。[16] 自治体間連携における「集中・分散」とは，市町村が直接果たすべき「機能の大小に関する概念」で，市町村が水平連携で広域連合や定住自立圏など他の機関や制度に公的サービスの執行権限を移譲している度合いが，より多い場合が「分散」的で，その逆で市町村が執行権限を直接に多くもっている場合が「集中」的であるとする。「融合・分離」は，府県と市町村が垂直連携により「どの程度協働して公的サービスを提供するかという，機能面の協働度ないし重複度に関する基準」で，市町村が所管する政策領域であっても府県が市町村を支援・補完して重複・協働す

第6章　小規模自治体と圏域における自治体間連携

図表4　自治体間連携のあり方からみた市町村の類型化イメージ

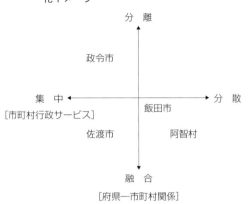

出所：筆者作成。

る度合いが大きい場合は「融合」的で，市町村が所管する政策領域に対して府県が協働・重複する度合いが小さい場合が「分離」的であるとする。そうすると，**図表4**のように，市町村間の水平連携のあり方をみる「集中―分散」軸と，市町村と府県・府県出先機関との垂直連携のあり方をみる「分離―融合」軸をかけ合わせて，市町村のあり方を4つに区分する類型化モデルができる。

飯田下伊那地域では，阿智村など圏域の市町村は南信州広域連合や定住自立圏構想といった水平連携の仕組みを積極的に活用して事務の共同化を行っていたので「分散」的である。長野県，特に下伊那地方事務所が圏域の町村に対して支援・補完機能を一定程度果たしていたし，そもそも圏域の市町村の保健事務は長野県の保健所が担当し，町村の福祉事務所の事務も県の福祉事務所が担当しているので，「融合」的である。地方・「田舎」の市町村である阿智村などは，**図表4**の第4象限に分類され，自治体間連携のあり方からみて分散・融合型の特徴をもっていると考えられる。なお，飯田市は「分散」的ではあるが，実際に定住自立圏構想のほとんどの事務を町村に代わって担当していたので，阿智村などより相対的に左側の「集中」側により，長野県や下伊那地方事務所による支援・補完は圏域の町村より少ないので，阿智村より相対的に上側で

「分離」側によると思われる。

「田舎」にあっても，たとえば佐渡市は[17]，2004年に佐渡島内10市町村が一島一市で合併した「大は小を兼ねる」型（「地制調」モデル）の基礎的自治体であり，新潟県の出先機関の佐渡地域振興局が一定程度の補完機能を果たしていると考えられるので，集中・融合型として**図表4**の第3象限に類型化される。

それに対して政令市などは，典型的な「総合的な行政主体」で，府県との関係で「分離」を求めて「自己完結的に処理できる仕組みにしたい」（真渕 2009: 391）こともあり「集中」的で，府県との関係で「二重行政」などが指摘される場合（水谷ほか 2015）もあるが，普通市よりも府県から権限移譲を多く受けて「分離」的である。政令市は**図表4**の第2象限に分類され，集中・分離型であると考えられる。

以上のことから，阿智村は，広域連合制度や定住自立圏構想による水平連携と長野県や県地方事務所の支援・補完による垂直連携を活用した圏域自治と個別自治とを組み合わせることで，自治体の自律（自立）を維持していたといえる。したがって，「田舎」圏域にある小規模自治体などは，都市圏域にある集中・分離型の政令市などの総合行政主体とは異なって分散・融合型で，自治体間連携による連携型自治によって特徴づけられる面があるとの仮説が成り立つと考えられる。

最後に，今後の課題についてふれておきたい。この章でみた事例は，府県出先機関と広域連合，定住自立圏といった圏域がすべて重複するという点で自治体間連携の圏域としては珍しいので，この事例を一般化するには限界がある。他圏域の自治体間連携では，府県出先機関と広域連合，定住自立圏などの圏域が入り組んでおり同一でない場合が多い。そのような圏域における分析を行うことが，まずは課題である。また，この章では，自治体間連携とデモクラシーとの関連をほとんど考察できていない。広域連合や定住自立圏などの制度によって小規模自治体の自治が現実に支えられているが，それらに対する住民の関心や理解があまり深まっておらず，水平連携による「連合自治」や圏域における総体としての自治をとらえる「圏域自治」といった視点もまだ成熟していない。その内実をデモクラシーの視点から深めていくことで自治体間連携が民

第 6 章 小規模自治体と圏域における自治体間連携

主的な自治システムとして機能し，「冗長性」が「二重行政」とならずに効果的・効率的なローカル・ガバナンスとしての自治体間連携となるための条件を明らかにすることも今後の課題である。

＊　本研究の一部は，JSPS 科研費（26380179）の助成を受けたものである。

【注】
1) 総務省資料「『平成の合併』について（2010年 3 月 5 日）」および同「市町村数の変遷と明治・昭和の大合併の特徴」(http://www.soumu.go.jp/gapei/gapei2.html, last visited, 30 August 2015) 参照。
2) この節は，参考文献の他に，飯田市役所企画課，南信州広域連合事務局，長野県下伊那地方事務所商工観光課・地域政策課（以上，2015年 7 月23～24日），阿智村役場総務課・協働活動推進課（同年 7 月30日）に対するヒアリング調査内容による。
3) 阿智村ウェブサイト「阿智村の概要」(http://www.vill.achi.nagano.jp/soshiki/2/2009-06-post-51.html, last visited, 29 October 2015) 参照。
4) 以下は，阿智村行政資料「自治，自立，協働の村」(2013年11月)，阿智村『阿智村第 5 次総合計画　後期基本計画』(2013～2017年度)，上中関区自治会・中関区自治会・駒場区自治会・伍和自治会・智里東自治協議会・智里西地区自治会・浪合自治会・清内路自治会『阿智村第 5 次総合計画　後期基本計画　別冊　地区計画』(2013～2017年度)，阿智村役場総務課・協働活動推進課におけるヒアリング調査などの内容による。
5) 阿智村行政資料（岡庭村長「定住自立圏構想を考える―飯田下伊那地域から〔2009年 9 月〕」）による。
6) 南信州広域連合事務局におけるヒアリング調査の内容による。
7) 同上，および南信州広域連合『「基本構想・基本計画」（第 4 次広域計画）』(2015年 3 月) による。
8) 総務省ウェブサイト「定住自立圏構想」(http://www.soumu.go.jp/main_so siki/kenkyu/teizyu/, last visited, 30 August 2015) 参照。
9) 第29次地方制度調査会第23回専門小委員会（2009年 3 月11日開催）資料「小規模市町村の状況」による。
10) 長野県行政資料「平成27年度　地域発　元気づくり支援金の概要」，下伊那地方事務所行政資料「平成27年度　地域発　元気づくり支援金【南信州地域（ 2 次分）】30事業が内定しました」(2015年 7 月16日) による。
11) 長野県下伊那地方事務所・南信州広域連合「飯伊地域の地域づくり基礎調査報告書―これからも　みんなで」(2013年 3 月) および長野県下伊那地方事務所地域政策課におけるヒアリング調査の内容による。
12) 同上，下伊那地方事務所地域政策課におけるヒアリング調査内容による。

13) 飯田市においても「地域自治組織制度」により地域内分権を積極的に進めている（飯田市行政資料「飯田市の地域自治組織制度」および飯田市役所ムトスまちづくり推進課〔2015年7月31日〕におけるヒアリング調査の内容による）。
14) 第27次地方制度調査会（2003）『今後の地方自治制度のあり方に関する答申』，第29次地方制度調査会（2009）『今後の基礎自治体及び監査・議会制度のあり方に関する答申』，第30次地方制度調査会（2013）『大都市制度の改革及び基礎自治体の行政サービス提供体制に関する答申』による。
15) この文節は，第27次地方制度調査会第27回専門小委員会（2003年8月18日）における磯部力のメモ「『地方自治の本旨』について」による。
16) 自治体間連携のあり方に関する「集中・分散」軸と「融合・分離」軸の説明は，中央政府と地方政府の関係に関する建林らの議論を援用した（建林ほか 2008: 300-301）。
17) 佐渡市ウェブサイト「佐渡市の概要」および新潟県佐渡地域振興局ウェブサイト（https://www.city.sado.niigata.jp/admin/profile/index/index.shtml, http://www.pref.niigata.lg.jp/sado/, last visited, 29 October 2015）参照。

【参考文献】
阿部昌樹（2010）「自治体間競争と自治体間連携―日本」加茂利男・稲継裕昭・永井史男編著『自治体間連携の国際比較』ミネルヴァ書房。
磯部力（1993）「『分権の中味』と『自治の総量』」『ジュリスト』1031号，31-38頁。
市川喜崇（2011）「都道府県の性格と機能―公的ガバナンスにおける政府間関係」新川達郎編著『公的ガバナンスの動態研究―政府の作動様式の変容』ミネルヴァ書房。
伊藤正次（2015a）「自治体間連携の時代？―歴史的文脈を解きほぐす」『都市問題』106巻2号，48-57頁。
─── （2015b）「多機関連携としてのローカル・ガバナンス―就労支援行政における可能性」宇野重規・五百旗頭薫編『ローカルからの再出発』有斐閣。
岩崎美紀子編著（2000）『市町村の規模と能力』ぎょうせい。
神原勝（2012）「小規模自治体と連合自治の形成―合併問題から見えてきた自治の新たなかたち」『ガバナンス』139号，18-20頁。
加茂利男（2006）「地方自治制度改革のゆくえ」日本地方自治学会編『自治体二層制と地方自治』敬文堂。
─── （2010）「自治体の合併と連合―地方自治改革の国際比較」加茂ほか編著『自治体間連携の国際比較』ミネルヴァ書房。
月刊ガバナンス編集部（2013）「広域連合の信頼関係を基盤に定住自立圏を推進：長野県飯田市」『ガバナンス』142号，34-36頁。
小西砂千夫（2013）「『奈良モデル』で定着する県と市町村の連携と信頼関係（奈良県）」『ガバナンス』152号，39-41頁。
小原隆治・長野県地方自治研究センター編（2007）『平成大合併と広域連合―長野県広域行政の実証分析』公人社。

第 6 章　小規模自治体と圏域における自治体間連携

桜井久江・岡庭一雄（2009）「さらば清内路村，そして新しい阿智村へ（その１）」『信州自治研』208号，5-9頁。
自治体問題研究所編（2003）『ここに自治の灯をともして―小さくても輝く自治体フォーラム報告集』自治体研究社。
全国小さくても輝く自治体フォーラムの会・自治体問題研究所編（2014）『小さい自治体輝く自治―「平成の大合併」と「フォーラムの会」』自治体研究社。
建林正彦・曽我謙悟・待鳥聡史（2008）『比較政治制度論』有斐閣。
辻清明（1976）『日本の地方自治』岩波書店。
辻山幸宜（1999）「広域連合の現状と論点―効率性と圏域自治の観点から」『都市問題』第90巻第3号，15-26頁。
野田昌吾（2010）「ガバナンス改革時代の地方行政と自治体間連携―ヨーロッパ」加茂ほか編著『自治体間連携の国際比較』ミネルヴァ書房。
西尾勝（2007）『地方分権改革』東京大学出版会。
野田遊（2012）「地方政府間関係と自治」真山達志編著『ローカル・ガバメント論―地方行政のルネサンス』ミネルヴァ書房。
平岡和久（2014）「ポスト『平成の合併』における小規模自治体と府県の役割を考える」『季刊自治と分権』55号，36-50頁。
堀内匠（2012）「長野県における市町村広域連合のその後―『平成の合併』による変化を中心に」『自治総研』400号，66-91頁。
真渕勝（2009）『行政学』有斐閣。
水谷利亮（2007）「府県の出先機関機能と『自治の総量』」大阪市立大学法学会『法学雑誌』第54巻第2号，262-306頁。
―――（2011）「府県の本庁・出先機関関係と地域的分権」『立命館法学』5・6号，1440-1465頁。
―――（2015）「第20回『小さくても輝く自治体フォーラム in 栄村』報告―『小さくても輝く自治体』の今後の発展にむけて」『住民と自治』2015年9月号，36-38頁。
水谷利亮・平岡和久（2015）「『二重行政』の予備的考察―府県と政令市の事例をもとにして」『下関市立大学論集』59巻1号，31-44頁。
南信州広域連合（2015）『平成27年度　南信州広域連合の現況』（2015年5月1日調製）。
森裕亮（2012）「基礎自治体間の事務処理連携とその課題」真山達志編著『ローカル・ガバメント論―地方行政のルネサンス』ミネルヴァ書房。
森裕之（2010）「小規模自治体と県の役割―長野県を例にして」村上博・自治体問題研究所編『都道府県は時代遅れになったのか？都道府県の役割を再確認する』自治体研究社。
―――（2015）「都道府県による垂直補完の課題」『都市問題』106巻2号，67-74頁。
山岸絵美理（2012）「町村における広域行政の展望―平成の大合併後の町村のあり方」『政治学研究論集』36号，87-105頁。
横道清孝（2010）「日本における新しい広域行政政策」自治体国際化協会・比較地方自治研究センター『アップ・ツー・デートな自治関係の動きに関する資料』6号。

第7章

コミュニティ・ガバナンスの困難
―― ある地域自治区の挑戦から ――

栗本　裕見

1　狭域での課題解決への関心

　近年，1つの自治体の中を区切り，「まちづくり協議会」のような地域運営を担う組織の設立が活発化し，「第2次コミュニティブーム」ともいうべき状況が現れている（小田切 2007）。たとえば，日本都市センターによる全国812市を対象とした調査では，自治会・町内会などの地域内の団体を結集した組織である「協議会型住民自治組織」をもつ市は50.1％にのぼっている。協議会型住民自治組織をもつ市のうち，21.0％は1989年以前に設立を始めているが，2005年から2009年に設立を開始したのは30.2％，2010年以降は23.4％となっており，ゼロ年代後半以降に集中している。住民に身近な地域に設立されたこれらの組織は，まちづくりへの参加，防災，安全確保，環境美化・清掃，親睦行事など多様なテーマで活動している（日本都市センター 2014: 162-260）。こうした組織はさまざまな呼び名で表現されているが，ここでは「地域自治組織」という言葉を用いることにする。

　論者によって強調点は異なるが，地域自治組織に期待されているのは，子ども，高齢者など社会的弱者に対する支援サービス，防災，地域の生活環境維持など，地域の課題を住民自らが発見し，解決に向けた取り組みを実践することである。高齢社会，人口減少，災害リスクの増大などによる公共サービスへのニーズの拡大と，縮小する政府部門とのすき間に生じた「新しい公共空間」の

担い手となることが期待されているといってよいだろう。

　ガバナンス論では，政府，とりわけ国民国家レベルの政府が担ってきた公共の利益実現において，その対象や手法が変化し，担い手が多様化してきたことを，統治の変化として注目する（新川 2011: 6）。この点からみれば，地域自治組織とそこでの住民の実践が広がっているという動向は，統治の狭域への分有であり，ガバナンスの変化の一環だととらえることができる。本章では，このような動向を「コミュニティ・ガバナンス」と呼んでおきたい。

　本書全体のテーマである「ローカル・ガバナンス」も国民国家の下方への分岐であるが，本章では，自治体の区域をローカル，それをさらに区切った狭域のエリアをコミュニティとする。つまり，ローカルの空間の内部にコミュニティが含まれている関係としておきたい。[1]

　コミュニティは生活に密着し，住宅供給，雇用，都市の空間利用など，社会経済的変化にともなう公共サービスのニーズが顕在化する空間である。それゆえ，コミュニティを舞台に地域での公共的課題を解決し，さらには地域の再生につなげようとする動きは以前から存在した。1960年代に始まるアメリカのコミュニティ開発法人の活動や，イギリスの都市再生政策などはその例である。

　このような狭域をターゲットとした課題解決の動きは，グローバル化の進展によって一層高まっていった。国境を超えた資本の移動は，人の移動と雇用の流動化，国家の財政基盤の弱体化を招く。かつてのように，定型的なライフサイクルを前提にしたリスクを，国民国家によるナショナル・ミニマムの保障によってカバーする仕組みは脆弱になってきている。人々のリスクが多様化，個別化している一方，国民国家の側の対応能力が低下しているからである（宮本 2009）。そして，コミュニティ・ガバナンスには，社会的排除の状況にある人々を，経済的，社会的，政治的に包摂する機能も求められている。1990年代末のニューレイバー以降のイギリスで展開した，地域戦略パートナーシップ（LSP）や近隣地域再生基金（NRF）のような狭域に焦点をあてた政策がその典型であるが，日本における第2次コミュニティブームもこうした潮流の一環と理解することができる。

　冒頭に示したように，地域自治組織の制度化を通じたコミュニティ・ガバナ

ンスの構築は政策的関心を集め，多くの自治体での制度化が広がりつつある。しかし，同時に導入に際しては批判も聞かれる。たとえば，既存の自治会・町内会などの地域団体と地理的範囲やメンバーが重なるとして「屋上屋を重ねる」といった声が出ることも多い。新しい制度が機能せず，かえって地域の負担を増やすのではないかという懸念である。

　こうした実践的な問いに答えるには研究の蓄積が不十分であるといわざるをえない。現在は，制度が波及する過程にあるために，自治体での制度設計とアウトプットである活動実績に焦点をあてて紹介を行うアプローチが研究の中心であった。とはいえ，制度の導入だけがアウトプットを規定するわけではなく，当然その成功を保証するものでもない。協働に関する研究で指摘されたのと同様に，地域自治組織についても，理論と実践の乖離や構造的な問題を指摘する研究はこれからの課題である（小田切 2014: 3）。

　本章では，新たに導入された地域自治組織の実態についての事例研究を行うことを通じて，日本のコミュニティ・ガバナンスの課題を指摘したい。その際には，地域内部での認知の共有に着目する。欧米と異なり，日本の地域自治組織においては，基本的に地域内での団体間競争が存在せず，ガバナンスを構成するネットワークが，競争を媒介にしてパフォーマンス向上を図るというメカニズムが働かない。このような条件の下では，競争に代わるものとして，地域課題についての認知の共有が重要になると考えられる。認知が共有されることで，団体間の協力関係や課題解決に向けた活動すなわちアウトプットの質の向上につながるという道筋が想定できるからである。そこで，事例研究では地域内の認知の共有と地域内連携の構築という観点から地域内過程をあとづけ，検討を行うことにする。

　以下ではまず，日本でのコミュニティ・ガバナンスを取り巻く制度的基盤を整理し（第2節），そのうえで，具体的な事例として上越市浦川原区の地域内過程を紹介する（第3節）そして，事例からの知見をもとにして，地域内の認知の変化を通じたコミュニティ・ガバナンス構築の可能性について検討を行う（第4節）。

2　削減の時代におけるコミュニティ・ガバナンス

1　自治体の区域問題と地域社会の再編

　1990年代後半以降進められてきた地方分権改革は，狭域でのガバナンス構築にも影響を与えた。地方分権改革では，当初「受け皿」論を棚上げし，まずは市町村への分権を実現するという方向で進められていたが，やがてその方針は否定され，市町村合併の推進に舵を切った。地域自治組織は，その過程で登場した。第27次地方制度調査会の答申を受けて，2004年には地方自治法に地域自治区（一般）が，合併特例法に合併特例区，および地域自治区（特例）の制度が設けられた。地域自治区の地域協議会，合併特例区の合併特例区協議会は，住民が参加する議論の場であり，諮問への答申や意見具申の権限を付与された。

　公共政策過程における意思決定局面への参加拡大を実現する仕組みが公式の制度となったという点では，地域自治組織の制度化は，本書の藤井論文（第5章）が指摘するように，自治体の「集約」にともなう地域への「分権」ともいうべきものであった。だが，統治の分有すなわち民間アクターの統治への関与という角度から光をあてれば，この「分権」はもう少し複雑な側面をもっている。それは，自治体の区域問題の中で繰り返されてきたパターンの踏襲という継続の面と，財政危機が顕在化し，削減の時代に突入する中で表れてきた変化の面である。まず，継続の面から整理しておきたい。

　繰り返されてきたパターンとは，区域問題が地域社会の再編成を引き起こすというものである。ここには，日本における政府と市民社会組織の関係の特質と，自治体の区域問題の2つがかかわっている。

　日本の政府と市民社会組織の間には，西欧で一般的にみられる政府とそこから自立した市民社会組織という関係とは異なる関係が存在している。東アジアや東南アジアと同様に，政府の強い影響の下で組織が形成され，それらの組織が政府と人々をつなぎ，政策目標を遂行する機能を果たす「行政媒介（straddle）」という関係が成り立っている（Read 2009: 13）。

　自治会・町内会と自治体行政との関係は，その典型である。自治会・町内会

は生活環境の維持管理や親睦など共同社会を維持するための多様な活動と，行政情報の伝達や地域の意見のとりまとめなど幅広い活動を行ってきた。領域性をもち，住民を包括的に組織する自治会・町内会を中心とする地域団体が，地域共同管理と行政媒介を行うのが，日本のコミュニティ・ガバナンスの基本的な形態であった（中田 1994: 13-20）。行政の事務事業について中央政府と地方政府の間に存在する「融合」と同じ構造が，行政媒介という形で自治体行政と地域社会の間にも存在していたということができるだろう（日高 2009: 120-122）。

このような融合関係は，日本の地方行政が近代化の当初から，地域生活にともなう共同性を基礎にした地域のまとまりを取り込んできたところに端を発している。戦前の町内会はその過程で広がり，1940年には戦時体制の遂行のために，内務省によって制度化されるまでになった（宇野 2015: 18-32）。戦後，町内会は解散させられたが，占領終了とともに各地で復活し，自治会・町内会は日本のほとんどの地域に存在している。

共同生活での必要性と政府による地域の組織化の合成物として地域団体がつくられ，その団体を基盤にコミュニティ・ガバナンスが構築されるというパターンは，戦後も継続した。占領期の終わりごろから社会福祉協議会などの機能集団が自治会・町内会を基盤に組織化され，自治体の担当部署との間に事業委託や補助金を通じて密接な関係を形成した。中央地方関係における機能的集権化に相当する組織化が地域社会にも広がっていった（市川 2012: 202-212）。

このような経緯で形成されてきた地域社会と自治体行政との関係は，2つの特徴を生み出した。1つは，地域内の団体間関係において，自治会・町内会が地域内のさまざまな団体の基盤となることである。そしてもう1つは，公私間の関係についてである。ここでは，専ら行政側が地域における公私の役割分担のイニシアチブをもつという特徴が形成された（鳥越 1994: 61-66）。日本最大の市民社会組織である自治会・町内会は，行政の強い影響の下で，ガバナンスの一翼を担ってきたのである[2]。

もう1つの，区域問題は日本の自治制度における「総合性」とかかわっている。日本の自治制度においては，省庁のタテ割りの弊害を緩和する機能が必要であり，それが（府県を含む）自治体の総合行政によって達成されている。だ

が，社会経済状況の変化によってその総合性が満たされないという問題認識が浮上すると，受け皿としての区域問題が生じる。そして，区域問題は常に規模拡大＝市町村合併の方向で処理されている（金井 2007: 89-120）。

　市町村の規模拡大としての区域問題は，近接性の動揺を招き，いわば反作用として狭域の区域問題を引き起こす（栗本 2011）。その場合，住民に身近な区域への行政組織の配置と地域社会における受け皿組織の再編成が行われる。「昭和の合併」を振り返れば，前者は合併前の区域での支所・出張所の設置によって，後者は校区レベルの自治会・町内会連合会の創設によって対処された。自治会・町内会の連合組織は，圧力団体としての機能を高めるとともに，行政からの包括的委託の受け皿となり，行政媒介の役割を担うことになった（山崎 2014: 5; 日高 2011: 211）。

　同様に考えれば，「平成の合併」においては，住民に身近な区域への行政組織の配置として，地域自治区や合併特例区の事務所が，地域社会での受け皿組織の再編成として地域協議会や合併協議会がおかれたととらえることができるだろう。

2　削減の時代と「協働」

　しかし，地域協議会や合併協議会という地域社会の再編にかかわる仕組みは，「昭和の合併」時とは明らかに異なっている。「昭和の合併」で創設された自治会・町内会の連合組織は，行政媒介機能の受け皿として実務的な役割を担っているが，あくまでも民間の組織であり，行政との関係は個別的な委託関係を除けば制度的な根拠をもっていない。それと比較すれば，地域協議会や合併特例区協議会が法制度に書き込まれていること，地域での議論をもとに意思決定を行う機関として位置づけられていることは大きな違いだといえる。

　意思決定への参加がクローズアップされる背景にあったのは，財政問題であった。国・地方ともに財政状況が悪化する中，2000年には行政改革推進本部が設置され，さらに小泉首相が「構造改革」路線を打ち出したことによって，行政改革の流れが加速した。2002年には「骨太の方針」に「三位一体の改革」が掲げられ，地方交付税制度の改革が打ち出された。意思決定への住民参加の

拡大は，こうした財政削減の動きが活発化する状況のもとで進められていった。周知のとおり，地方財政危機は，市町村合併に拍車をかけ，区域問題とも連動した。

　2001年，地方分権推進委員会の最終報告書は，政府の財政危機を強調したうえで，住民の政策決定過程への積極的参画を進めるとともに，受益と負担の均衡に基づいた行政サービスを取捨選択し，行政サービス以外のものについては地域社会やNPOが担う「協働」の必要性を訴えていた。地域自治組織は，削減の時代の中で，住民自身が行政サービスを取捨選択するために政策決定過程に参加する仕組みであり，削減という負の財の配分であるからこそ，制度化によって意思決定の正統性が担保される必要があるというのが背景にある論理であった。[3]

　他方で，財政問題からはサービス供給の仕組みとしての「協働」の制度化をはかる動きも生まれた。最初に脚光を浴びたのは，テーマ型の市民社会組織であった。90年代末に特定非営利活動促進法（NPO法）が成立したこともあり，自治体とNPO法人などテーマ型の市民活動団体が協力して公共的課題を解決する協働が注目を集めた（久住 1997）。だが，地方分権推進委員会最終報告書にみるように，2000年代に入ると，「住民」「コミュニティ」もまた行政との協働の対象，すなわちサービスの担い手として位置づけられるようになった。自治体の中には，自治基本条例など独自のルールに基づいて，地域での事業を担う地域団体結集型の組織を地域自治組織として制度化するところが登場した。名張市や伊賀市のように，地域自治組織に使途の制約が少ない包括的資金を交付する自治体も現れた。こうした動向は，区域問題による地域社会の再編成という従来のパターンを踏襲している部分もあるが，受け皿団体の制度化やそこへの資源集約などを通じて地域課題に対応したサービス供給体制を構築しようとする点で，新しいものであった。

　地方分権改革の中で区域問題がテーマとして浮上し，そこに財政問題が加わることで，地域社会の再編成にこれまでと違った要素が付け加えられた。地域共同管理と行政媒介といった従来から担ってきた機能に加え，地域での公共サービスをめぐる意思決定そしてサービスの供給がコミュニティ・ガバナンス

に期待されるようになった。地域自治組織とは，地域での意思決定と実行の仕組みを制度化することで，削減の時代における公共サービスに関する自己決定と自己執行を促そうとしたものだと理解することができる。

3 地域活動の深化と地域内の認知

地域社会は，果たしてこのような期待に応えることができるのだろうか。軽々に可否を判断すべきではないが，ひとまず論理的なアプローチで，その可能性を考えてみたい。

日本都市センターの調査では，自治体が地域コミュニティに期待する活動テーマとして，地域の防災や安全確保，親睦やスポーツ・レクリエーション，地域の環境維持，地域福祉・介護・保健活動などが上位を占めている（日本都市センター 2014: 188）。家庭や地域社会の変容の中で，「子育てや介護の分野に代表されるように，従来型の自助，共助では対応することが困難な生活課題，地域課題」に対応することが求められ，多様な活動が生み出されているといってよいだろう（地方自治研究機構 2010: 13）。その場合，高齢者への見守りや，地域防災で避難行動要支援者の情報の把握と管理のように，「行事」としての地域活動ではなく，活動の頻度を増すことや体系化が要請される[4]。いわば，従来からの活動のあり方を見直し，地域活動の深化が求められるのである。

欧米においてコミュニティ・ガバナンスが論じられる場合，政府部門とは別に独立した市民社会部門があり，そこでは必要に応じてさまざまなアソシエーションが自発的に生成・消滅することが前提となっている[5]。ハーストの結社民主主義論が典型的に示すように，市民社会部門にはアソシエーションの自由市場ともいうべきものの存在が想定されている（Hirst 1994: 1-43; 福地 1999）。個々の市民は加入や脱退の自由をもっているため，アソシエーションの間には潜在的な競争関係が成立し，個々のアソシエーションは競争，住み分け，協力といった戦術を用いながら生存をはかっている。これにより，アソシエーションのメンバーへの応答性が高まり，そのアウトプットの質が改善される。つまり，欧米のコミュニティ・ガバナンスでは，アソシエーション間の競争が活動の深化のメカニズムとして埋め込まれており，それが地域の多様なニーズを反

映することを可能にする。そこでは，ニーズをもち応答性の高いアウトプットを求める市民が，アソシエーションを統制するという関係が成り立っている。

　ひるがえって，日本の地域自治組織にはそのような条件は備わっていない。意思決定を重視した制度にせよ，実行組織に力点をおく制度にせよ，組織の基盤となっているのは，自治会・町内会をはじめとする既存の地域団体であり，地域住民が加入や脱退の自由を行使することは容易ではない。また，地域自治組織が制度化される場合には，区域内で複数の地域自治組織が競合することは認められない。さらに，NPO法人の都市部への集中にみられるように，アソシエーションの自由市場が事実上存在しない地域も多い。多様なニーズが地域内に存在したとしても，「競争を通じて」地域自治組織が活動を変化させ，活動の深化をはかるというメカニズムに期待することは難しいといわざるをえない。

　むしろ，日本の現状は，地域自治組織が自己決定，自己執行という条件のもとで活動しているのであり，そこでは「共有資源」管理の問題に近い状況があらわれているとみることができる。オストロムは，排除性が低く競合性が高い財を共有資源とし，その管理についての議論を行い，資源の持続的な利用のためには過剰利用を抑制するルールと，資源そのものの産出や再生を進める労務供給が必要と主張した。この議論では，管理される財が経済学的に特定の性質をもつことが出発点となっているが，それを社会学的に拡張する可能性を示したのが高村学人である。

　高村は，日本の都市における共有資源管理の可能性についての実証研究を行い，伝統的地域共同体が存在しない都市部においても共有資源の適切な管理が可能であると指摘する。たとえば，都市部の地域公園が，公園を活用したイベントを機に結成された住民の自主管理グループによって適切に管理されているケースは，次のように説明される。日本の地域は自治会・町内会などの地域団体によって組織されており，その緩やかな紐帯を基礎に公園でイベントが開かれ，そのことがきっかけになって自発的な管理グループが結成される。グループの管理活動は住民からの可視性が高く，有形無形の評価がグループに向けられる。グループのメンバーはそれを原動力として管理活動を持続させる（高村

2012: 11-33, 55-79)。ルール設定と労務提供を管理グループが行い，モニタリングを地域住民および管理グループが担うことで，公園の管理が持続している。

　ここでポイントとなるのは，公園が地域にとっての共有資源であるという認知の共有である。管理グループが生まれる前は，公園は（これまで以上の）管理の必要な資源だと多くの住民が意識していたわけではないと考えられるが，イベントを機に，特定の住民が認知を変えて活動をはじめる。それが可視化される中で地域全体にグループと同様の認知が共有され，活動の継続と環境の維持が実現する。

　これを敷衍すれば，望ましい方向での認知が住民の間に広く共有されることで，住民の行動，ひいては地域のネットワークのアウトプットを深化させる可能性があることを示唆している。地域自治組織においても，災害など多くの住民にとって不利益だと感じられる事態が生じたときに危機感が共有され，地域内の連携，望ましいアウトプットに結びつくケースが確認されている（栗本2012）。地域自治組織が望ましい形で機能するためには，それ以前のコミュニティ・ガバナンスの下で形成されてきた地域団体自身の行動を見直す必要があり，それを実現するには，地域内の課題に対する人々の認知の変更が１つの鍵だと考えられるのである。

　次節では，１つの地域自治区を事例に認知の変更の問題を検討する。取りあげるのは，新潟県上越市浦川原区である。上越市は，2005年の市町村合併を機に地域自治区を設置し，地域協議会委員の選任に際して「準公選制」を導入し，公共的意思決定に参加する場に正統性を付与しようとする「参加型」の制度を導入したことで知られている（名和田 2009: 31-32）。上越市では地域活動を実施する組織は特に制度化を行わず，意思決定局面への参加に特化した制度設計を行っている。

　一方，浦川原では合併後の地域に必要な事業を担う受け皿として住民の合意のもとに独自の「住民組織」が設立され，地域全体では課題設定を担う部門と実行を担う部門が設けられている。つまり，浦川原では従来からの地域団体である町内会に加えて，新たに意思決定のための仕組みと実行組織が設けられる形で，地域自治組織としての体裁が整えられている。意思決定と実行が別組織

になっていること，地域協議会が高齢社会や人口減少など地域自治組織に対応が期待されている課題に強い関心をもっていることの2つの特徴を備えている。このため，地域協議会の問題関心や課題設定が共有されるプロセスおよび，地域協議会，住民組織，町内会の連携構築およびそのアウトプットを観察することが可能になる。また，浦川原には地域内にNPOなどはほとんどなく，地域で設立した住民組織以外に新たな担い手を期待することが難しい点で，多くの日本の地域と共通点をもっている。その意味で，浦川原の事例は少数事例ではあるが，そこからの知見は他の多くの地域にとっても参考になると考えられる。

浦川原区の地域内連携とそれがもたらした地域自治組織のアウトプットについてはすでにいくつかの研究がある（徳久 2010; 荒木 2013）。本章は先行研究で取り上げられた後の状況を含めて，地域内での認知の共有および連携の構築に焦点をあてて地域内過程を辿り，認知の共有の問題を考えたい。

3 コミュニティ・ガバナンス構築への模索——上越市浦川原区——[6]

1 浦川原村の廃止と地域協議会の福祉的関心（2005〜08年）

上越市浦川原区は人口約3800人，高齢化率は約31％である。幹線道路が区域内を東西に通り，直江津方面への通勤圏域となっている一方，山間部も抱えており，高齢化や人口減少が進行している。

2005年，上越市との合併を機に，浦川原区は地域自治区（当初は合併特例法上の地域自治区，後に地方自治法上の一般制度の地域自治区）となり，行政の事務所として総合事務所，審議機関として12人で構成される浦川原区地域協議会が設置された。地域協議会は，現在3期目の委員が就任しているが，投票で選ばれたのは第1期委員のみである。第2期，第3期委員については，村内の4つの地区から選ばれた人数は同じである（4つの地区にはかつてそれぞれ小学校が置かれていた。地域協議会委員は月影地区1名，下保倉地区5名，末広地区2名，中保倉地区4名である）。

地域協議会は，発足当初から高齢化や人口減少の中でどう地域づくりをする

かに関心を寄せていた。合併前に浦川原村が村内35の集落（町内会）すべてに担当職員をつけて策定を進めていた「集落づくり支援計画」の推進や，集落単位での自主防災組織の結成促進などをテーマに議論が行われた。地域協議会がスタートした時点から，こうした問題関心をもっていたことは特筆すべきことである。合併から間もない時点では，地域協議会は廃止された自治体の住民利益を市に伝える「議会」としての役割をもつという認識が強かったことを考えれば，利害の代弁だけでなく，地域内部の課題に目を向け，地域に訴えかけようとする姿勢は大きな特徴であった。[7] 地域の担い手づくりに関して，地域協議会が町内会を支援することも議論されるなど，他団体との連携の必要性も意識されていた。

ただし，この時期にはそれ以上の関係構築は進まなかった。地域協議会の中では町内会への調査とその結果に基づく支援がアイデアとしては提示されたが，町内会への具体的なアプローチは行われなかった。地域協議会が町内会にどこまで関与できるのかという懸念の声があがり，それ以上踏み込んだ議論にならなかった。町内会側は，村役場の廃止と町内会長の嘱託制が廃止されるという変化に直面した時期であり，こちらも積極的に連携を求める動きはみられなかった。さらに，住民組織である「NPO夢あふれるまち浦川原（以下，NPO夢）」は，地域協議会や町内会，総合事務所との距離をとる方向で運営が行われていた。NPOとしては，村の廃止が将来的に行政サービスの縮小につながることを見越したうえで，将来サービスニーズが明確になったときに対応できるような余力を残しておきたいという考えから，自律性の確保を重視する立場をとっていた。NPO夢は町内会と重複する活動を避け，行政からの委託事業にも消極的な姿勢をとっていた。三者はそれぞれ独立して活動しているにとどまり，地域の課題についての認識の共有および連携は形成されなかった。

2　住民組織の危機と地域づくり振興会議の設立（2009～12年）

地域内での連携をまず意識したのは地域協議会である。2008年，地域協議会は区内各地で地域協議会を行う「出前地域協議会」をスタートした。これは，地域協議会を住民に知ってもらうためのもので，地域協議会後には住民との懇

談会を行い，自由に意見を述べてもらう機会を設けるといった工夫も試みられた。

2009年2月，総合事務所の支援を得て，地域協議会，NPO夢，町内会長連絡協議会が会するフォーラムが開催された。これを機に，2009年度にはこの三者と総合事務所が集まり，地域内の連携・協働を進める方策が検討されるようになった。翌2010年5月，三者で構成される「浦川原区地域づくり振興会議（以下，振興会議）」が設立された。総合事務所がなかだちとなって，連携のための場が設定されることになった。

振興会議設立の背景には，NPO夢の経営危機問題があった。自律性を重視する運営方針があだとなり，設立当初には約1500人であった会員を，1000人を割り込むまでに減らしていた。NPO夢には，合併前に浦川原村から2000万円の資金が寄付されており，資金の不足はそれで補てんされていたが，それを続けることも困難になり，問題が表面化した。振興会議設立の過程では，NPO夢の経営危機を救うために，各世帯が資金を出して支える仕組みが可能かどうかを議論した。当時の総合事務所の担当職員のアイデアをもとに，各世帯が「地域振興協力金」を拠出して振興会議の構成団体であるNPO夢の事業支援資金として配分するというスキームが提示され，三者での合意が成立した。

しかし，各町内会への説明では反対の声があがった。浦川原区全体では反対が多数を占めたわけではないが，NPO夢の活動内容の周知不足や，世帯の拠出金額についての不満が表明された。結局，振興会議の設立では合意したものの，地域振興協力金は折り合いがつかず，設立総会の場で，①NPOの会費，支援ではないこと，②振興会議自体の運営資金という性格のものであるという説明を付加することで了承された。町内会長がとりまとめて振興会議に納めることになった負担金も，当初案の1世帯2000円から「1世帯1000円程度」となった。NPO夢の経営問題が，地域の危機として認識され，批判の声を含みながらも三者を結びつけ，振興会議と地域振興協力金が実現した。

三者を結びつけたもう1つのきっかけは，浦川原村がつくった温泉施設「霧が岳温泉ゆあみ（以下，ゆあみ）」の経営問題であった。この施設はすでに合併前から赤字が問題となっていたのだが，合併後の地域協議会でも早い段階から

問題となっていた。2007年には第1期の地域協議会でゆあみの検討部会が，その後第2期地域協議会の下でゆあみ再生検討委員会を設置し，住民の意見を聞く場も設けられた。そして，2010年2月に施設存続を求める意見書を上越市長に提出した。住民の中には施設存続に批判的な声もあったが，地域協議会は地域の活性化や高齢者の憩いの場となる可能性を主張し，民間事業者の力を活用して再生をはかる方向を打ち出した。2009年度末には，地域協議会や総合事務所がNPO夢にゆあみの食堂テナントになることを打診し，NPOはこれを承諾した。

2010年度から，NPO夢は温泉施設の管理と食堂運営に取り組むとともに，この年からはじまった市の地域活動支援事業を利用し，高齢者を対象とした福祉サービス事業を開始した。地域活動支援事業は，地域活動の活性化を図るために導入されたものである。地域からの事業提案を募り，地域協議会が審査し，地域自治区に割り当てられた補助金を配分するものである。2010年度，地域協議会は，NPO夢が提案した2つの事業に対して，区に割り当てられた610万円のうち520万円を配分した。

その1つが「高齢者生活サポート＆ゆあみ再生事業」である。高齢者を年会費1000円の「おたっしゃクラブ」に組織し，会員にゆあみでのレクリエーションや生活相談，昼食や送迎などのサービスを安価で提供して，ゆあみの利用と高齢者へのサービス提供を進めるものである。クラブの会員は，もう1つの「高齢者医療機関等送迎サービス」も利用できる。これは，地元タクシー会社と提携し，低額の利用者負担で自宅から希望する病院等への送迎を行う事業である。送迎サービスへの期待もあり，おたっしゃクラブは300人以上の登録者を集めた。これまでNPO夢は，駅の整備や文化事業，地域間交流，農業文化の伝達などに取り組んでいたが，これ以降は福祉的なサービス提供者として地域にアピールする方向に転じた。

この時期には，NPO夢の経営問題をきっかけに三者の協力関係がスタートするとともに，地域協議会の福祉的関心がNPO夢に共有され，ゆあみを拠点とした高齢者へのサービスというアウトプットに結びついた。

3 地域内連携の不安定化？（2012年〜）

2012年7月，振興会議は発展的解消という形で解散した。振興会議の発足で，各世帯からのNPO夢への資金支援は実現した。しかし，地域の主だった団体と総合事務所が一堂に会し，地域の振興発展をはかるために議論するという面では，十分な結果を残したとは言い難い。振興会議をどう位置づけるかについてのイメージの違いがあったからである。関係団体トップなど比較的少人数を核にした機動的な戦略会議としてとらえる見解と，事前に各団体の意見をとりまとめたうえで，各団体の立場を出し合って調整する場だとする見解とが地域内で併存していた。事務局を担当したNPO夢がゆあみ再生や地域活動支援事業に力を割いていたこともあり，会議の開催頻度は落ちていった。結局「団体間の調整の場は必要であるが，大規模な会議は不要」ということで解散となった。これ以後，「戦略会議」と呼ばれる機動性の高い会議のみが開かれることとなった（荒木 2013: 135）。振興会議は設立に総合事務所が関与したこともあり，比較的公式性の高い場であったが，そうした場がなくなると三者の恒常的な接点は失われ，地域協議会の問題関心が地域に浸透する機会は減っていくことになる。

NPO夢の運営も再び困難に直面していた。地域振興協力金には地域の8割以上の世帯が協力し，年間約100万円の資金が集まった。しかし，負担額が当初案の半額となったこともあり，十分な額とはいえなかった。振興会議解散以後は，その地域振興協力金も中断した。NPO夢は委託事業や補助事業に活路を見出そうとしたが，経営の改善は難しかった。ゆあみについては，老朽化や他の施設との競合もあって，利用者は伸び悩み，施設としての再生も厳しい状況であった。おたっしゃクラブの会員数も減少し，NPO夢の活動は地域からみえにくくなっていた。

2013年，当初7月に予定されていたNPO夢の総会は流会した。その後，町内会長連絡協議会にNPO夢への支援決議を出してもらい，ようやく総会が開催された。町内会全体としてはNPO夢への支援継続の方向で固まっていたが，NPOに批判的な目を向ける意見もあったという。総会ではNPO夢の組織改革を最優先課題とすることを決定し，組織改革推進委員会が発足した。委

員会は，NPO夢と町内会との連携を強め，地域から世帯会費を（値上げした形で）集めて財政基盤を安定させる方針を改めて打ち出した。そして，2014年度，ゆあみ再生を手がけていた理事長は退任して，ゆあみ支配人として施設経営に専念することになった。NPO夢は4つの地区からの理事8人で組織改革を進めることになり，NPOの運営はゆあみ経営と切り離された。

　2014年度の地域活動支援事業の審査では，NPO夢の事業提案に対し，これまでの経緯から支援を継続すべきという意見と，ゆあみを人質にとっているのではないかという厳しい意見がともに出された。地域協議会内でもゆあみを活用した福祉的な事業の維持・拡大に疑問を呈する声が現れた。この時期には，前項で現れた三者の協力関係に動揺がみられるとともに，施設とNPOの両方の経営問題が，地域協議会の課題設定が地域へ浸透する際の足かせとなった。

4　2つの共同性の葛藤──事例からの示唆──

　浦川原区の地域内過程からは，地域協議会がもっていた高齢化と人口減少への福祉的対応という問題関心の浸透が容易ではないことがみえてくる。地域の中には，2つの異なる「共同性」ともいうべきものが存在しているからである。

　1つは，町内会によるNPO支援という関係の中にみられる共同性である。町内会の中には，地域振興協力金への反発や，NPO夢のゆあみ再生事業への批判の声もあったが，多数派にはならず，経営危機の発覚以降，町内会はNPO夢への支援を変えなかった。NPO夢は設立の経緯こそ村主導ではなかったものの，最終的には村から多額の寄付を受け，設立時には人口の4割以上が個人会員として加入した団体であった。NPO夢は，人々にとって，かつて村が主催していたイベントを継続し，村としてのまとまりを維持する役割を担う「浦川原村の」財産ともいうべき存在であった。そこには，村時代からの継続性を求める，「古い共同性」と呼ぶことができるような意識があったといえよう。それは，これまでの地域共同管理や行政媒介の積み重ねの中で形成されてきた共同性であった。

　これに対して，もう1つの共同性は，地域協議会が表明してきた高齢化や人

口減少への対応が必要だという課題設定である。地域自治組織での意思決定は，究極的には「地域社会で何が共同の事業とされるべきか」と「公助の領域はどこからか」を明らかにする作業である。そして，その中から生み出されるのは，いわば削減の時代の「新しい共同性」である（宗野 2010: 160）。地域協議会は，2010年度からの5年間に，浦川原区の地域活動支援事業の配分総額の61.7％を NPO 夢による高齢者へのサービスおよびゆあみ再生関連事業に配分した。地域協議会が NPO 夢をパートナーに，地域の住民と共有しようとしたのは，この新しい共同性であった。NPO 夢の側も，経営改善のための積極事業展開以上に，地域の高齢者の潜在的なニーズに対応したいという意向をもっていた。

地域全体としてみれば，現時点では，町内会と NPO 夢という古い共同性を基礎にしたネットワークと，地域協議会と NPO 夢との間にある新しい共同性を基礎にしたネットワークの2つが併存している。共に NPO 夢を実行組織として共有するネットワークだが，地域協議会の問題関心が NPO 夢を通じて町内会に浸透し，共有される形になっているわけではない。

ゆあみ再生事業については，福祉的な事業というよりも施設が立地する特定地域を利するものだという声も地域にはあったという。経営問題が大きなネックとなったとはいえ，NPO 夢の事業の意義が利用者以外の住民には必ずしも理解されていないことがうかがえる。受益者と非受益者が明確に区別される福祉事業の場合，地域内での可視性が低くなり，支持が得にくい場合があるためである。NPO 夢の経営危機を機に一気に三者の距離は縮まったが，それは，新しい共同性を地域に広げ，住民の認知を変更することには必ずしも結びつかなかったのである。

振興会議が短期間で解散し，団体が顔を突き合わせて情報交換と調整を行う仕組みが定着しなかったこともマイナスに働いたといえよう。振興会議は，かつて村役場が担ってきた，地域づくりのための地域内および地域と行政の調整を行う仕組みの代替物となるはずのものであった。しかし，振興会議の運営が，発足までの下支えをしてきた総合事務所から当事者たちに任されるようになると，見解の相違が顕在化し，かえって調整の場としては機能しにくくなっ

た。[8]

　本章の事例からいえるのは，地域社会の中に，地域の将来を見据えた課題設定を求める動きがあったとしても，それが体現する新しい共同性と，以前から形成されてきた古い共同性との間には，葛藤ともいうべき関係が生じる可能性があり，それによって認知の共有が阻まれる場合があるということである。ここからは，住民の認知の変更がアウトプットである地域活動の深化をもたらすという道筋がそれほど容易ではないという困難が示唆される。

　そして，地域内のアクター間関係を調整（調停）する行政の重要性を指摘することができる。地域での自律的な自己決定と自己執行に向けた認知の変更や共有が求められる下では，地域内の調整（調停）機能が一層重要になるにもかかわらず，区域問題にともなって生じる役場と地域社会の近接性の動揺が，調整（調停）機能の不在を招いている。

　このような要因により引き起こされた認知問題は，コミュニティ・ガバナンスの安定性という問題をも浮上させる。ガバナンス構築にとって，認識の共有による「制度化」が行われ，それによる安定が必要だという議論にならえば，認知の変更が進まない状況の下では，ガバナンスとしての安定性を確保できない可能性があるからである（曽我 2004: 95）。本章の事例のように，望ましいアウトプットを数年にわたって生み出しているにもかかわらず，地域内連携は不安定さを残しているケースは，ガバナンスとしての十分な安定性を獲得していない状態だといえるだろう。

　日本の地域社会は，ハイスピードで進む人口構成やリスク構造の変化，行政の縮小に急いで対応し，従来もっていた行動パターンや地域への認識を変えることが求められている。おそらくそれは制度を導入する側が想定する以上に地域の負荷となり，日本のコミュニティ・ガバナンスの「困難」を引き起こしている。「地域の共同利益を住民の手で再組織してみることは『都市の再生』への絶対に欠かせないワン・ステップ」であるからこそ，コミュニティ・ガバナンスの構築という名の下に課された負荷や困難に目を向ける必要があるのではないだろうか（加茂 1983: 141）。

【注】
1) 山本啓は，ローカル・ガバナンスを，政府セクター，民間営利セクター，市民社会セクターがそれぞれローカルな空間において形成するガバナンスの総体としてとらえ，そのうち市民社会セクターによるガバナンスをコミュニティ・ガバナンスと規定している（山本 2004: 55-57）。ガバナンスを形成しているセクターに注目した理解といえる。
2) 日本にも，自律的な市民社会組織を志向する動きがなかったわけではない。戦後のボランティアをめぐる議論は，戦前の国家が自発的アソシエーションに強い統制を行ったことの批判から出発しており，国家に対する社会の自律性の確保が重要な論点であった（仁平 2011）。
3) 第27次地方制度調査会で地域自治組織を提案した西尾勝は，当初提出した自らの構想と比較して，実現した制度は，多様な制度形態を強要することや，参加メンバーの公選制などが認められず，合併促進策としての側面だけが強調されることになったと振り返っている（西尾 2007: 133-140）。
4) 筆者は，自治会長など地域活動の中心的な担い手が，地域での住民の活動を「行事」と表現する場面にしばしば遭遇している。
5) 欧米のコミュニティ・ガバナンスの議論として，イギリスの論者を中心に展開されている近隣ガバナンス論を参照した（Lowndes and Sullivan 2008）。
6) この節および次節の上越市浦川原区に関する記述は，筆者による2009年から2014年に実施した５回の調査に依拠している。したがって，筆者の最新調査である2014年8月以降の地域内の状況については，反映されていないことをあらかじめお断りしておきたい。調査では，地域協議会，NPO夢あふれるまち浦川原，町内会長連絡協議会，総合事務所，月影の郷運営委員会，上越市社会福祉協議会浦川原支所を訪問し，聞き取りを行った。ご協力いただいた皆様には感謝申し上げます。執筆に際しては，調査時に提供された資料，および地域協議会議事録等の公開されている資料を参照した。事例研究の性質上，価値判断および評価に関する記述があるが，これについてはすべて筆者の判断に帰するものである。
7) 地域協議会による地域利益の表出について，最も顕著な成果をあげたのは，大潟区地域協議会が市の立案した電源立地地域対策交付金による駅整備計画を変更させたケースである。
8) 振興会議設立時の浦川原区総合事務所の担当職員は，旧浦川原村職員であり，閉校となった小学校の再活用の取り組みにもかかわるなど，地域づくりの経験ももっていた。この職員は，2011年に他の区に異動している。

【参考文献】
荒木千晴（2013）「浦川原区——NPO型『住民組織』の一体的な支援の試み」山崎仁朗・宗野隆俊編『地域自治の最前線——新潟県上越市の挑戦』ナカニシヤ出版，124-137頁。
市川喜崇（2012）『日本の中央-地方関係——現代型集権体制の起源と福祉国家』法律文化社。
宇野重規（2015）「ローカル・ガバナンスを問い直す——近代日本の『地方自治』再考」宇野

重規・五百旗頭薫編『ローカルからの再出発―日本と福井のガバナンス』有斐閣，15-33頁。

小田切徳美（2007）「第2次コミュニティブーム」『町村週報』2605号。

金井利之（2007）『自治制度』東京大学出版会。

加茂利男（1983）『アメリカ二都物語―21世紀への旅』青木書店。

久住剛（1997）「NPOと自治体行政―NPOの自発性を活かした関係」山岡義典編著『NPO基礎講座―市民社会の創造のために』ぎょうせい，143-180頁。

栗本裕見（2011）「東日本大震災が問いかける自治体のかたち」『地域開発』564号，38-42頁。

─── （2012）「地域住民による小規模社会サービスの供給へ―『コプロダクション』への模索」『公共政策研究』12号，74-84頁。

小田切康彦（2014）『行政-市民間協働の効用―実証的接近』法律文化社。

曽我謙吾（2004）「ゲーム理論から見た制度とガバナンス」『年報行政研究』39号，87-109頁。

高村学人（2012）『コモンズからの都市再生―地域共同管理と法の新たな役割』ミネルヴァ書房。

地方自治研究機構（2010）『地域コミュニティの再生・再編・活性化方策に関する調査研究II』。

徳久恭子（2010）「都市内分権の現状とその課題―地域自治区における公民連携の可能性を手掛かりに」『立命館法学』2010年5・6号，2401-2442頁。

鳥越皓之（1994）『地域自治会の研究―部落会・町内会・自治会の展開過程』ミネルヴァ書房。

中田実（1993）『地域共同管理の社会学』東信堂。

名和田是彦（2009）「近年の日本におけるコミュニティの制度化とその諸類型」名和田是彦編『コミュニティの自治―自治体内分権と協働の国際比較』日本評論社，15-43頁。

新川達郎（2011）「『政府のガバナンス』を問う視点とその理論的検討」『季刊行政管理研究』133号，3-16頁。

西尾勝（2007）『地方分権改革』東京大学出版会。

仁平典宏（2011）『「ボランティア」の誕生と終焉―〈贈与のパラドックス〉の知識社会学』名古屋大学出版会。

日本都市センター（2014）『地域コミュニティと行政の新しい関係づくり―全国812都市自治体へのアンケート調査と取組事例から』。

日高昭夫（2009）「『町内会の概念』再考―『コミュニティ活動基本法案』（仮称）を素材に」『山梨学院大学 法学論集』63号，103-138頁。

─── （2011）「基礎自治体における町内会・自治会との包括的委託制度の特性―『連合体』としての組織スラックの視角から」『山梨学院大学 法学論集』68号，207-240頁。

福地潮人（1999）「現代ガヴァナンスとアソシエーション―アソシエーティヴ・デモクラシーの議論を中心に」『立命館産業社会論集』35巻3号，43-63頁。

宮本太郎（2009）「福祉国家改革と社会サービスの供給体制―ニーズ表出型への収斂と分

岐」『年報行政研究』44号,43-62頁。
宗野隆俊「市町村合併と自治についての一試論」『彦根論叢』383号,147-162頁。
山崎仁朗(2014)「なぜ,いま,自治省コミュニティ施策を問い直すのか」山崎仁朗編『日本コミュニティ政策の検証—自治体内分権と地域自治へ向けて』東信堂,1-22頁。
山本啓(2004)「コミュニティ・ガバナンスとNPO」『年報行政研究』39号,48-69頁。
Hirst, Paul (1994) *Associative Democracy: New Forms of Economic and Social Governance*, Polity press.
Lowndes, Vivien and Sullivan, Helen (2008) "How low can you go? Rationales and Challenges for Neighbourhood Governance," *Public Administration*, Vol. 86. No. 1, pp. 53-74.
Read, Benjamin (2009) "Introduction: state-linked associational life — illuminating blind spots of existing paradigms," *Local Organizations and Urban Governance in East and Southeast Asia: Straddling state and society*, eds. Read, B. L. with Pekkanen, R., Routledge, pp. 1-26.

第8章
住民投票が映しだすローカル・ガバナンスの現在

上田　道明

1　本章の関心

　1990年代初頭のこと，加茂利男は神奈川県逗子市の住民投票運動など80年代後半から各地で沸き起こりはじめた住民運動や地域に根ざした独自の取り組みを評して「かつてない自治・自立の動きが見られる」と述べ，それらの中に従来にない自治の胎動をみてとっていた（加茂 1993: 196）。

　当時から20年あまりを経て，今日の住民自治は，その評価のとおり進化を遂げているのであろうか。少なくとも住民投票は，住民自治にとって重要な手法の1つとしてその地位を築きつつある，と筆者は評価している。当時の逗子市の運動が，住民投票の実現のために市長選やリコール運動などの手段を目一杯駆使したにもかかわらず，結局投票を実現させられなかったことと比べれば，今日，投票実施自体は決して珍しいものではなくなっているからである。

　誤解のないように付け加えれば，今日でも一般的な住民投票制度は法制化されていない。そのため，投票実施のためには自治体ごとに条例の制定を必要とする状況に変わりはなく，その条例の制定が——当時の逗子市と同様に——首長や議会の反発により高い確率で拒否されることにも変わりはない。

　しかし一方で，当時は1件として投票の実施例がなかったものが，400件を超える投票実績がこの20年ほどの間に残されている。また，個々のケースに目を移しても，住民投票という手法に以前ほどの頑な反発はみられなくなっている，という実感がこの間定点観測を続けてきた筆者にはある。

住民投票が定着しつつあることは，恒常的な住民投票制度を条例（一定数の署名の提出により投票実施を義務づける条例）によって設ける自治体の増加にもみてとることができる（逗子市でも，現在では投票資格者総数の１／５以上の署名により投票実施を義務づける「逗子市住民投票条例」が制定されている）。

　国が法制化に向けて動かない一方，こうして地方が先んじて住民投票の制度化を進めている。しかもそのプロセスは——首長や議員がかつては住民投票を敵対視してきた経緯を考えれば——住民投票運動や投票の実践を積み重ねるなかで政治家たちにその必要性を認めさせてきた，といってよいものである。

　もっとも，住民投票運動がめざしてきたものが，その制度化であったのかといえば，必ずしもそうではない。もともと日本における住民投票は，行政や議会を統制するために求められてきた性格の強いものであった（そのため，統制の対象であり，かつ条例の議決権を持つ議会が投票実現の大きな壁であった）。

　その意味で本来住民投票自体は目的に対する手段なのであって，その手段を勝ち取った結果，多くのケースで民意に反する政策を拒否してきたことも忘れず指摘しておかなければならないであろう。この点も含めてこれらはすべてこの20年の住民運動が残してきた実績であり，全体として日本の住民自治を新たな段階へと推し進めたと評価できるものであることをまず確認しておきたい。

　本章はこの評価を前提に，さらにその先を論じることに主眼をおきたい，と考えている。この20年がそうであったならば，次の20年に向けてさらにその水準を引き上げていくことはできないか，またその余地はどこにみられるのか，というのが筆者の関心である。本章は，この20年間で住民投票という手法が住民の力で地方自治に定着しつつあることを評価するとともに，さらにその先を見据えるためには何が求められるのかを探っていきたい。

2　住民投票の歴史と現状

　この節では，まず住民投票にまつわる事実関係を確認するために，基本的なデータを参照しながら，この20年間をコンパクトに俯瞰することにしたい。

　まず投票の実施件数からみていく（図表１）。一目でわかるのは，2004年を頂

第8章　住民投票が映しだすローカル・ガバナンスの現在

図表1　条例にもとづく住民投票の実施件数

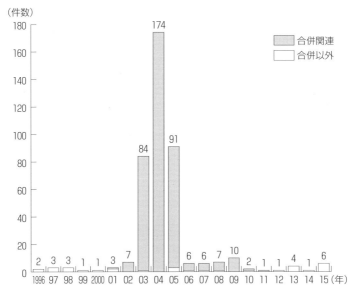

注：2015年9月1日現在。
出所：筆者作成。

点とする03〜05年の3年間の「急勾配」であり、その前後のなだらかな「裾野」である。このような実施件数の変化から、02年までを第1期、03〜05年を第2期、06年以降を第3期と分けて、それぞれの特徴をみていきたい。

まず第1期であるが、条例に基づく最初の投票（新潟県巻町）が実施された年（96年）を起点としてはいるが、住民投票を求める運動自体は80年代に入るあたりから少しずつ現れるようになっている。前提から確認しておけば、日本には法律上、一部の例外的なものを除き住民投票のための制度は存在しない[1]。ただし投票実施が禁じられているわけではなく、自治体ごとに投票実施のための条例（住民投票条例）を制定すれば投票実施は可能である[2]。

しかし、その条例制定が容易ではなかった。住民がこれを望んだ場合、条例の制定を求める直接請求自体は有権者の2％以上の署名により成立するものの、条例化には議会の議決が必要であり、その可決率はおおむね10％程度で

あったからである（上田 2010: 41）。代表制度の方針を統制するという運動の目的が，「議会制民主主義を否定するもの」という政治家による住民投票への評価と相まって拒否反応を引き出し，逗子市同様，その大半が実現にはいたっていない。

　巻町の投票は，そこに風穴を開けたものではあったが，この事例もまた町長選や町議選，さらには町長リコールなどを手段に住民側が繰り返し投票実施を働きかけるなかで，ようやく実現に漕ぎ着けたというべきものであった。これ以降，毎年1～3件の実施例がみられるようにはなるが，（投票が求められた件数がそのおよそ10倍であることに比して）この規模にとどまっていることについては議会の反発が反映されているといってよい。なお，この時期の投票で問われた争点で目立つのは，原発，産廃施設などのいわゆる迷惑施設であった。

　次に，実施件数が飛躍的に伸びた第2期をみていく。いわゆる「平成の大合併」に際しては，少なからぬ合併構想が浮上し，実際に多くの市町村合併が実現した。この間，合併の可否や枠組みの選択などについて住民投票で問うことが，多くのケースで取り沙汰されている。第1期と異なるのは，首長や議員自らが提案するケースも少なくなかったことである。首長や議員が提案した場合の成立率は相対的に高い（首長提案約90%，議員提案約40%）ことから，それまでにない数の条例が成立し，実際に投票が行われるにいたった（上田 2005: 70）。

　括目すべきは，その件数である。第2期の3年間（03～05年）の実施件数の合計349件（合併以外の争点を問うた4件を含む）は，今日までの総実施件数413件（15年9月1日現在）に対して，実にその85%を占める。また争点別という見地からしても，市町村合併を問うものは全体の92%（381件）に及んでいる。このように日本の住民投票には実施件数や実施争点について著しい偏りが認められるが，その原因はこの時期にある。

　最後に，現在にいたる第3期（06年～）である。市町村合併を問う住民投票は05年3月を境に翌月（翌年）から激減する。投票の実施件数も02年以前の水準に近いものに戻り，その意味では以前の状態に戻ったかにもみえるが，従来とは異なる傾向もみられるようになっており，ここでは2点を挙げておきたい。

　まず1つ目に，住民投票の制度化が進んでいることが指摘できる。先述の

「逗子市住民投票条例」同様，一定の署名要件を設定し，それがクリアされた場合には基本的に投票実施を義務づけるタイプの条例を設ける自治体がじわじわと増加している。このタイプの条例の嚆矢となったのが愛知県高浜市の「高浜市住民投票条例」(02年)であり，有権者総数の1／3以上の署名を要件としていた。

　この高浜市にはじまる住民投票の制度化は，署名要件や投票資格者などのヴァリエーションを増しながら，現在も進行中である（上田・藤島・稲野 2008）。この傾向について補足しておくべきは，これらの条例を提案したのが大半のケースで首長であることである。議会がそれを成立させていることとあわせて，政治家の意識の変化をここにみてとることができよう。これも第2期の実績があればこその話であり，第1期にはおよそ考えられなかったこの点での違いは大きい。まだ数は少ないものの，このタイプの条例を活用して投票の実施が請求される例，また実際に投票が実施される例も現れはじめている。

　もう1点は，争点の変化である。図表2は，市町村合併関連以外の争点で実施された住民投票をまとめたものであるが，30件あまりのリストを一瞥すると，投票が実施された争点について，大半が迷惑施設であった第1期と近年とでは顕著な違いがあることがみてとれる。この表からは直接読みとれないものの，住民投票運動が起こされている争点をみても実は同様な傾向が現れており，近年では公共施設の建設など自治体が推進する事業について，財政面などからその必要性を問う形での投票（運動）が目立つのである。

　たとえば四街道市（07年）や佐久市（10年）の投票では，文化施設の建設の是非が問われている。また，鳥取市（12年），伊賀市（14年），高島市・壱岐市・新城市（ともに15年）と立て続けに問われているように，ここにきて目立つのが行政庁舎の建設（補修）や移設場所などを問うものである。

　この種の争点が目立つようになったことについては，以下の2つの原因が認められる。1つには，終戦直後や高度成長期に建設された公共施設の老朽化が進み，建て替えなり補修なりの判断が求められる時期に入っていることがある。

　もう1つには，財政危機の中での納税者の意識の変化がある。庁舎であれ文化施設であれ，もとより迷惑施設ではないのであるから，新しいものができる

図表2　合併関連以外の争点で実施された住民投票

自治体名	提案者	実施日	争　点	投票率
新潟県巻町（現新潟市）	議員提案	96.08.04	原子力発電所の建設	88.20%
沖縄県	直接請求	96.09.08	日米地位協定の見直しと米軍基地の整理縮小	59.53%
岐阜県御嵩町	直接請求	97.06.22	産業廃棄物処理場の建設	87.51%
宮崎県小林市	直接請求	97.11.16	産業廃棄物処理場の建設	75.86%
沖縄県名護市	直接請求	97.12.21	米軍ヘリポート基地の建設	82.45%
岡山県吉永町（現備前市）	直接請求	98.02.08	産業廃棄物処理場の建設	91.65%
宮城県白石市	首長提案	98.06.14	産業廃棄物処理場の建設	70.99%
千葉県海上町（現旭市）	首長提案	98.07.30	産業廃棄物処理場の建設	87.31%
長崎県小長井町（現諫早市）	首長提案	99.07.04	採石場の新設・採石場の拡張	67.75%
徳島県徳島市	議員提案	00.01.23	吉野川可動堰の建設	55.00%
新潟県刈羽村	直接請求	01.05.27	プルサーマル計画の実施	88.14%
三重県海山町（現紀北町）	首長提案	01.11.18	原子力発電所の誘致	88.64%
高知県日高村	直接請求	03.10.26	産業廃棄物処理場の建設	79.80%
千葉県袖ヶ浦市	直接請求	05.10.23	地区整備事業の賛否	57.95%
宮崎県田野町（現宮崎市）	直接請求	05.11.27	合併特例区区長候補の選出	48.29%
宮崎県佐土原町（現宮崎市）	直接請求	05.12.25	合併特例区区長候補の選出	37.31%
山口県岩国市	首長提案	06.03.12	米軍空母艦載機部隊の移駐	58.68%
千葉県四街道市	直接請求	07.12.09	地域交流センターの建設	47.55%
沖縄県伊是名村	首長提案	08.04.27	牧場誘致の是非	71.36%
長野県佐久市	首長提案	10.11.14	文化会館の建設	54.87%
鳥取県鳥取市	議員提案	12.05.20	市庁舎の整備	50.81%
山口県山陽小野田市	住民請求	13.04.07	議員定数の削減	45.53%
東京都小平市	直接請求	13.05.26	都市道路計画の見直し	35.17%
熊本県和水町	首長提案	13.11.10	小中併設校建設費の増額の是非	28.93%
埼玉県北本市	首長提案	13.12.15	新駅建設の是非	62.34%
三重県伊賀市	首長提案	14.08.24	市庁舎の移転	42.51%
埼玉県所沢市	直接請求	15.02.15	防音校舎へのエアコン設置の是非	31.54%
沖縄県与那国町	議員提案	15.02.22	陸上自衛隊部隊の配備	85.74%
滋賀県高島市	首長提案	15.04.12	新市庁舎の整備	67.85%
長崎県壱岐市	首長提案	15.04.26	新市庁舎の建設	63.67%
愛知県新城市	議員提案	15.05.31	新市庁舎建設計画の見直し	56.23%
茨城県つくば市	直接請求	15.08.01	総合運動公園基本計画の賛否	47.30%

注：2015年9月1日現在。
出所：筆者作成。

こと自体は，歓迎こそされ拒否されることはないはずである。しかし，それは財政的に余裕があればこその話なのであって，現在はそうではない。まさしく，多くのケースでは財政的な理由からその是非が問われているのである。

その意味で，現在求められている住民投票の多くは住民の納税者意識に端を発するものである。かつて，納税者意識への疑念から「住民投票は時期尚早」という趣旨の議論が唱えられていたことを考えれば，現在の住民投票運動にみられる住民の意識と行動力は今日の住民自治の水準を示すものといっていいのではないであろうか。納税者としての自覚が住民投票を希求させ，またその自覚が住民投票という手法を正当化させているのである。

3　2つの事例からみる住民投票の意義と課題

前節でみたように，住民投票は近年では公共施設の建設など自治体行政が推進する事業が問われる傾向にあり，今後ともしばらく続くことが予想される。そこでの図式は，行政の打ち出した方針に対して疑問をもった住民が住民投票を手段にこれを統制しようとする，というものである。その図式の紹介もかねて，今次の傾向の先駆けといってよい2つの事例（袖ヶ浦市・四街道市）をここで取り上げることにする。本節では，この2事例を通じて，住民投票が果たしてきた意義と，一方でみせている問題点を明らかにしたい。

〔袖ヶ浦市住民投票〕

JR袖ヶ浦駅北側地区の遊休地49haに，公費約200億円を投じる市行政主体の地区整備事業が住民投票で問われた（上田 2007a）。同地区には，かつて民間業者による開発が計画されたが，バブル経済の崩壊にともなって中止された経緯がある。これに代わる行政主体の計画が発表された直後から，事業が行政主体であることや計画の中身に疑問を抱いた市民らにより市民団体が設立され，この事業を広く市民に伝える活動および計画の凍結・見直しを求める市長への陳情などが行われる。これらの活動の結果，2004年の市議選では同事業が争点の1つとなり，事業に慎重あるいは反対の議員が増えて推進派と拮抗するにいたる。

しかし都市計画決定を行うなど市長は事業を進める姿勢を崩さなかったことから，市民団体側はこれを止めるための最後の手段として住民投票を選択する。直

接請求のために集められた署名は有権者の24％分に達し，先の市議選の影響もあり条例は成立。投票の実施が決まってからは，行政は積極的に事業の説明を行うようになり，また事業推進派の市民団体も立ち上げられた結果，反対派の活動と相まって議論は活発なものになるなか投票日を迎える。投票率は58％，投票結果は反対票が有効票の65％を占めた。

この結果を受けて，市長は行政主体による事業を断念することを発表する。その一方で有識者を集めての検討協議会を設置して同地区開発について再度の検討をはじめる。同協議会は，組合施行による区画整理を進めるべきであるとする方針を打ち出し，これを受けて地権者と開発業者による組合が設立され，11年5月に県から認可を受けたうえ，事業は着工された（18年完成予定）。

〔四街道市住民投票〕

住民投票で問われたのは，JR四街道駅北口再開発事業の一環として計画された，ホールやギャラリーなどを備える文化施設「地域交流センター」（総工費21億円）であった。建設費が議会での議決を受け，また国土交通省からの補助金（12億円）交付も決まるなど着工を控えていたなか，その建設の是非を問う住民投票運動が起こされる。市内にある同種の施設の有効活用を訴える立場から同計画を疑問視し，以前より白紙撤回を求める署名運動などを行っていた市民団体が最後の手段としてはじめたものであった。

署名は有権者のおよそ13％分が提出される。元来は建設賛成の立場をとっていた市議会であるが，態度を変更した議員も現れ，僅差で条例案は成立する。条例成立から投票までの1か月半，建設反対派に加えて，文化団体などから構成される建設賛成派からもビラが配布されるなど市内で投票運動が展開された。

そうして迎えた投票であるが，投票率は48％，建設反対票が有効票の76％を占めた。市長は建設の断念を表明し，補助金についても異例の交付取り消しの措置をとった。同市議会は投票後，「住民投票を教訓とし住民主体の姿勢を推進する条例」を制定し，住民も参加しての「整備計画策定委員会」を舞台に建設予定地の活用策を考える姿勢をみせたが，同委員会は第6回目（10年7月）の会合を最後に現在は休止中とされており，建設予定地は遊休地の状態にある。

以上，2つの事例をみてきたが，いずれも行政の推進する事業が住民の理解を得ていないことを証明し，その意味で民意に沿ったものでない事業の執行にブレーキをかけた，という意義が認められる。また，あわせて指摘しておきたいのが，2つの争点とも――迷惑施設の建設や市町村合併のような問題と比べ

れば——必ずしも当初から住民の高い関心を呼ぶものではなかったことである。

袖ヶ浦市の争点は，当該地域の住民や地権者でもない限りでは，一般市民にとっては直接的な利害をもたないものであった。また四街道市の争点は，文化活動に縁のある住民であれば関心をもって迎えようが（その場合は，新しい施設を歓迎するのが自然であろう），それは必ずしも社会の多数派ではあるまい。

しかし，そのような構図の中でも，ほぼ2人に1人の割合で有権者が投票所に足を運び，意思表示を行っている。その結果，かつては「ブレーキがない」とまで称された公共事業への統制が果たされたのであった。つまりこれらの住民投票からは，今日の社会が以上のように自治の担い手としての意識と行動力を備えていることがうかがえるのであり，ここには——「胎動」から20年——社会の成長と成熟ぶりをみてとることができるといってよいであろう。この20年の住民自治の進展を，あらためてここに確認しておきたい。

その確認のうえで，以下では「その先」を見据えた議論を展開していきたい。本章の関心が住民自治をさらに進展させること，その余地を探ることにあることは冒頭で触れたとおりであるが，その見地からすれば，この2事例にはともに投票後の状況に課題をみてとることができるのである。ここでいう課題とは，端的には，運動が「事業を止め」たものの，そこで終わってしまっている，ということなのであるが，そこにどのような問題性がみられるのであろうか。

袖ヶ浦市のケースに関していえば，住民投票で一旦中止されたはずの事業であるが，上述のとおり組合施行という形で「復活」し，正式に着工の運びとなっている。住民投票で拒否されたはずのものがなぜ「復活」したのか，住民投票後に就任した新市長が展開した論理は，投票で拒否されたのは行政主体の計画であって，組合施行のものとは別の計画である，というものであった。

しかし，組合施行とはいえ当該の区画整理事業には市行政から補助金が交付され，また一定のインフラ整備のためには予算も投入される。これを投票で拒否されたものとは別のものであるとする説明には議論の余地があり，実際市民からは反発の声もあがっている。しかし，結局その声はかつてのような幅広い反対運動に結実することなく，結局事業は着工されている。

もし，事業への公費の投入を統制することが住民投票運動の目的であったと

するならば，投票結果は反故にされたのであり，結果として統制は失敗に終わったことになる。統制が徹底されなかったことについては様々な解釈の余地があるが，1つには住民運動が署名集めから投票実施という過程のなかでピークを迎えてしまい，その後の活動が下火になってしまうという，住民運動一般が抱える活動の継続性の問題もあったのではないであろうか。

もう1つ大きな理由として，事業反対派が投票で反対票を糾合することまでは成功できたものの，止めたその先の扱いについては合意がなかったことが考えられる。実際，事業に反対が唱えられた理由をみる限りでは，反対派は一枚岩とはいえず，事業を全否定する立場から条件つきで認めるという立場にいたるまで相当な幅が存在していた。その意味では，「現在の計画に反対」という以上の積極的な合意はそこにはなかった。その合意の不在が事業の「復活」を可能にさせた一因ではないか，と考えられるのである。

四街道市のケースにも，市民による合意の不在に由来する問題が認められる。こちらのケースでは，投票結果が反故にされたわけではないが，「事態が動かない」という，袖ヶ浦市とはまた別の問題状況を投票後に迎えているのである。「センター」の建設予定地は市庁舎と大型商業施設に挟まれた一等地といってよい立地なのであるが，有効活用される兆しはみえない。

ここでも結局，建設反対派が反対票の糾合に成功した一方，その活動を投票後も継続的に行えなかったことに原因の1つをみてとることができる。建設予定地の活用を考えるために設けられた「策定委員会」であるが，投票結果を得るまでの過程にみられたエネルギーを維持できておらず，また計画を拒否された行政側にはモラールの低下がみられる。事態が動いていない背景の1つに，積極的に活用策を考える主体の喪失が認められる。

以上の2つの事例が残した課題は何であろうか。それは，住民が住民投票を手立てに行政案に対する拒否権をもつ存在となりつつある一方，行政案に代わる対案を提示するまでにはいたっていない，ということであると筆者は考える。

住民投票はブレーキをかければそれで目的を達しているのであり，それ以上のことを住民投票に求めるべきではない，という評価もあるであろう[4]。しかし，誰よりも当の（住民投票運動を展開した）本人たちが，止め切れなかった事実

に,「目的を達している」とは受け止めていないのではないであろうか。

そこには,事案によっては1回の「ブレーキ」だけでは目的を達成することができない,という住民の意思を実現させることの難しさを垣間みることができる。なぜならばこの「ブレーキ」には,類似した案が浮上するたびに,これらを「モグラ叩き」のようにその都度作動させなければならない,というおそれがないではなく（この問題については次節で論じる），またそうなれば――袖ヶ浦市において2匹目の「モグラ叩き」が簡単ではなかったように――住民運動に過度の期待と負荷をかけることにもなりかねないからである。

念のために述べておけば,筆者は住民投票が「無駄」とか,「意味がない」と考えているわけではない。止められるべきものは止められるべきであるし（特に急ぎ事業を差し止めるべき事情がある場合には,「対案がない」ことを理由にブレーキを見合わせる必要はない,ということは強調しておきたい）,民意に沿わないものを拒否することは,住民自治が当然に要請するところである。

しかし一方で,住民自治には,民意が望む政策を積極的に実現させることもまた当然その内容に含んでいるはずである。ここで問われるのは,2ケースともブレーキをかけた側が,もし投票後に積極的に対案を用意することができたならば,現状とはまた違った展開が迎えられたのではないか,ということである。つまり反対票を糾合することによって事業を白紙へ戻したうえに,さらにその事業に代わる対案を用意することができれば,より高度な住民自治の実践となっていたのではないか,またそこにこそ今後の住民自治を考えるうえでの「伸びしろ」が認められるのではないか,というのが筆者の考えるところである。

4　2案を問う住民投票

では,その対案は誰がどのように用意すべきなのか,これこそが本章が以下で関心を寄せていくテーマとなるが,その前に,大切な前提を詰めておきたい。対案はそれがあればいいというものではない,ということである。

なぜならば,対案が未成熟なものであれば,特にもしそれが住民投票の選択

肢になるようなことがあった場合には，事態を収拾させるどころか，むしろ紛糾させかねないからである。このような懸念を顕在化させた例として，市庁舎の移転新築と現庁舎の補修を巡って争われた鳥取市の事例を次に紹介する。

〔鳥取市住民投票〕

鳥取市の住民投票は，1964年に建築された鳥取市役所本庁舎の耐震性が不安視されるなか，これを耐震改修するか，それとも移転のうえ新築するか，という二者択一の形で行われた（塩沢 2013; 小野 2014）。結果は有効票のおよそ6割を集めた耐震改修案の勝利に終わったが，事態はそのままには進まなかった。市庁舎問題はその後曲折の末，新築移転に落ち着こうとしている。住民投票の結論はなぜ「尊重」されなかったのか，事実経過を時系列に沿ってみていきたい。

市庁舎問題に対しては，耐震性の問題が取り沙汰されて以来，市行政も市議会も，合併特例債が利用できることもあり基本的に新築移転の立場であった。しかし，それが必ずしも市民に周知されておらず，事実上，事後承諾を求めるような形で市民の知るところになったことが市民の不満の引き金となっている。そのような手続き上の問題に加えて，市民側の不信を募らせたものは，現庁舎の補修という選択肢が当初より外されている点にあった。

疑問をもつ市民らにより新築移転への反対運動がはじめられる一方で，着工への手続きが着々と進められていったため，市民側はこの問題を住民投票にかける道を選択する。有権者のおよそ1／3に及ぶ署名が集められたが，これに対し市長は，新築案に対する代替案がないため，市庁舎問題の解決につながらない，という反対意見をつけ，市議会もそれに同調する形で請求案は否決された。

それでいて，なぜ投票は実施されるにいたったのか。疑問を解くカギは「位置条例」にあった。庁舎の位置を定めるこの条例の制定には特別多数（2／3以上）の賛成が必要なのであるが，市議会の多数派である新築移転派もそれを上回るまでの勢力には及んでいなかったのである。つまり，新築移転派にとっても住民からの請求を退けただけでは決め手がない状況であり，この膠着状態にけりをつける手段として住民投票に白羽の矢が立ったのであった。

新築移転案への対案がないことが否決の理由であったために，議会が住民投票条例案を提案するに際しては，前提としてその対案（耐震改修案）を用意することが求められた。議論は主に費用を巡って紛糾し，「約20億円」案と「約37億円」案が対立するなか，最後は後者が前者に妥協する形で，全会一致で「約20億円」案を新築移転案の対案とする住民投票条例が成立する。

第8章　住民投票が映しだすローカル・ガバナンスの現在

　成立から2か月後の12年5月投票が行われ，投票率は51％，有効票の61％が耐震改修案を支持した。新築移転案を推進してきた市長は投票結果を尊重して，同案を撤回することを明言した。先に紹介した2例が行政案に対する賛否を問うたのとは異なり，この事例では行政案が拒否されただけではない。その対案が多数によって支持される，という投票結果が出たのである。ところが市庁舎問題はこれで決着とはならなかった。その原因は，議会の迷走にあった。

　不可解なことに，費用約20億円の耐震改修案を自らまとめたはずの当の市議会が投票後，住民投票で支持された案は，精査した結果，その金額では「実現不可能」である，という結論を下したのである。さらには，今後の方向性については市行政に委ね，自らはそのチェック役に回ると決め込む姿勢をみせる。その結果，耐震改修案を支持した「民意」は宙に浮いた格好になった。あるものは「耐震改修案」が勝利した事実に変わりはないと受け取り，またあるものは「新築移転案」は実現不可能な案に不当に敗れたと理解したからである。

　迷走は続く。ボールを投げられた格好の市長であるが，その後，有識者からなる「専門家委員会」を発足させる。その報告書を受けた市長は移転のうえ新庁舎を建設するという方針を明らかにするが，今度はその当の市長が，翌年に控えていた市長選への不出馬を突如表明した。その後，市長選で新築移転を唱えた候補が当選し，さらには市議選を経たのちに市議会でこれを支持する勢力が2／3を上回った結果，市庁舎問題は新築移転の方向で落ち着こうとしている，というのが駆け足でみた事実経過である。

　以上のような複雑な経過を辿ったのであるが，本章の立場からともかく指摘しなければならないのが以下の点である。すなわち，当初から対案を備えた住民投票＝2案から選択する形の住民投票であっても，俎上に載せられた案が未成熟であれば，かえって混乱の原因にさえなってしまうということである。

　実現不可能な案を投票にかけるという事態は論外としても，投票結果に疑義をはさませないように投票を行うためには，選択肢の設定のために十分な審議が必要であることを，ここで確認しておきたい。たとえば「費用80億円の新築移転」案の賛否を問う投票を行った場合，仮にこれが否定されても，それは直ちにあらゆる「新築移転」案が否定されたことを意味しない。なぜならば，それは「費用70億円」案や他の立地での案が再提案されることを必ずしも否定するものではないからであり，そのことは2案を問う投票の場合でも同様である。

そのような"ゾンビ"（「〔死後も〕生き続ける死体」とされる架空の存在）もどきの案が浮上するたびに住民投票を実施するというのは，その経費を考えただけでも賢明なやり方ではない。そのような事態を避けるためには，2案から選択する投票であるならば，その2案ともが，"ゾンビ"の復活を許さないような，具体的には十分な審議の結果としての絞り込みを経た，最も幅広い支持を取り付ける可能性を備えた案として投票にかける必要がある。[5)]

　繰り返せば，このような選択肢の絞り込みを行っていない住民投票は，投票の意義を損なう危険性を持つ。なぜならば，「事前の話し合いが不十分な段階では，住民投票にかける選択肢を絞り込むこと自体が困難であるし，またそのような段階で設けられた選択肢のもとで住民投票を実施したところで，投票結果に表現される民意の精度の高さは怪しい」（上田 2011: 84）からである。

　鳥取市のケースに当てはめれば，技術的に可能であることはもちろん，かつ最も幅広い支持を集められる「耐震改修案」を投票にかけることが望ましかった。問題は，そこからかけ離れた案のもとでの投票となってしまったことであり，まさしく「対案はそれがあればいいというものではない」のである。

5　対案に求められる3つの要素

　重ねて指摘すれば，民意に反する政策が住民投票で拒否されるようになったことには意義が認められる。しかし，是非を問う形での投票の場合，ケースによっては拒否されたものに代わる措置が求められることもある。その際，「誰が」「どのように」その求めに応じるべきなのであろうか。

　まず「誰が」であるが，あらためて民意に沿った政策立案を行政に求める，という解答はありうる。しかし袖ヶ浦市でも鳥取市でも，行政から元の案に近いものが再提案されていることには留意が必要である。そのような事態を警戒するのであれば，行政以外の主体が主導する形での立案，行政を排除しないまでもこれに主導する立場を認めない中での立案が可能であることが望ましい。

　一方，2案からの選択を行う投票にあっては，当初より2案が必要なのであるが，誰がこれを用意するのか，という問いに対する答えは同様なものにな

る。行政が必ずしも2案を用意するとは限らないことを前提に考えれば，やはり行政以外の主体が主導するなかで1案用意できることが望ましい。結論としては，対案は行政以外の存在が主導するなかでの作成，行政が主導しない関係のなかでの作成が可能であることが望ましいことを確認しておきたい。

　次に，もう1つの「どのように」という問いへの答えであるが，筆者は，対案作りに求められる要素として「専門性」，「実効性」，そして「正統性」の3つがあると考えている。まず「専門性」であるが，その対案が各方面の専門的な見地からの疑問や検証に耐えうるものでなければならない，という性質である。鳥取市の事例をみた後では，その物理的な実現可能性に目を奪われがちであるが，ここではむしろ周辺の政策や法規などとの整合性の問題を指摘したい。

　それというのも，行政内部で立案をはかる場合には財務面と法務面でのチェックが必須である一方，行政以外の存在が立案する場合にはそのような過程が必ずしも内在化されていないおそれがあるからである。そのようなチェックを欠いた結果，予算面での裏づけをもたない，あるいは他の法規との整合性がはかれていない政策案になってしまえば，鳥取市のケースとはまた違う意味で「実現不可能」との評価を受けかねないであろう。

　2つ目は「実効性」である。ここでの「実効性」とは，政策の円滑な執行や目的の達成のためには，ステークホルダーからの理解，協力を得ることが欠かせない，という側面を強調したものである。行政が立案を行う場合，この点に関しては行政内外の関係者との事前調整を実施することが通例となっている。

　その目的は，提案段階で理解と協力を得ておくことにより（あるいは，拒否反応を最小限にとどめることにより）執行コストを抑え，効率的に政策目的の達成をはかることにある。逆にいえば，理解と協力を欠いた中での政策執行は，コンプライアンス上の不安だけでなく，積極的な抵抗すら招来しかねず，それは執行コストを増加させるものではあっても，減少させるものではない。これを最小限に抑えたいのであれば，求められるのが事前の調整なのである。

　最後に「正統性」である。行政以外のものによって立案が行われる場合，優れて強く求められるのが，この性質であろう。それというのも，行政あるいは議会による政策立案については，そのプロセスが直接あるいは間接に選挙を通

じたコントロールのもとにある,という擬制の上に行われており,当初より民主的な「正統性」をともかく所与のものとしている,という特徴をもつ。

　実のところ行政や議会が備えているとされる「正統性」については,後述のように疑問が投げかけられているところである。しかし,にもかかわらず,そのほかの存在がこれらに代わって備えることができるかといえば,容易ではない。どのように「正統性」を調達するのかは重要な課題になるであろう。

6　「古い」ガバナンスと「新しい」ガバナンス

　本章が論じる「対案」は,基本的には行政案に対抗する形で作成されることが意識されているものなのであるが,果たして前節でみたような要素を備えた対案作りは可能なのであろうか。ここで参考にしたいのが,従来政府により行われてきた統治が,社会内の様々なアクターから構成されるネットワークに開かれつつあるとする議論＝ガバナンス論である。

　ここでガバナンス論を正面から論じることは筆者の手に余るものであるが,しかし少なくとも,近年盛んにこの概念が唱えられている背景に,各種の問題を解決するために,多様なアクターが水平的な関係（ヨコ関係）の中でネットワークを形成し,その中で協力し合うことへの注目があることは間違いないであろう。そこには,かつては政策の決定も執行も基本的には政府によって行われてきたこと,つまり統治は主に政府を頂点とするヒエラルヒー（タテ関係）の中で行われてきたことへの含みが認められる。

　このタテ関係からヨコ関係へのシフトを理解するために,「『新しい』ガバナンス」概念および「『古い』ガバナンス」概念が語られるようになったのであるが (Peters 2000),「古い」から「新しい」への変遷を本章の関心から読み解けば,まず「『古い』ガバナンス」が立ち行かなくなっている様は,本章が扱ってきた諸事例などからも明らかであろう。

　行政の政策が住民投票で拒否される事例が数を増しているのであるが,行政側にも言い分がないわけではない。議会での議決も含めて法に則った手続きをふんでいるのであり,そこに違法性が問われるような重大な瑕疵はみられない

第8章　住民投票が映しだすローカル・ガバナンスの現在

（もしみられるならば，制度的な統制がまず行われて然るべきであろう）。

　しかし，それでいて疑問を呈する運動が起こされ，それが広がりをみせ，最後には住民投票で「反対多数」の民意が示されることをどう理解すればいいのであろうか。もはや制度的形式的な手続きを満たすだけでは実質的な住民合意の獲得は担保されないのであり，裏返せば合意形成のためのより積極的な働きかけが必要とされている，と受け取るべきであると筆者は考える。その意味では，近年の住民投票からは，選挙をはじめとする制度や形式に依拠した行政による統治がそれだけでは立ち行かなくなっている様，すなわちその意味での「『古い』ガバナンス」の行き詰まりをみてとることができる。

　そのような「『古い』ガバナンス」への不満がいつ頃から顕著になったのか，にわかに特定できるところではないが，住民投票との関係では確認しておきたいことがある。そのような実態をあぶり出すことに住民投票が一役買っていること，より正確にはあぶり出すために住民投票が求められてきたことである。

　つまり，「『古い』ガバナンス」への社会の不満はつとに存在していたものの，社会の側がそれを形にするための有効な手段を欠いていた中で「発見」されたのが——法制化＝制度化されているわけでもない——住民投票であったのではないであろうか。その「発見」から実際に投票が実現するまで10年余りを要したものの，巻町での投票実施とこれが報道によって大きく取り上げられたことにより，住民投票という手法の存在は社会に広く認知される。そののち住民投票は，法制化されていないというハンディキャップにもかかわらず全国へと広がりをみせていくが，それは理由のないことではないであろう。くすぶる「『古い』ガバナンス」への不満がその前提にあったと考えられるのである。

　そのように，「『古い』ガバナンス」への告発，という意義が住民投票に認められるのであるならば，投票実現にいたっていない多くの住民投票運動についても，その声に耳を傾ける必要があることをここで指摘しておきたい。かつて筆者は，住民投票が果たしている機能として，現行法制やその運用の不備を告発している，という趣旨のことを論じたことがある。もし住民投票が——そのような不備の放置も含めて——既存の制度に依拠するだけの「『古い』ガバナ

185

ンス」への不満を表現しようとしているのならば，投票が実現するか否かにかかわらず，そもそも投票を求める声のなかにある「『古い』ガバナンス」への告発そのものにまず耳を傾ける必要もまた認められると思われるからである。

さて，住民投票（運動）と「『古い』ガバナンス』の関係は上記のように整理できるが，一方「『新しい』ガバナンス」との関係では何がいえるであろうか。住民投票が法制化されていない状況の中では，これを望む住民は基本的には地方自治法上の直接請求制度，もしくは高浜市や逗子市などが設けたような住民投票制度を活用するよりない。いずれも署名要件（前者は有権者の2％以上，後者は一般に1／3〜1／10以上）が課せられているが，前者の場合，議決権をもつ議会に圧力をかけるため，2％を大きく上回る署名が集められるケースが多い。かつて筆者が算出したところでは，住民投票条例を求める請求に際しては平均して有権者総数の15.4％分の署名が提出されている（上田 2003: 56）。

特定の組織が単独でそれだけの署名を集めているのかといえば，これは考えにくい。つまりは，署名集めは単独の組織によってではなく，多様な存在がヨコの関係＝ネットワークを形成する中で積み上げをみせている可能性が高く，また筆者が見聞きした範囲でも署名集めの実態はそのようなものであった。

このように多くの住民投票運動がネットワーク型の編成をとっているとすれば，ここには「『新しい』ガバナンス」の出現をみてとることができよう。その意味では，住民投票運動にはネットワーキングの作用が認められるのであり，多くの市民や団体を「『新しい』ガバナンス」へと誘っていることがわかる。

一方で，本章の関心は，その住民投票運動が「ブレーキ」の先に，さらには当該の課題に対する対案提示へと進むことができないか，という点にあった。形成されたネットワークは，行政案を拒否したのちに「では，どうするのか」と問われた時，果たしてその求めに応えられる存在となりうるのだろうか，またそのような存在になるためには何が求められるのであろうか。

この問題を前節の議論をもとに考えてみたい。対案作りに必要なものとして筆者が先に述べた3つの要素を振り返るにつけ，ネットワークが開かれた広範なものであることが求められることは疑いのないところであろう。

「専門性」の要請に答えるためには法務をはじめとする各種の専門的な知識

に詳しい存在の参加が不可欠であるし，また当該の問題に強い利害関心をもつステークホルダーを欠いては——ましてや排除しては——「実効性」の確保は危ういからである。特に後者に関して求められるのは，時には利害が相反する当事者をも包摂する，開放的で幅広いネットワークの構築に他ならない。

　しかし，この「ヨコへつながる」ことについて，私たちの社会は十分に経験を積んでいるとはいい難い。ネットワークを構成するものと想定される各種の中間団体は，利害関心や価値観を共有するメンバーから構成されがちであり，立場を異にする存在との交流は少ない。そのような傾向こそは，住民運動が次の段階へ進むために乗り越えるべきハードルの1つではないであろうか。

　「『古い』ガバナンス」のもとで，利害や関心が異なる当事者間の仲介役や調整を果たしてきたのは行政であった。その行政に依存することなく調整役を担おうとするのならば，関係者たちをテーブルへ座らせる役回りも，議論を進め調整に務める責任も，不慣れながら自ら引き受けるよりない。ネットワーク自体にそのような姿勢がまず求められよう。

　そして，そのような前提の上にであれば，行政や議会を巻き込んでのネットワークの構築が積極的に考えられていいのではないであろうか。行政を頂点とする「『古い』ガバナンス」による対案作成は避けられるべきであるが，これが可能である限りでは，行政をネットワークから積極的に排除する理由はない。「専門性」および「実効性」という見地からすれば，むしろ行政の参加は望ましく，議決権をもつ議会の参加とあわせて一考に値する。

　議会の参加については，その現状から疑問視する向きもあるであろうし，それ以前にその存在が見落とされてさえいるかもしれない。しかし，何らかの理由から行政のネットワークへの参加が見込まれない場合，議会の参加はいよいよその意味を増す。議会は，もとより行政に対抗することが予定されている存在であり，これを統制するための多くの権限を備える存在であるからである。

　問題は，まさしく見落とされるまでに地方議会に存在感がなく，また信頼されていないことに尽きる。とはいえ，ここにきて信頼される議会が現れつつある事実には光を当てたい。この10年あまりの間に，「議会基本条例」を制定するなど議会改革を進めている地方議会が各地に誕生している（神原ほか 2015）。

先進的な一部の地方議会では，①住民に開かれた議会，②討論の広場である議会，③首長と競い合う議会，というめざすべき方向が掲げられている（橋場・神原 2006）。そこで理想とされている姿は，本章の文脈から考えれば，社会内の多様な利害を議会内へ反映させ（①），それらを公開の議論のもとに集約し（②），それを首長案への対案としてまとめる（③）議会像ということになろう。そのような議会とネットワークの連携は，制度や形式に由来するだけの「正統性」にとどまることのない，実質的な意味での「正統性」をそこに生み出し，本章が先に必要なものとして掲げてきた条件を充たすポテンシャルをもつものといってよい。そのような議会をめざした改革が，一部で着手されているだけでなく，すでに一定の果実を生み出している。これらをさらに推し進めることは，ネットワークによる政策立案や合意形成にもまた資する可能性をもつと考えられるのである。

【注】
1) 近年では，大都市地域特別区設置法や合併特例法に基づく住民投票が法制化されており，実際に投票も行われているが，本章で取り上げるものは条例に基づく住民投票に対象を限定している。
2) その投票結果の効力については，法律上定められた長や議会の権限を制約することになるという理由から，法的拘束力をもたせることはできない，というのが通説・判例の立場である。そのため，一般に住民投票条例は，長や議会に投票結果に対する「尊重」義務を課す，という体裁をとっている。
3) 田中二郎は，地方自治法の条例の制定改廃請求制度に住民投票制度が盛り込まれなかったことについて「わが国の民主主義の地盤を考慮した結果であろう」と，未熟な納税者意識にその原因があるとの理解をしていた。田中二郎（1950）『行政法講義案　中巻』有斐閣，118頁。
4) 「レファレンダムはブレーキに，イニシアティブはアクセルに例えられる」（岡本 2012: 125）という理解からすれば，ここに取り上げた2事例は，いずれもブレーキを意図したレファレンダムなのであり，事業に対するブレーキになっていることから，それ以上のものを求めるべきではない，という評価に落ち着くであろう。
5) 選択肢が3つ以上ある場合には，順位づけを行ううえでの困難が生じるため（採用するルールによって順位が変わるため），住民投票は基本的に二者択一で行うべき，という前提に本章は立っている。選択肢が3つ以上の場合に生じる問題については，坂井豊貴（2015）『多数決を疑う　社会的選択理論とは何か』岩波書店，参照。

6) 最初の住民投票運動は，1979年に東京都立川市で起こされたといわれている。米軍基地の跡地利用を問うことをめざしたもので，憲法95条に基づき横須賀市などで実施された旧軍港市転換法を問う住民投票に着想を得たという（今井 2006: 144）。
7) 産業廃棄物処理場建設の是非を問う住民投票を求める運動は，建設に先立つ立地選定プロセスや住民合意プロセスの不備を広く社会に訴える機能を果たした。その影響は，一部の先駆的な自治体が水道水源地保護条例や紛争予防・事前調整条例を整備したことにみてとることができる（上田 2007b: 99-100）。

【参考文献】

今井一（2006）「改憲の是非を問う国民投票にどう向き合うべきか」『理戦』86号，144-157頁。
上田道明（2003）『自治を問う住民投票』自治体研究社。
――――（2005）「『平成の大合併』をめぐる住民投票は何を残したか」『自治と分権』20号，66-77頁。
――――（2007a）「『住民投票史』の中の2005年」『佛教大学 社会学部論集』44号，83-99頁。
――――（2007b）「住民投票の10年」『大阪市立大学 法学雑誌』54巻2号，651-707頁。
――――（2010）「住民投票に期待されているものは何か」『季刊 政策・経営研究』3号，39-50頁。
――――（2011）「市民参加の手段としての住民投票，そして議会」畑山敏夫・平井一臣編『実践の政治学』法律文化社，63-91頁。
上田道明・藤島光男・稲野文雄（2008）「住民投票の制度化はどこまで進んでいるか」『自治と分権』30号，42-80頁。
岡本三彦（2012）「自治体の政策過程における住民投票」『会計検査研究』45号，115-128頁。
小野達也（2014）「政策選択としての鳥取市庁舎整備問題―行政・議会・市民の役割と責任」『鳥取大学 地域学論集』10巻3号，1-31頁。
加茂利男（1993）『日本型政治システム』有斐閣。
神原勝・中尾修・江藤俊昭・広瀬克哉（2015）『議会改革はどこまで進んだか―改革8年の検証と展望』公人の友社。
小暮健太郎（2011）「第2世代のガバナンス論と民主主義」岩崎正洋編『ガバナンス論の現在』勁草書房，165-186頁。
塩沢健一（2013）「住民投票における争点提示と『民意』の正統性―鳥取市の事例をもとに」2013年度日本選挙学会報告論文。
外川伸一（2008）「ローカル・ガバナンス分析のための理論的基礎」『山梨学院大学 法学論集』60号，1-49頁。
橋場利勝・神原勝（2006）『栗山町発・議会基本条例』公人の友社。
Peters, B. Guy (2000) "Governance and Comparative Politics," *Debating Governance-Authority, Steering, and Democracy*, ed. Pierre, J., Oxford University Press.

第9章
ローカル・ガバナンスという切り口
―― 政治学の知的革新と民主主義の深化へ ――

伊藤　恭彦

1　ガバナンスとローカル・ガバナンス

　本書はガバナンス現象とガバナンス概念の登場を真剣に受け止め，その中でも特に「ローカル・ガバナンス」に注目して議論を進めてきた。すなわち，地方や地域といった生活現場におけるガバナンスとガバナンスにおける地方政府（地方自治体）の役割に着目して，さまざまな観点からの検討を行ってきた。ローカルに着目したのはわが国においても地方自治体レベルでガバナンス現象が明瞭に観察でき，その観察と観察結果の分析を通して日本の地方自治や地方政治の現状や変化をより豊かに理解することができるからである。さらに本書ではローカルに着目することで，地域で暮らす住民に新しい視点を提供することも考えている。本書の各章を読みながら，そこで取り上げたのと良く似た現象を身近な自分の地域で見聞きしたり経験したりしたという読者もいるだろう。ローカル・ガバナンス現象は生活現場のごく近くで起こっている政治現象である。そうした身近での経験を本書での分析と重ね合わせることで，地方政治や地方行政についての新しい見方を獲得することができるかもしれない。住民・生活者として自らの生活現場である地域をより良いものにしていくための知的資源としてもローカル・ガバナンス論は活用できる。住民・生活者の地域における実践力の向上に資することができるかもしれないという想いも，ローカル・ガバナンスに注目した理由である。

今日，世界の政治学や行政学ではガバナンス論が大流行になっている。いうまでもなくガバナンスは単なる流行語ではない。この言葉の多様な使い方を含めて，正しく把握するならば，現代政治や現代行政を理解し，それらにかかわっていくうえでの重要なアイテムになりうる。前章までの議論で示した，ローカル・ガバナンスを含むガバナンス概念を駆使することで地方政治と地方行政についての新たな知見を獲得することができる。ただここで指摘しておきたいのは，この概念自体が，新たな現象の登場を受け，その解明を通して創出されていった点である。すでに発生している現象を全く異なる観点から理解するために構築された概念ではない。ガバナンスという概念を登場させた新しい政治動向については，現在までに多くの指摘がされているが，その要点を簡単に振り返っておこう。

　ガバナンス概念を登場させた新たな政治動向を一言でいえば，1990年代以降，急速に進展した国家（政府）活動の質と量の変容である。国家活動の量と質の変容をもたらした第1の原因は，経済のグローバリゼーションである。グローバリゼーションによって国境を越える経済活動が増大し，それに付随した国境を越える問題群が一挙に拡大した。それらの問題群は1国政府だけでは対応できないものばかりである。そのために国境を越える問題群解決をめざし，複数の政府や国際機関さらには非政府組織が協調して活動することが必要になった。これらの活動は経済問題のみならず環境，難民，安全保障など多方面に拡がりつつある。この活動調整様式を国際政治学では「グローバル・ガバナンス」と呼んでいる。グローバル・ガバナンスは地球的な問題を解決する可能性をもった活動調整様式として期待される一方で，その拡大は確実に各国政府の権威の失墜をまねいた。この点に関してヤン・ピエールは「グローバリゼーションの主要な帰結と思えるのは，国内の伝統的政治権威の浸食である」(Pierre 2000: 5) と指摘している。

　国家（政府）活動の量と質の変容をもたらした第2の原因は，第1章でも検討されたケインズ主義的福祉国家の危機と呼ばれる動向である。1970年代前半の石油危機を契機とし，先進国は軒並み低成長時代へと突入していった。低成長による税収不足の中で先進国は深刻な財政危機に陥り，社会の利益を調整し

たり，利益の分配と再分配をしたりするために必要な資源を政府はもはやもつことができなくなった。その結果，福祉国家の発展・充実とともに強まっていった民衆の政府に対する要求に政府は十分に応えることができなくなった。福祉国家の危機は「政府の失敗」「民主主義の負荷」「正統性の危機」として論じられた。この種の論じ方が妥当であるかどうかは措いたとしても，第二次世界大戦後に形成された福祉国家という政府の権威が浸食され始めたのは事実である。

　ケインズ主義的福祉国家の失墜を招いた直接の歴史的要因は国家の財政危機であるが，この政府の権威失墜をグローバリゼーションがさらに加速しているといえる。政府が扱える資源が減少し政府の権威は失墜したが，政府が対処すべき問題は逆に拡大している。地球温暖化など気候変動と生態系の危機，資源枯渇問題といった国境を越える問題群に政府は対応しなくてはならないだけではない。社会福祉問題を複雑化させている少子高齢化問題，グローバリゼーションに対応するために行った労働市場の緩和策が招いた格差と貧困問題，企業競争力を維持するために行っている法人税減税競争と財政再建との両立など，政府は国内においても難しい問題に対応せざるをえなくなった。

　そこで政府は政府以外のアクターとの連携やアクター間の相互行為の調整をとりながら，社会が直面している問題群を何とか解決しようとし始めたのである。政府が諸アクターとの連携やアクター間の相互行為の調整という活動を担うにいたる過程では，政府活動の市場化やNPM（ニュー・パブリック・マネジメント）の導入があったことはよく知られている。この連携と調整による問題解決がガバナンスという現象である。したがってガバナンスは「社会システムの調整と，そのプロセスにおける国家の役割についての概念的，理論的表現」（Pierre 2000: 3）と定義づけられる。かつては政府（ガバメント）がほぼ独占していた統治活動（ガバナンス）の独占状態が解体し，統治活動が政府を含む諸アクターの相互行為と調整によって担われる事態を，今日，ガバナンスという言葉は表現しようとしているのである。「ガバメントからガバナンスへ」という表現を時々聞く。政治や行政を観察しているものが，統治を研究する際にガバメントだけをみていてはダメだということを，この表現が意味しているならば正

しい。しかし，ガバメントがなくなりガバナンスに移行したと理解するならば，これは正確ではない。むしろ「ガバメントが独占していたガバナンスから，ガバメントを含む諸アクターによるガバナンスへ」というのが正しい理解であろう[1]。いずれにせよ，20世紀末から進んだ巨大な政治変動が，政治学と行政学におけるガバナンス概念の創出と彫刻を進めたのである。

　本書ではローカル・ガバナンスの最新の動向について検討を行ってきた。ガバメントという組織ではなくガバナンスという統治の活動に焦点をあてることは政治学や行政学にどのような意味をもつのであろうか。本書では「ローカル」と一口にいってもその多様性と諸ローカルの重層や複合に注意を払った。それはわが国の地方自治における府県と基礎自治体の関係ならびに連携，多機関連携さらには基礎自治体よりもさらに小さいコミュニティレベルのガバナンスという形で現れている。そこでは伝統的な地域特性の枠がガバナンスの困難さをもたらすこと（第7章），逆に小さな自治体が従来の制度枠組みを前提にしたガバナンスを意識的に活用することで大規模自治体とは異なるガバナンスを実現していること（第6章），さらには新たな政策課題での多機関連携の可能性（第1章）といった新しい論点が含まれている。他方で今日「成長エンジン」と位置づけられる都市という現場（ローカル）においては，グローバリゼーションの波の中で新たなガバナンスが問題となっている。とりわけ世界都市におけるメトロポリタン・ガバナンスの民主性をいかに担保するのかという問題（第3章）と都市における伝統的経済圏との連携・調整という問題（第4章）が，都市における新たなガバナンスの課題として浮上している。こうしたローカル・ガバナンス現象の登場は，前述のようにグローバリゼーションの進展と福祉国家の危機という巨大な流れの中で起こっている。他方で，わが国の場合，そうした流れを具体的な政策課題として受け止め，推進していったのが「地方分権改革」である。各ローカルにおけるガバナンス問題はこの改革との連関ぬきには理解できないだろう（第5章）。

　本章では前章までの議論を受け，ガバナンス，とりわけローカル・ガバナンスという概念がどのようにして私たちの地方政治と地方行政の理解を豊かにするのか，あるいは豊かにする可能性を秘めているのかを検討したい。それは一

方では地方自治や地域政治を新たな視点で理解する理論的可能性であり，他方でその視点をもって私たち自身が地方自治の担い手として新しい実践の地平を切り拓く可能性である。すでに本書ではポリセントリシティという評価軸が提起されているが（第2章），そうした評価軸の意味を検討するうえでも，従来の政治学からのローカル・ガバナンス論の一定の総括が必要であろう。またわが国の地方自治，ローカルにおける民主主義の新たな可能性として評価された住民投票も，すでにの中に「古いガバナンス」と「新しいガバナンス」の相克がある以上（第8章），ローカル・ガバナンスの民主性を評価する上での，デモクラシー論の深化も必要であろう。そこで，以下では，ローカル・ガバナンスが政治学と行政学の理論的革新にどうつながりうるのかを論じ，その後に，それが私たちの民主主義観にどのように貢献しうるのかを検討していきたい。

2　ローカル・ガバナンスと政治理論の革新

　最初にローカル・ガバナンス現象が政治理論にどのようなインパクトを与えたのか，あるいは与えつつあるのかについて考えてみたい。ローカル・ガバナンスを含むガバナンス研究は，一方においてはガバナンス一般を理論的に把握しようとする抽象度の高い議論として展開されており，他方では個別のきわめて精緻な実証研究としても進められている。前者はあまりに抽象的であるが，後者はあまりに個別具体的である。両者を架橋しようとする努力は続いているが，ローカル・ガバナンス研究の現状は，おそらく伊藤修一郎と近藤康史がいうように「理論研究が先行し，散発的な事例研究が追いかけている段階である」（伊藤・近藤 2010: 19）のであろう。こうした研究状況ではあれ，ローカル・ガバナンスを含むガバナンス現象の登場とその理論的把握の試みを多くの論者は肯定的に捉えようとしている。たとえばガイ・ピーターズは次のように述べている。

　　ガバナンスを強調することで政治学というディシプリンは，自らのいくつかのルーツを再把握することができる。それは私的セクターというアクターやトラン

スナショナルなアクターと結びついた公的セクター、あるいは公的セクターだけで社会と経済に対する方向づけとコントロールをどのように提供することができるのだろうか、という点に正確に焦点をあてることになるからだ。(Peters 2012: 19)

　20世紀に科学として確立した政治学は、約100年かけてその科学性を発展させつつ豊かな学問的成果を生み出してきた。そしてその方法論も精緻化され、研究者たちは方法的自覚をもって政治現象の分析にあたっていった。このような歴史は政治学の進化であると同時に、個別化をともなう専門分化（蛸壺化）の過程であるともいえる。ピーターズは政治学がガバナンス現象に取り組むことでそのルーツを再把握できるという。そのルーツとは国家（政府）と社会（市民社会）の相互作用や両者のダイナミズムの理論的解明である。ガバナンスに焦点をあてることで政治学固有の本来的課題に新たな次元で取り組めるというわけだ。ローカル・ガバナンス研究は、かつては地方政府が独占していた利益調整・利益分配機能をローカル社会も分担し、地方政府とローカル社会との相互関係の中でローカルな公共目的を実現するプロセスを把握しようとしている。これは地方政府と地域社会のダイナミズム分析に他ならない。

　ローカル・ガバナンス論が特に注目するのは、このプロセスにおける政府（地方政府）と社会との関係についてである。本書の各章で明らかにしてきたように、地方政府と地域社会との関係、さらには地域社会内部での諸アクター間の関係は争点や政策問題ごとに多様であり、相互の関係も複雑である。この種の多様性と複雑性ゆえに、ローカル・ガバナンス一般の定義は難しい。しかし、ローカル・ガバナンス現象の分析は地方政府と地域社会のダイナミズムの分析を通して、政治学に対して非常に大きな貢献をしているといえる。

　その最大の貢献はローカルな制度とローカルに存在している多様なアクターの関係をとらえる新たな視角の提供である。前述のようにガバナンスが登場した背景には政府の権威の失墜がある。とはいえ政府が消滅したわけではない。したがって問題は政府機能の比重と質とをどうとらえるのかにあり、ローカル・ガバナンスにおいては、地方政府の比重と質との把握がポイントになる。ここではピエールや外川伸一の議論を参考に２つの把握方法を紹介したい。ま

ず地方政府が依然として地方における統治の中心を担い，変化したのはその量にすぎないとの見方を「地方政府中心的アプローチ」と呼んでおこう。このアプローチでは地方政府は財政難に陥り，扱える資源量が減少したにもかかわらず，政府活動の民営化や NPM の導入により，政府活動の量的削減に成功し，ハイアラーキーな地方官僚が地域社会と地域経済のステアリング（舵取り）を遂行しているととらえる。したがって，ここでのガバナンスの中心的な論点は地方政府のステアリング能力におかれる。

　これに対して政府の権威の失墜以降，政府機能の質が変化し，統治は政府の独占物ではなくなったとの見方も成り立つ。この見方を「地方社会中心的アプローチ」と呼んでおこう。このアプローチに従えば，ガバナンスとは地方政府を含む公式・非公式のアクターの相互行為とパートナーシップによる地域問題の発見と解決なのである。「地方社会中心的アプローチ」はさらに地方政府の関与の程度の違いでさらに2つに分けることが可能である。第1は相互行為とパートナーシップといっても，それはあくまでも地方政府の制度枠組み内部に限定されたことであるとするとらえ方である。相互行為を地方政府のハイアラーキーな制度内部での現象とするならば，これは前述の「地方政府中心的アプローチ」に接近していくだろう。第2は地方政府の関与の仕方は偶発的であり，争点や政策問題ごとに異なるとの見方である。この見方に従えば，地方政府の関与の程度や方法は多様なのであり，場合によっては地方政府が全く関与しないガバナンスもありうることとなる。[2]

　周知のように20世紀政治学はアクターの選好を独立変数とした関数として政治現象を説明する，多元的民主主義理論に代表される理論がその科学的分析を牽引してきた。しかし，この理論は政治的なものを社会に還元し，国家や政府といった政治独自の制度を射程に入れることができない「社会還元論」として批判されるにいたった。かわって政治の科学的分析をリードしているのは，アクターは制度の制約の中で合理的決定を行い，その決定がまた制度を形成するという制度とアクターの相互作用を捉える新制度論である。ガバナンス現象が制度とアクターの相互作用であるから，新制度論的アプローチがその分析に最も適合するといえよう。

しかし，ガバナンス，特にローカル・ガバナンスは新制度論的分析には単純に収まらない複雑な動きをはらんでいる。ピーターズはガバナンスにおいては，政策問題について異なった目標と価値をもったアクターが公的セクターの内外から登場するが，それらのアクター間のリンケージが重要になるとする。そして「これらのリンケージが求めることは，政府と社会との間の相互行為のパターンがルーティーン化され，より予見可能なものとなる一組の明瞭な制度編成である」(Peters 2011: 81) が，そのことがいつも保証されるわけではない。特にローカルという生活現場においては，多様なアクターがある場合には自主的に，別の場合にはアドホックな動員によって政策アリーナに登場する。こうした複雑性から，ピーターズは制度による社会のステアリングを理解するためには，制度とアクターの単純な相互行為だけではなく，制度内部での個人の機能，個人がどのように制度をつくるのか，逆に個人が制度によってどのようにつくられるのか，さらには制度と制度の相互行為の分析が必要だとしている。さらに，ガバナンスは利益集約（input）だけでなく，政策執行（output）をも含むがゆえに，その動態分析はさらに複雑になるだろう。これらの論点は新制度論の分析方法をさらに精緻化していくことにつながるだろう。

　同時に注意しなくてはならないのは，ローカルなレベルでのこの複雑な相互行為は，もはや定型的な制度を必要としないガバナンスの招来の可能性も拓くことである。地域社会の問題や問題解決は，問題を認識したアクターを中心として制度に定型化されていないネットワーク，問題解決終了とともに解体するネットワークに担われるかもしれない。これはR. A. W. ローズが「ガバメントなきガバナンス」と呼んだネットワークによるガバナンス（ガバナンス・ネットワーク）である。ローズは「これらのネットワークは自己組織的であり，ネットワークを規制する中心部の能力は未発達な状態にとどまっている」(Rhodes 1997: 57) と述べ，ネットワークのマネジメントは「ファシリテーション」「調停 (accommodation)」「取引 (bargaining)」によっているとしている。ネットワークによるガバナンスという捉え方は，もしかしたら現代政治という枠組みを超えたポスト・モダン政治を予告しているのかもしれない。かりにそうであるならば，ローカル・ガバナンス論は新制度論の精緻化ということには

とどまらない，政治学の認識方法と政治学の主要概念のポスト・モダンな革新へと連続していくだろう。[3)]

3 ローカル・ガバナンスとデモクラシーの革新

　本書全体で検討してきたように，ローカル・ガバナンスは私たち市民・住民を巻き込みながら展開している。日本ではローカルという場は，地方自治の場でもある。ローカル・ガバナンスは地方自治，より広くは地域の民主主義にどのような問題を投げかけているのだろうか。次にこの点を考えてみたい。

　前述のようにローカル・ガバナンスには，「地方政府中心的アプローチ」と「地方社会中心的アプローチ」の2つのアプローチが可能であった。民主主義を考える場合も，2つのアプローチでは焦点が異なる。「地方政府中心的アプローチ」では，ローカル・ガバナンスが拡大したとしても，地方政府の統治の質的変化はないと考える。この認識に従えば，民主主義も地方政府への制度的統制が中心となるだろう。そこではたとえば選挙による統制や直接請求権に基づく統制といった制度を使うことで，地方政府をどこまでコントロールできるかが民主主義の中心的テーマとなる。これを第8章で論じた「古いガバナンス」における民主主義と呼んでもよい。さらに地方政府の活動の量的削減をはかり，さらなる行政の効率化をはかる，新しい擬似的参加装置の整備もこのアプローチから帰結する民主主義観と親和的である。民主党政権下で華々しく行われ，日本の地方自治体においても一時期ブームとなった有識者や市民の参加による「行政外部評価」（地方自治体における事業仕分け）は，行政活動の民営化や市場化を推し進める仕掛けとして機能し，その多くが外見的にはハイアラーキーな官僚組織が牛耳る統治（事業）の民主的統制のようにみえたのである。

　他方で「地方社会中心的アプローチ」でローカル・ガバナンスを把握するならば，それはハイアラーキーな官僚制に対する制度的統制とは異なる民主主義につながざるをえない。ガバナンスでは政策形成の局面だけでなく政策執行の局面においても，多様なアクターの参画を求める。多様なアクターが参加するから，それは参加民主主義的な状況を生み出す。この状況下では政策執行主体

である行政もアクターの要求に耳を傾けながら政策執行を進めるだろう。このような点において，ローカル・ガバナンスは民主主義に親和的であるかのように思える。

しかしながらピーターズがいうようにローカル・ガバナンスにおいても「政策問題について異なった価値と異なった目標をもったアクター」(Peters 2011: 81) が登場するから，参加という契機が単に拡大しただけで民主主義の深化や拡大が自動的に保証されるわけではない。ガバナンス自体が「調整」を本質的要素としている以上，調整の様式という観点から民主主義を検討せざるをえないであろう。もちろん「調整」のとらえ方もローカル・ガバナンスのとらえ方によって左右される。先に述べた「地方政府中心的アプローチ」であれば，それは地方官僚制による私的アクターの統制ということになろう。また「地方社会中心的アプローチ」に立ったとしても，「調整」機能は基本的に地方政府やその官僚が担うのであれば，それは「地方政府中心的アプローチ」に近似したものになると考えられる。

「地方社会中心的アプローチ」において，その「調整」をさらに一歩進めてガバナンス・ネットワーク，すなわち「規制的，規範的，認知的，想像的フレームワーク内部で生じる持続的な交渉を通して相互に行為し合う，公的セクターと私的セクターから登場する自律的アクター達」による相互依存の水平的関係（Torfing 2012: 101）と捉えるならば，民主主義との関係はやや複雑になる。その極限形ともいえる非定型的なネットワークによる調整（「ガバメントなきガバナンス」という調整）であれば，そこではアドホックな調整が支配的になり，それが民主的であるかどうかはもはや偶発的な事態となるかもしれない。

こうした事態を念頭においたとき，ローカル・ガバナンスの進展と民主主義の関係はどのようなものとして理解できるだろうか。伝統的な自由民主主義理解に従えば，それは民主主義にとっての危機を意味するかもしれない。伝統的民主主義理解では，民主主義は政府と社会の明確な区分を前提に社会の利益を集約する代表制という制度をその根幹におく。社会に張りめぐらされたガバナンス・ネットワークが統治を担いはじめるならば，ガバナンスはこの民主主義理解を大きくゆるがすことになる。もちろんガバナンス・ネットワークが拡大

しても，それを従来の統治の枠組みに回収しようとする動きは起こりうるだろう。しかし，前述のようにガバナンスは単に利益集約，つまり入力過程だけの問題ではなく，政策執行，すなわち出力過程の問題でもあるので，利益集約に力点をおいて理解された伝統的な民主主義への回収は早晩挫折せざるをえない。

これに対してガバナンス・ネットワークの拡大を民主主義の進展の好機ととらえる議論も成り立つ。この種の議論が成立するためには，ガバナンス・ネットワークに親和的な方向で民主主義の意味を転換させる必要がある。政府と社会の厳密な二分論と政府における代表制こそが民主主義の場であるとの伝統的民主主義理解をガバナンス・ネットワークに適合するように転換させるためには，政府・社会の二分論の解体という途かあるいは利益集約としての民主主義理解の変容という途か，いずれかがありうる。前者の途を進もうとするのが第7章でも触れた「アソシエーティブ・デモクラシー（associative democracy）」であり，後者の途を進もうとするのが「アゴーニスティック・デモクラシー（agonistic democracy）である。

まずアソシエーティブ・デモクラシーからみてみよう。アソシエーティブ・デモクラシーの提唱者であるポール・ハーストは「政府の権威の失墜」を伝統的な民主主義理解の解体ととらえ，国家と公的セクターがガバナンスという実践を独占していた古典自由主義的意味での政府は現実味を失ったとする。そして現状を次のようにとらえる。

　国民国家はますます顕著になってきたサブ・ナショナルな政府，増殖しているネットワークとパートナーシップというガバナンスの形態，多様な擬似公的組織と私的組織，NGO，国際機関やその他の形態の超ナショナルなガバナンスと権力を共有している。(Hirst 2000: 24)

このような事態が進行したため，民主主義の第一義的な場（locus）と単一のデモスは想定できなくなったとハーストは主張する。そこでハーストは民主主義の場を政府や公的セクターではなく，市民社会に設定しようとする。市民社会を民主主義の場とするために3つの原理的な提案がされる。第1は社会的な事柄に関する組織は可能な限り国家から，自発的で民主的に統治された自己統

治的アソシエーションに移転するというものである。第2は政治的権威の分権化である。そして第3は経済の民主化であり、非営利的金融機関 (non-profit financial institutions) と投資家と労働者がそのガバナンスにおいて共に明確な発言権をもつ協同企業 (co-operative firms) による相互主義的経済の推進である (Hirst 1997: 31-32)。

　ハーストは市民社会の政治化と民主化という戦略を打ち出すが、そこでの主体は個人ではなく集団(アソシエーション)なのである。ハーストの議論は周知のように多元的国家論(政治的多元主義)から、特にG. D. H. コールのギルド社会主義から多くのヒントを得ている。しかし、ハーストはコールの集団主義では代表制民主主義を「新しい職能的民主主義 (a new functional democracy)」に置き換えようとし、市場経済を社会主義システムに置き換えようとしている点で現実的ではないし持続可能なものでもないと考える (Hirst 1994: 19)。ハーストは代表制民主主義と市場経済の存在を前提に、ガバナンス現象が拡大する現代社会において市民社会を活性化することによる民主主義の可能性を求める。「アソシエーショナルな原理は、代表的民主主義、官僚制的福祉国家、大企業といった現代支配的な形態の社会組織の補完として、あるいはその健全な競争相手として社会の民主化を進め、社会を再活性化する」(Hirst 1994: 42)。

　ハーストは競合し合う各種アソシエーションが意見集約をしながら、他方で一定のサービス執行も行う活動を展開している市民社会自体を政治の場、彼の言葉を使えば「民主化された市民社会 (democratized civil society)」とすることを構想するのである。それは市民社会で拡張するガバナンス・ネットワークそれ自体を民主化し、利益集約主体と政策執行主体とし、その結果として「限定的な政府 (limited government)」の回復をめざす戦略と理解することができよう。

　これに対して利益集約としての民主主義というとらえ方を拒絶し、民主主義の根本的な意味転換をはかり、ガバナンス・ネットワークに適合的な民主主義像を構築する途もある。その典型がアゴーニスティック・デモクラシーである。シャンタル・ムフがアゴーニスティック・デモクラシーの最も著名な提唱者の1人であろう。彼女の場合、ガバナンス・ネットワークを直接念頭において、民主主義の意味転換をはかったわけではない。むしろ、さまざまな課題を

担う新しい社会運動の多様な接合とその接合にともなう参加者のアイデンティティの変容(構築)が，彼女の理論化の背後にある。とはいえ，彼女のアゴーニスティック・デモクラシーはガバナンス・ネットワーク時代の民主主義の変容を最もラディカルに考える素材となりうる。

　ムフは民主主義を何らかの利益集約とは考えないし，熟議民主主義のように討議による合意形成だとも考えない。利益集約であれ合意形成であれ，そこではある時点での合意の形成，すなわち権力の消滅が前提にされている。ムフは権力の消滅は民主主義にとって望ましいことではないと考える。むしろさまざまな主体が権力をめぐって争うことによって，各人のアイデンティティが構成されるのであり，その意味で闘争は人間にとって不可欠なものである。この種の闘争を進展させるところに民主主義の意義があるとムフは考える。民主主義にとっての課題は権力闘争の終焉を期待することではなく，闘争の持続を歓迎しながら，それをどのように規制するかにある。彼女は自らの政治イメージをカール・シュミットの「友・敵関係」から得て，民主主義は闘争を通じて「私たち」と「彼ら」という線引きをし，それを通して各人のアイデンティティを構築する場とする。民主主義に対する規制は「彼ら」をどうとらえるのかにおかれる。ムフはシュミットのように「彼ら」を殲滅の対象とする「敵」としない方法を探り，次のように述べる。

> 　「闘技的複数主義」の視座からみると，民主主義政治の目標は，「彼ら」をもはや破壊されるべきひとつの敵としてではなく，ひとつの「対抗者」として知覚されるような仕方で構築することにある。対抗者にたいして，私たちは彼らの理念と闘うけれども，彼らが自らの理念を擁護する権利については疑問を付すことはない，そういった存在である。これこそが真の自由民主主義的寛容の意味であり，それは，対抗する考えに寛容であるとか，同意しない立場に無関心であるということではなく，正統な対抗勢力として扱うことである。(Mouffe 2000: 101-102〔翻訳157頁〕)

　民主主義の核心は敵対的な (antagonistic) 友・敵関係を対抗者間の闘技的な (agonistic) 関係に転換していく点にある。そのことは民主主義を利益集約とかサービス執行の機能とかではなく，個々人のアイデンティティ構成ととらえ，

その意味転換を促すものといえる。ガバナンス・ネットワークは市民社会に文字どおりネットワーク状に拡張しているが，公的世界や私的世界からどのような主体がネットワークに参画してくるのかは予想できない。多様な価値と目標をもった主体が織りなすネットワークは文字どおり「多元主義」の現場でもある。そして，そこでは主体間の抗争も発生する。もちろん主体間の合意もできあがるかもしれないが，それは制度的な民主主義に比して偶発性が高い。このようなガバナンス・ネットワークの特徴をとらえるならば，それは伝統的な民主主義には敵対的かもしれないが，ムフ的な意味での闘技としての民主主義には相応しい場となろう。

　ローカル・ガバナンスを含むガバナンスは伝統的な民主主義からは自らの根幹を構成する制度を攪乱するものとして警戒され，ハイアラーキーな統合の標的にされるだろう。他方で民主主義の伝統的理解から離れ，市民社会自体の民主化を民主主義の課題とするならば，ガバナンス，とりわけ，ガバナンス・ネットワークは民主主義を深化させるポテンシャルと理解できるだろう。その意味で，現在進行しているガバナンス現象は，新たな民主主義像をめぐる抗争の場でもある。しかし，その抗争は代表制を核とした自由民主主義をはるかに超え，ポスト・モダン的な民主主義へと飛躍するポテンシャルをも有している。

4　市民社会の民主化と生活圏デモクラシー

　以上みてきたようにガバナンスをめぐる議論は政治学の方法的革新と民主主義理論の深化の可能性を秘めたものだといえる。とりわけ民主主義との関係では，単に理論的深化だけでなく現実の民主主義，ローカル・ガバナンスに引きつけていえば地方自治の新たな実践的地平を切り拓くものともいえるかもしれない。最後にこの点を簡単に検討しておこう。

　先に述べたようにガバナンス論は国家と社会の関係という政治学の古典的問いを現代的に再生させたものである。そしてアソシエーティブ・デモクラシーやアゴーニスティック・デモクラシーのように社会の中に拡大するネットワークに新たな民主主義の可能性を求める議論も登場した。これらはいわば市民社

第9章　ローカル・ガバナンスという切り口

会の政治化戦略である。この戦略は実は日本において決して目新しいものではない。政治学を含む戦後日本の社会科学が最大の課題としたのが，市民社会の民主化とそこでの市民の主体形成でもあった。この課題を担ったのが戦後社会科学をリードしたいわゆる市民社会派であったことは周知のことがらであろう。市民社会派は政治学の丸山眞男，経済史学の大塚久雄，経済学史の内田義彦，法学の川島武宜ら戦後社会科学の確立に尽力した人々の共通の問題関心から命名された学問グループである。その共通の問題関心とは西欧近代社会との対比における日本の政治的，社会的後進性についての学問的把握とその実践的克服の方途の探求であり，近代市民社会の確立とそこにおける主体的・能動的市民の育成こそが日本の真の民主化という政治課題を解決するとのものである。

　確かに市民社会派の議論は戦後日本の社会科学の進展にとっての原動力になったし，専門領域を横断する理論と実践の共通認識の形成にも貢献した。しかし，市民社会派は一方ではモデルとした西欧近代社会のはらむ問題点を批判的に摘出できなかったこと，他方で現実にわが国で進行したのが市民社会の成熟ではなく大衆社会化であったことから，1980年代以降，その影響力を喪失していく[5]。それと前後して，わが国の政治学ではアメリカ発の科学的手法を自覚的に採用した精度の高い実証研究が大きく進展し，今日にいたっている。その点では市民社会派の政治分析は評論家的政治批評の域を出ないものとして完全に時代遅れになったかのようにみえる。しかし政治学の急速な科学化は市民社会派がもっていた理論の実践性を喪失させ，政治学は高度な知的専門活動として専門家の独占物になったようにもみえる。もちろん，こうした知的状況に対する評価は分かれるだろう。

　ここで指摘したいことはガバナンス論はこのような知的状況を変化させる可能性をもっていることである。ピーターズがいうようにガバナンス現象の分析は政府と市民社会の関係という政治学のルーツを再現し，それを通して細分化した政治学が自らのアイデンティティを再確証することにもつながるかもしれない。さらに政府の権威が失墜する中で新たな政治現象としてのガバナンスを分析することは，その科学性が高ければ高いほど，市民社会のもつ政治的ポテンシャルを鮮やかに描き出さざるをえない。その分析結果の可視化は市民社

の政治化という実践に結びつかざるをえないだろう。

　このような流れの中で市民社会の政治化による地方自治と地域の民主主義の発展の中にローカル・ガバナンスを位置づけることでみえてくる私たちの実践的課題を最後に明らかにしたい。市民社会の成熟による遅れた日本社会の克服という関心が大衆社会化によって無効になっていく状況に対して，加茂利男は次のように述べていた。

> 　われわれは，日本における自前の"市民文化"＝民主主義的な精神的風土確立の可能性を，このような共同体的な"第一次的関係"が解体し表層の市民社会形成がただちに"マス化"という事態を槓杆としつつ，半面そこに生育しはじめていると思われる"伝統志向""他人志向"を拒否しようとする態度や，現実の支配的社会構造に対する緊張感を手掛かりとして，それらを，なんらかの普遍主義的価値理念へ繋げていくことができるかどうかという点に着目して，探っていかなければならないだろう。しかもわれわれは，同時にこうした視点を，生産の深みにおいて捉えられた日常的な生活原理の問題にまで透徹させていく必要がある。……人間生活の秩序原理は，生産を起点とし，土台としているものであることからして，生産＝産業構造の視点から"生活の場"の秩序を構想することにより，"市民"像を構築してみるのでなければ，この方法の有効さも十分に透徹したものとはなりえないと思うのである。（加茂 1975: 203-204)

　ローカル・ガバナンスが地域社会における地方政府を含む公式・非公式のアクターの相互行為とパートナーシップによる地域問題の発見と解決であるから，それは「日常的な生活原理」の問題と連結した「生活の場の秩序」構想でもある。市民社会派の近代的市民社会構想の破綻と大衆社会の台頭，グローバリゼーションによる市民社会の動揺と政府の権威失墜の中で，市民の側からの秩序構成としてローカル・ガバナンスをとらえ直すならば，それは民主的な秩序原理を構想するものでもある。もちろん，先に紹介したようにここでいう民主主義はもはや代表制という制度枠組みには回収されない，場合によっては制度の枠組み外での人と人との抗争も含む民主主義である。

　この新しい民主主義を理論的次元で考えた民主主義一般とするならば，それはアソシエーティブ・デモクラシーという形であれアゴーニスティック・デモ

クラシーという形であれ，私たちの生活の場の民主主義構想としては抽象度が高すぎるかもしれない。しかし，この民主主義をローカル・ガバナンスの文脈においたとき，その実践的地平を切り拓くことができると考えられる。これは1990年代に加茂利男が「生活圏デモクラシー」としていち早く提起した新しい民主主義の構想の継承でもある。「生活圏デモクラシー」は住区や第1次生活圏を自治の単位として，空間利用の規制や予算編成のための自治権をそこに大胆に与えるという構想である（加茂 1990）。加茂は「生活圏デモクラシー」に関して次のような興味深い指摘もしている。

　個別的バラバラな要求を，生活圏を単位にして住民の手で総合化し，調整し，計画的にまちづくりを行う訓練することになる。そこには，公・共・私の関係を住民の側から考え，不効率なタテ割り行政をきりかえて総合的にまちづくりをすすめるしくみが生まれるのではないか。（加茂 1988: 228）

加茂は「生活圏デモクラシー」が文字どおりローカル，すなわち現場でのガバナンス（「総合化」，「調整」）として機能し，それがハイアラーキーな官僚制的統合（「不効率なタテ割り行政」）に対抗する可能性を見出していた。そしてそれが生活圏での新しい民主的「公共性」形成にもつながると考えられていた。本書全体で検討してきたように日本におけるローカル・ガバナンスは，内部にさまざまな対抗的な関係を含み，複雑に展開している。これらの現象を科学的に読み解くことが政治学や行政学の知的革新につながることは間違いがない。[6] そしてその革新は，生活者としての私たち，ローカルに身をおく私たちの民主主義的統治能力の陶冶に必ず結びつく問題でもある。

【注】
1) もちろん国際政治においては国民国家政府がまったく登場しない「統治」もありうるので「ガバメントからガバナンスへ」という現象もある。また後に検討するガバナンス・ネットワークは突き詰めれば「ガバメントなきガバナンス」につながりうる。これらのことを念頭におけば「ガバメントからガバナンス」へという理解も理論的にはありうる。
2) これらの整理はピエール（Pierre 2000），外川伸一（外川 2008）などに依拠した。なおガバナンス論の最先端の理論動向については堀雅晴の整理（堀 2011）が参考になる。

3) ネットワークによるガバナンスはネットワークをジル・ドゥルーズとフェリックス・ガタリがいう「リゾーム」ととらえるならば、それはポスト・モダン政治の到来とも考えられる。彼らはリゾームを中心があるモダンなシステムに対比させ次のように述べている。「こうした中心化システムに、著者たちは非中心化システム、完結した自動装置の網目を対立させるのであり、そこではコミュニケーションはある隣接者から別の任意の隣接者へと行われ、茎や経路は先だって存在することがなく、個体はどれもみな交換可能で、単にある瞬間における状態によって定義されるだけ、そのため局地的操作は相関的に組織され、包括的な最後の結果は中心的権威からは独立してみずからをシンクロナイズするのである」(ドゥルーズ、ガタリ 1994: 30)。ヤコブ・トルフィングは「ガバナンスの新しい形態はネオ・リベラリズム的な個人主義とも社会のポスト・モダン的な脱中心化とも十分に符合している」(Torfing 2010: 563)と述べ、ガバナンスがモダンの延長線ともポスト・モダンの先駆ともいえるとしている。
4) トルフィングとエバ・ソレンセンはガバナンス・ネットワークに適合するポスト自由主義的民主主義として、ハーストのアソシエーティブ・デモクラシーを含む「競争的民主主義」、正しい産出結果を求めるユルゲン・ハーバーマスらの「産出型民主主義」、マイケル・サンデルらの「共同体民主主義」、そしてアゴーニスティック・デモクラシーを挙げている (Søresen and Torfing 2007)。こうした新しい民主主義についての議論は「ポスト代表制民主主義」という最近の議論とも親和的である (山崎・山本 2015)。
5) 市民社会派における西欧市民社会批判の欠如をそのマックス・ウェーバー理解の狭さに求めたのが山之内靖である (山之内 1986)。また日本社会の大衆社会把握を行い、「大衆社会論争」の嚆矢となったのが松下圭一 (松下 1969) である。
6) 政治学の革新についての加茂の次の指摘は依然として現代の私たちの課題でもある。「今日における政治学、政治認識の根本問題が近代政治原理の危機とその根本的転換の問題である、というとき、われわれは現代政治学が、どこまでこの問題を解明=解決しうるものであるか、について批判的な検討をつうじて、政治学自体の革新=転換をはかる課題を負っているのだ」(加茂 1973: 196-197)。

【参考文献】

堀雅晴 (2011)「公的ガバナンス論の到達点―ガバナンス研究の回顧と展望をめぐって」新川達郎編『公的ガバナンスの動態研究―政府の作動様式の変容』ミネルヴァ書房、50-78頁。
伊藤修一郎・近藤康史 (2010)「ガバナンス論の展開と地方政府・市民社会」辻中豊・伊藤修一郎編『ローカル・ガバナンス―地方政府と市民社会』木鐸社、19-38頁。
加茂利男 (1973)「現代における政治科学―近代政治原理の危機と現代政治学」田口富久治・佐々木一郎・加茂利男『政治の科学―現代的課題と方法』青木書店、151-196頁。
――――(1975)『現代政治の思想像―現代政治学批判序説』日本評論社。
――――(1990)『二つの世紀のはざまで―国境を超える体制改革』自治体研究社。
松下圭一 (1969)『現代政治の条件』中央公論社。

外川伸一（2008）「ローカル・ガバナンス分析のための理論的基礎」『山梨学院大学法学論集』60号，1-49頁。
山之内靖（1996）『社会科学の現在』未來社。
山崎望・山本圭（2015）『ポスト代表制の政治学―デモクラシーの危機に抗して』ナカニシヤ出版。
ドゥルーズ，ジル／ガタリ，フェリックス（1994）『千のプラトー―資本主義と分裂症』宇野邦一・小沢秋広・田中敏彦・豊崎光一・宮林寛・守中高明訳，河出書房新社。
Hirst, Paul (1994) *Associative Democracy: New Forms of Economic and Social Governance*, Polity Press.
―――― (1997) *From Statism to Pluralism: Democracy, Civil Society and Global Politics*, UCL Press.
―――― (2000) "Democracy and Govrenance," *Debating Governance: Authority, Steering, and Democracy*, ed. Pierre, J., Oxford University Press, pp. 14-35.
Mouffe, Chantal (2000) *The Democratic Paradox*, Verso（葛西弘隆訳『民主主義の逆説』以文社，2006年）.
Peters, B. Guy (2011) "Institutional Theory," *The SAGE Handbook of Governance*, ed. Bevir, M., Sage, pp. 78-90.
―――― (2012) "Governance as Political Theory," *The Oxford Handbook of Governanve*, ed. Levi-Faul, D., Oxford University Press, pp. 19-32.
Pierre, Jon (2000) "Introduction: Understanding Governance," *Debating Governance: Authority, Steering, and Democracy*, ed. Pierre, J., Oxford University Press, pp. 1-10.
Rhodes, R. A. W. (1997) *Understanding Governance: Policy Network, Governance, Reflexivity and Accountability*, Open University Press.
Sørensen, Eva and Torfing, Jacob (2010) *Theories of Democratic Network Governance*, Palgrave Macmillan.
Torfing, Jacob (2010) "Governance," *Encyclopedia of Political Theory*, ed. Bevir, M., Sage, pp. 563-567.
―――― (2012) "Governance Network," *The Oxford Handbook of Governanve*, ed. Levi-Faul, D., Oxford University Press, pp. 99-112.

あとがき

　わが国の地方分権改革開始から約20年が経過した。その間に，多くの制度改革が行われ，中央と地方の関係が変化し，それと連動して地域（ローカル）の状況も大きく変わった。地方分権改革は「地域主権」を確立するものとして，好意的に受け止められてきたが，この20年間で地域がよくなったとはなかなか実感できないのも事実である。むしろ地方の過疎化や都市内の過疎，地域間格差や地域内格差，さらには社会関係資本の衰退など，地域の抱える問題はさらに深刻になってきているともいえる。政府が「地方創生」を唱えざるをえないのも，こうした問題が深刻だからだといえる。

　本書は主にわが国の地域に焦点をあてながら，地域が抱える問題を考え，その問題を克服する方途として，ローカル・ガバナンスを検討してきた。各章ごとに異なる事例を使い，ローカルの重層性と複合性にも注意しながら，ローカル・ガバナンス問題を複眼的に考えてきたつもりである。さらにガバナンスがデモクラシーに新たな課題を突きつけていることにも最大限の配慮をし，分権改革を真の地方自治や地域の民主主義の深化につなげなくてはならないという切実な問題提起もしたつもりである。本書がわが国の地方自治を真剣に考えようとしている方々や地域が直面している問題の解決に尽力されている方々のお役に少しでもたてるならば，執筆者一同望外の喜びである。

　本書は，大阪市立大学大学院で加茂利男先生のお教えを受けた者たちが行ってきた共同研究の成果の一部である。今回，先生の古稀を記念して共同研究の成果を公刊することとした。この共同研究はスタートしたばかりであるが，加茂先生のご指導を胸に刻みながら，さらに水準の高い共同研究を進めたいと考えている。

　最後に，法律文化社の小西英央氏と上田哲平氏には本書の企画から刊行までたくさんのご支援をいただいた。記して感謝申し上げたい。

編者　石田　徹
伊藤　恭彦
上田　道明

索　引

あ　行

アクティベーション……………………8
アゴーニスティック・デモクラシー………201
足による投票……………………57
アソシエーション……………37-40, 154, 202
アソシエーティブ・デモクラシー………201
「新しい」ガバナンス……………………184
新しい社会的リスク……………………8
アメリカ多元主義理論……………………40
EU（欧州連合）………………10, 28, 29
一部個別型総合出先機関……………122
一部事務組合……………………28, 121
イッシュー・ネットワーク……………100
伊藤修一郎……………………195
伊藤正次……………………120
内田義彦……………………205
NPM（ニュー・パブリック・マネジメント）
　……………………………26, 64, 193
欧州2020……………………12
欧州雇用戦略……………………10
大塚久雄……………………205
オストロム，ヴィンセント…………2, 32, 121
オストロム，エリノア……………………32

か　行

ガバナンス・ネットワーク（ネットワーク・
　ガバナンス）………29, 30, 41, 49, 64, 198
加茂利男……………………134, 169, 206
川島正宜……………………205
管轄権…………………28, 30, 31, 42
議会基本条例……………………187
規模とデモクラシー……………………59
行政媒介……………………150

協働……………………153
共同性……………………162
共有資源……………………155
近接性……………………135, 152
グローバリゼーション（グローバル化）
　……………………………4, 50, 79, 192
グローバル・ガバナンス……………………192
グローバル・シティ・リージョンズ………76
ケインズ・ベヴァリッジ型福祉国家………4
ケインズ主義的福祉国家……………4, 192
圏域自治……………………137-139, 142
コアリション……………………78, 91
広域連合……………………28, 121, 125
公共選択論……………………56, 62
公正な都市……………………65
コール，G. D. H.……………………202
コミュニティ・ガバナンス…………148, 149
近藤康史……………………195

さ　行

サブシディアリティ……………………43
三位一体の改革……………106, 110, 111
自治会・町内会……………………150-152
自治基本条例……………………153
自治体間連携……………………120, 133
自治の総量……………………136, 137
市町村合併……………………108, 111, 172
実効性……………………183
シティ・リージョンズ……………………76
市民社会……………………202, 204
　──組織……………………150
社会的結束……………………11
社会的投資……………………15
社会的排除……………………7

索　引

社会的包摂 …………………………… 2
集権・融合 …………………………… 103
集中・分散 …………………………… 140
周辺都市ガバナンス …………… 75, 89, 91, 92
住民運動 …………………………… 124, 187
住民参加 …………………………… 124
住民自治 ………………… 109, 169, 177, 179
住民投票運動 …………… 169, 170, 177, 178
住民投票条例 …………………… 169, 171, 173
住民投票制度 ………………………… 169
主　権 …………………………… 32, 36
シュミット，カール ………………… 203
小規模自治体 ……………………… 119
冗長性 ……………………………… 121
昭和の（大）合併 ……………… 111, 152
新制度論 ………………………… 35, 36, 197
新地域主義 ……………………… 57, 62
神野直彦 …………………………… 103
生活圏デモクラシー ………………… 207
正統性 ……………………… 30, 40, 41, 183
制度運用の時代 …………………… 99
制度改革の時代 …………………… 99
制度階層性 ………………………… 103
制度補完性 ………………………… 102
政令市 ………………………… 105, 142
積極的包摂 ………………………… 2, 8, 9
　──戦略 ……………………… 13-18
専門性 ……………………………… 183
総合行政主体 …………………… 120, 142
総合性 …………………………… 104, 151
ソレンセン，エバ ………………… 29, 64

た　行

「大は小を兼ねる」型 ……………… 135
第1次分権改革 …………… 42, 106-108
代議制（代表制）民主主義 … 3, 29-31, 41, 63
大都市圏 ……………… 32, 50-52, 75-77
　──ガバナンス …… 49, 53-56, 75, 92-94
多元的アクター（の）連携 ……… 17, 20
多次元的連携 ……………………… 17, 20

多重行政 …………………………… 32
多層的連携 …………………… 17, 20
脱工業化 …………………………… 5
男女性別役割分業 ………………… 7
「小さい自治の連合」型 …………… 135
地域協議会 …………………… 150, 157-159
地域共同管理 ……………………… 151
地域雇用・就労支援政策 ……… 18, 19
地域自治組織 ………………… 147-149
地域主権戦略会議 …………… 106, 114
地域内連携 …………………… 149, 161
地方社会中心的アプローチ ……… 197
地方政府中心的アプローチ ……… 197
地方中枢拠点都市構想 …………… 115
地方分権改革 ……………………… 97-99
　──推進委員会 …………… 106, 112
地方分権推進委員会 …… 106-108, 116, 153
中小企業振興基本条例 …………… 81
中心都市ガバナンス …… 75, 82, 87, 89
直接請求 …………………………… 171
定住自立圏 ………………………… 28
　──構想 ……………… 115, 125, 134
デモクラシー（民主主義）
　…… 3, 29-31, 39, 59, 61-65, 138, 199, 201-204
デモス …………………………… 64, 201
統合自治体論 …………………… 56, 62
統治の分有 ………………… 28, 44, 120
外川伸一 …………………………… 196
特定非営利活動促進法 …………… 153
都市ガバナンス ………………… 55, 75, 77

な　行

西尾私案 …………………………… 111
西尾勝 ……………………………… 111
二重行政 …………………………… 142
ネオ・コーポラティズム論 ……… 40
ネットワーク …………… 28, 62, 184, 186, 198

は　行

ハースト，ポール ……………… 154, 201

213

ピーターズ，ガイ……………………77, 195
ピエール，ヤン………………54, 65, 77, 192
フェインスタイン，スーザン………………65
フェデラリズム（連邦主義）……………31, 36
福祉ガバナンス…………………………1, 6
普遍主義…………………………………104
「古い」ガバナンス……………………184
分権型ワークフェア・ガバナンス………3, 8
平成の（大）合併………43, 108, 135, 152, 172
方法論的個人主義……………………35, 38
補完性……………………………………135
ポスト福祉国家……………………………1
ポリセントリシティ（多核性，多中心性）
……………………2, 31-33, 37, 39-43, 55, 121

ま 行

マルチレベル・ガバナンス（多層的ガバナンス）
………………………………27, 28, 94

丸山眞男……………………………………205
ムフ，シャンタル…………………………202
メタ・ガバナンス………………………30, 40
モノセントリック……………………34, 43, 44

や 行

融　合……………………………………151
――・分離………………………………140

ら 行

リコール……………………………169, 172
リスボン戦略………………………………10
連携中枢都市圏……………………………28
連合自治……………………………137, 142
ローズ，R.A.W.…………………25, 55, 198

わ 行

ワークフェア………………………………2, 8

【執筆者紹介】（執筆順，＊は編者）

＊石田　徹（いしだ　とおる）	龍谷大学政策学部教授	第1章
大西　弘子（おおにし　ひろこ）	近畿大学全学共通教育機構講師	第2章
柏原　誠（かしはら　まこと）	大阪経済大学経済学部准教授	第3章
桑原　武志（くわはら　たけし）	大阪経済大学経済学部准教授	第4章
藤井　禎介（ふじい　ただすけ）	立命館大学政策科学部准教授	第5章
水谷　利亮（みずたに　りあき）	下関市立大学経済学部教授	第6章
栗本　裕見（くりもと　ゆみ）	大阪市立大学都市研究プラザ特別研究員	第7章
＊上田　道明（うえだ　みちあき）	佛教大学社会学部准教授	第8章
＊伊藤　恭彦（いとう　やすひこ）	名古屋市立大学大学院人間文化研究科教授	第9章

Horitsu Bunka Sha

ローカル・ガバナンスとデモクラシー
――地方自治の新たなかたち

2016年1月30日　初版第1刷発行

編　者　　石田　徹・伊藤恭彦
　　　　　上田道明

発行者　　田靡純子

発行所　　株式会社　法律文化社

〒603-8053
京都市北区上賀茂岩ヶ垣内町71
電話 075(791)7131　FAX 075(721)8400
http://www.hou-bun.com/

＊乱丁など不良本がありましたら、ご連絡ください。
　お取り替えいたします。

印刷：共同印刷工業㈱／製本：㈱藤沢製本
装幀：谷本天志
ISBN978-4-589-03725-1

Ⓒ2016 T. Ishida, Y. Ito, M. Ueda　Printed in Japan

JCOPY　〈㈳出版者著作権管理機構　委託出版物〉

本書の無断複写は著作権法上での例外を除き禁じられています。複写される
場合は、そのつど事前に、㈳出版者著作権管理機構（電話 03-3513-6969、
FAX 03-3513-6979, e-mail: info@jcopy.or.jp）の許諾を得てください。

高橋 進・石田 徹編	
ポピュリズム時代のデモクラシー ―ヨーロッパからの考察― A5判・246頁・3500円	ポピュリズム的問題状況が先行しているヨーロッパを対象として取り上げ，理論面と実証面から多角的に分析し，問題状況の整理と論点の抽出を試みた。同様の問題状況が現れつつある日本政治の分析にとって多くの示唆を与える。

市川喜崇著	
日本の中央‐地方関係 ―現代型集権体制の起源と福祉国家― A5判・278頁・5400円	明治以来の集権体制は，いつ，いかなる要因で，現代福祉国家型の集権体制に変容したのか。その形成時期と形成要因を緻密に探り，いまにつながる日本の中央‐地方関係を包括的に解釈し直す。〔日本公共政策学会2013年度著作賞受賞〕

小田切康彦著	
行政‐市民間協働の効用 ―実証的接近― A5判・222頁・4600円	協働によって公共サービスの質・水準は変化するのか？ NPOとの協働が行政へ及ぼす影響と，協働がNPOへ及ぼす影響を客観的に評価して効用を論証。制度設計や運営方法，評価方法等の確立にむけて指針と根拠を提示する。

村上 弘著	
日本政治ガイドブック ―改革と民主主義を考える― A5判・240頁・2200円	日本政治を捉えるためのガイドブック。基礎知識を丁寧に概説したうえで，ポピュリズムや首相公選制，改憲論などの政治的争点につき賛否両論をわかりやすく整理。全体像の把握と思考を深めるための手法と視座を提供する。

新川達郎編	
政 策 学 入 門 ―私たちの政策を考える― A5判・240頁・2500円	問題解決のための取り組みを体系化した「政策学」を学ぶための基本テキスト。具体的な政策事例から理論的・論理的な思考方法をつかめるよう，要約・事例・事例分析・理論紹介・学修案内の順に論述。

―法律文化社―

表示価格は本体(税別)価格です